高等职业教育"十四五"规划旅游大类精品教材
研 学 旅 行 管 理 与 服 务 专 业 系 列

总顾问 ◎ **王昆欣**　　　总主编 ◎ **魏　凯**

中小学德育及综合实践活动

ZHONGXIAOXUE DEYU JI ZONGHE SHIJIAN HUODONG

主　编：杨　琼　刘雁琪

副主编：刘大勇　李新纲　郑秋思　方建华

华中科技大学出版社
http://press.hust.edu.cn
中国·武汉

内 容 简 介

本教材结合《中小学德育工作指南》和《中小学综合实践活动课程指导纲要》的要求，按照教育部研学旅行管理与服务专业教学标准，对内容进行了全面且系统的设计。

本教材共分为中小学德育和中小学综合实践活动两篇。中小学德育篇分为中小学德育概论、中小学德育发展规律与特点、中小学德育内容与评价和中小学德育活动设计实例四个项目；中小学综合实践活动篇分为中小学综合实践活动概论、中小学综合实践活动主题设计、中小学综合实践活动课程资源开发、中小学综合实践活动设计与实施、中小学综合实践活动评价和中小学综合实践活动实例六个项目，将理论与实践相结合，并引入典型案例，以专题形式将常见的中小学德育及综合实践活动进行集中呈现，旨在为该领域的从业人员提供系统、标准、可操作的中小学德育及综合实践活动设计的知识与方法。

本教材既可用于高职院校研学旅行管理与服务、旅游管理等相关专业教学使用，亦可作为大中小学校、研学旅行机构、研学实践教育基（营）地等单位相关工作人员的参考用书。

图书在版编目（CIP）数据

中小学德育及综合实践活动 / 杨琼，刘雁琪主编 . -- 武汉：华中科技大学出版社，2024. 12.（高等职业教育"十四五"规划旅游大类精品教材）. -- ISBN 978-7-5772-1522-8

Ⅰ . G631

中国国家版本馆 CIP 数据核字第 2025VA5588 号

中小学德育及综合实践活动　　　　　　　　　　　　　　　　　杨　琼　刘雁琪　主编
Zhongxiaoxue Deyu ji Zonghe Shijian Huodong

总 策 划：李　欢

策划编辑：王雅琪　　王　乾

责任编辑：聂筱琴

封面设计：原色设计

责任校对：李　琴

责任监印：周治超

出版发行：华中科技大学出版社（中国·武汉）　　　　电话：（027）81321913
　　　　　武汉市东湖新技术开发区华工科技园　　　　邮编：430223

录　　排：孙雅丽

印　　刷：武汉科源印刷设计有限公司

开　　本：787mm×1092mm　　1/16

印　　张：14.75

字　　数：310千字

版　　次：2024年12月第1版第1次印刷

定　　价：49.80元

序一

XUYI

党的二十大报告指出，要"统筹职业教育、高等教育、继续教育协同创新，推进职普融通、产教融合、科教融汇，优化职业教育类型定位"，"实施科教兴国战略，强化现代化建设人才支撑"，"要坚持教育优先发展、科技自立自强、人才引领驱动"，"开辟发展新领域新赛道，不断塑造发展新动能新优势"，"坚持以文塑旅、以旅彰文，推进文化和旅游深度融合发展"，这为职业教育发展提供了根本指引，也有力地提振了旅游职业教育发展的信念。

2021年，教育部立足增强职业教育适应性，体现职业教育人才培养定位，发布了新版《职业教育专业目录（2021年）》，2022年，又发布了新版《职业教育专业简介》，全面更新了职业面向、拓展了能力要求、优化了课程体系。因此，出版一套以旅游职业教育立德树人为导向、融入党的二十大精神、匹配核心课程和职业能力进阶要求的高水准教材成为我国旅游职业教育和人才培养的迫切需要。

基于此，在全国有关旅游职业院校的大力支持和指导下，教育部直属的全国重点大学出版社——华中科技大学出版社，在党的二十大精神的指引下，主动创新出版理念、改进方式方法，汇集一大批国内高水平旅游院校的国家教学名师、全国旅游职业教育教学指导委员会委员、全国餐饮职业教育教学指导委员会委员、资深教授及中青年旅游学科带头人，编撰出版"高等职业教育'十四五'规划旅游大类精品教材"。本套教材具有以下特点。

一、全面融入党的二十大精神，落实立德树人根本任务

党的二十大报告中强调："坚持和加强党的全面领导。"党的领导是我国职业教育最鲜明的特征，是新时代中国特色社会主义教育事业高质量发展的根本保证。因此，本套教材在编写过程中注重提高政治站位，全面贯彻党的教育方针，"润物细无声"地融入中华优秀传统文化和现代化发展新成就，将正确的政治方向和价值导向作为本套教材的顶层设计并贯彻到具体项目任务和教学资源中，不仅培养学生的专业素养，还注重引导学生坚定理想信念、厚植爱国情怀、加强品德修养，以期落实"立德树人"这一教育的根本任务。

二、基于新版专业简介和专业标准编写，兼具权威性与时代适应性

教育部2022年发布新版《职业教育专业简介》后，华中科技大学出版社特邀我担任总顾问，同时邀请了全国近百所旅游职业院校知名教授、学科带头人和一线骨干教师，以及旅游行业专家成立编委会，对标新版专业简介，面向专业数字化转型要求，对教材书目进行科学全面的梳理。例如，邀请职业教育国家级专业教学资源库建设单位课程负责人担任主编，编写《景区服务与管理》《中国传统建筑文化》及《旅游商品创意》（活页式）等教材；《旅游概论》《旅游规划实务》等教材成为教育部授予的职业教育国家在线精品课程的配套教材；《旅游大数据分析与应用》等教材则获批省级规划教材。经过各位编委的努力，最终形成"高等职业教育'十四五'规划旅游大类精品教材"。

三、完整的配套教学资源，打造立体化互动教材

华中科技大学出版社为本套教材建设了内容全面的线上教材课程资源服务平台：在横向资源配套上，提供全系列教学计划书、教学课件、习题库、案例库、参考答案、教学视频等配套教学资源；在纵向资源开发上，构建了覆盖课程开发、习题管理、学生评论、班级管理等集开发、使用、管理、评价于一体的教学生态链，打造了线上线下、课内课外的新形态立体化互动教材。

本套教材既可以作为职业教育旅游大类相关专业教学用书，也可以作为职业本科旅游类专业教育的参考用书，同时，可以作为工具书供从事旅游类相关工作的企事业单位人员借鉴与参考。

在旅游职业教育发展的新时代，主编出版一套高质量的规划教材是一项重要的教学质量工程，更是一份重要的责任。本套教材在组织策划及编写出版过程中，得到了全国广大院校旅游教育教学专家教授、企业精英，以及华中科技大学出版社的大力支持，在此一并致谢！

衷心希望本套教材能够为全国职业院校的旅游学界、业界和对旅游知识充满渴望的社会大众带来真正的精神和知识营养，为我国旅游教育教材建设贡献力量。也希望并诚挚邀请更多旅游院校的学者加入我们的编者和读者队伍，为进一步促进旅游职业教育发展贡献力量。

王昆欣

世界旅游联盟（WTA）研究院首席研究员

高等职业教育"十四五"规划旅游大类精品教材总顾问

序二

XUER

2024年5月17日,全国旅游发展大会在北京召开。在本次会议上,习近平总书记对旅游工作作出重要指示,强调"新时代新征程,旅游发展面临新机遇新挑战",要"坚持守正创新、提质增效、融合发展"。党的十八大以来,我国旅游业日益成为新兴的战略性支柱产业和具有显著时代特征的民生产业、幸福产业,成功走出了一条独具特色的中国旅游发展之路。当下,我国旅游业正大力发展新质生产力,推动全行业高质量发展,加速构建旅游强国。

在这个知识经济蓬勃发展的时代,教育的形式正经历着前所未有的变革。随着素质教育理念的深入人心与国家政策的积极引导,研学旅行作为教育创新的重要实践,已成为连接学校教育与社会实际、理论学习与实践探索的桥梁。"读万卷书,行万里路",研学旅行不仅丰富了青少年的学习体验,更是培养其综合素质、创新意识、民族使命感、社会责任感的有效途径。自2016年11月30日教育部等11部门联合出台《关于推进中小学生研学旅行的意见》以来,研学旅行作为教育新形式、旅游新业态在国内蓬勃发展,成为教育和文旅行业的新增长点。2019年10月,"研学旅行管理与服务"专业正式列入《普通高等学校高等职业教育(专科)专业目录》,研学旅行专业人才培养正式提上日程。但是行业的快速发展也暴露了研学旅行专业人才短缺、相关理论体系不完善、专业教材匮乏、管理与服务标准不一等问题。为了有效应对这些挑战,在此背景下,我们联合全国旅游院校的多位优秀教师与行业精英,经过深入调研与精心策划,推出研学旅行管理与服务专业的系列教材,旨在为这一新兴领域提供一套专业性、系统性、实用性兼备的教学资源,助力行业人才培养。

习近平总书记指出,要抓好教材体系建设。从根本上讲,建设什么样的教材体系,核心教材传授什么内容、倡导什么价值,体现的是国家意志,是国家事权。教材建设是育人育才的重要依托,是解决培养什么人、怎样培养人以及为谁培养人这一根本问题的重要载体,是教学的基本依据。教材建设要紧密围绕党和国家事业发展对人才的要求,扎根中国大地,拓宽国际视野,以全面提高质量为目标,以提升思想性、科学性、民族性、时代性、系统性为重点,形成适应中国特色社会主义发展要求、立足国际学术前沿、门类齐全、学段衔接的教材体系,为培养担当民族复兴大任的时代新人提供有力支撑。新形态研学旅行管理与服务专业教材的编写既是一项迫切的现实任务,也是一项重要的研究课题。本系列教材根据专业人才培养目标准确进行教材定位,按照应用导向、能力导向要求,优化教材内容结构设计,融入丰富的典型案例、延伸材料等多元化内容,全线贯穿课程思政理念,体现对工匠精神、红色精神、团队精神、文化传承、文化创新、文明旅游、生态文明和社会主义核心价值观的弘扬和引导,提升教材的人文精神。同时广泛调查和研究应用型本科高等职业教育学情特点和认知特点,精准对标研学旅行相关岗位的职业特点及人才培养的业务规格,突破传统教材的局限,打造一套能够积极响应旅游强国战略,适应新时代职业教育理念的高质量专业教材。本系列教材共包含十二本,每一本都是对研学旅行或其中某一关键环节的深度剖析与实践指导,形成了从理论到实践、从课程设计到运营管理的全方位覆盖。这套教材不仅是一套知识体系的构建,更是一个促进教育与旅游深度融合,推动行业标准化、专业化发展的积极尝试。它为相关专业学生、教师、行业从业人员提供权威、全面的学习资料,助力培养一批具备教育情怀、专业技能与创新能力的研学旅行管理与服务人才,进一步推动我国研学旅行事业向更高水平迈进。

研学旅行管理与服务专业教材的编写对于专业建设、人才培养意义重大,影响深远。华中科技大学出版社与山东旅游职业学院、浙江旅游职业学院等高校,以及北京中凯国际研学旅行股份有限公司深度合作,以科学、严谨的态度,在全国范围内凝聚院校和行业优秀人才,精心组建编写团队,数次召开研学旅行管理与服务专业系列教材编写研讨会,深入一线对行业、院校进行调研,广泛听取各界专家意见,为教材的高质量编写和出版奠定了扎实的基础。在此向学界、业界携手共建教材体系的各位同仁表示衷心的感谢!

我们相信,这套教材的出版与应用能够为研学旅行的发展注入新的活力,促进理论与实践的有机结合,为研学旅行专业人才的培养赋能,也为教育创新和旅游业的转型升级、提质增效贡献力量。同时,我们也期待读者朋友们能为本系列教材提出宝贵的意见和建议,以便我们不断改进和完善教材内容。

魏凯
山东旅游职业学院副校长,教授
山东省旅游职业教育教学指导委员会秘书长
山东省旅游行业协会导游分会会长

前言
QIANYAN

为贯彻落实党的二十大精神,进一步完善高等院校研学旅行相关专业课程建设,本教材结合《中小学德育工作指南》和《中小学综合实践活动课程指导纲要》的要求,按照教育部研学旅行管理与服务专业教学标准,在内容上进行了全面且系统的设计。

本教材具有以下显著特点。

其一,内容全面且系统,涵盖了中小学德育和综合实践活动的各个方面,形成了完整的知识和内容体系。

其二,注重实例引导,将理论与实践相结合。通过实践活动让学生亲身体验和应用所学,通过丰富的案例为教师教学和学生学习提供了具体的参考和借鉴。

其三,力求适应时代发展要求,每个任务都嵌入课程思政案例,注重专业技能和职业素养的深度融合,培养学生的专业素养。

其四,注重培养学生的实践能力与综合素质。在教材任务中设计了"任务描述""任务目标""知识活页"等模块,突出任务驱动,涵盖中小学德育及综合实践活动涉及的主要知识和基本技能。

其五,运用多媒体技术,形成数字化资源。本教材设计了大量拓展案例,并以二维码的形式嵌入其中,丰富了教材形式,使教学资源更加多元化。

本教材由青岛幼儿师范高等专科学校杨琼、北京财贸职业学院刘雁琪总体设计和统稿,青岛幼儿师范高等专科学校刘大勇、李新纲、郑秋思以及浙江工商职业技术学院方建华进行审核和校对,研学汇(广东)教育科技有限公司杜连丰提供企业案例,青岛幼儿师范高等专科学校韩童、刘娜、曹雯欣、王健、石飞飞、殷凯伦以及福建幼儿师范高等专科学校潘昭慧共同参与编写。具体分工如下:韩童、杨琼编写项目一、项目三,刘娜、曹雯欣编写项目二,潘昭慧编写项目四,李新纲编写项目五,王健、杨琼编写项目六,郑秋思、刘大勇编写项目七,方建华、石飞飞编写项目八,刘雁琪编写项目九,殷凯伦、杨琼编写项目十。

本教材在编写过程中,引用了大量第三方研究成果及网站案例资料,已尽可能在参考文献中列出,在此一并对这些作者表达诚挚的感谢! 由于编者水平有限,书中肯定有诸多不足之处,敬请各位专家学者和广大读者批评指正。

编　者

2024 年 10 月

目录
MULU

Note

第一篇

中小学德育篇

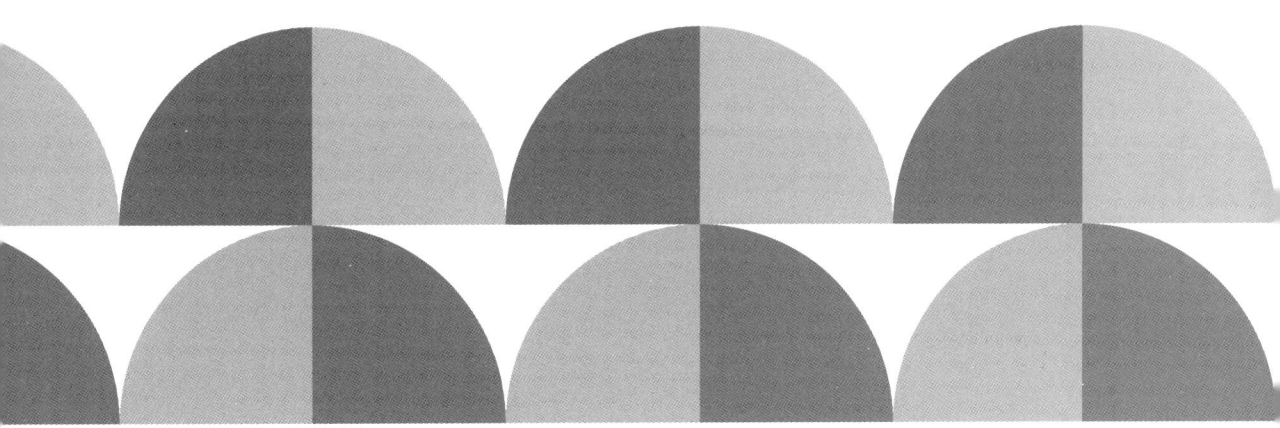

项目一
中小学德育概论

项目引入
▼

项目一

 项目描述

本项目详细介绍了中小学德育的基本概念、地位与作用,明确了中小学德育目标与任务,探讨了中小学研学的德育功能及其制约因素。

 **项目目标**

知识目标

(1)掌握中小学德育的概念与意义。
(2)了解中小学德育的目标与任务。
(3)了解中小学研学的德育功能及其制约因素。

能力目标

(1)能够根据中小学德育目标开展综合实践活动。
(2)能够全面实施德育任务。
(3)能够将中小学德育有效融入研学。

素养目标

(1)提升对德育工作岗位的认知,培养良好的职业道德,增强职业认同感。
(2)能够自觉遵守公序良俗,坚持正确舆论导向和价值取向。

知识导图

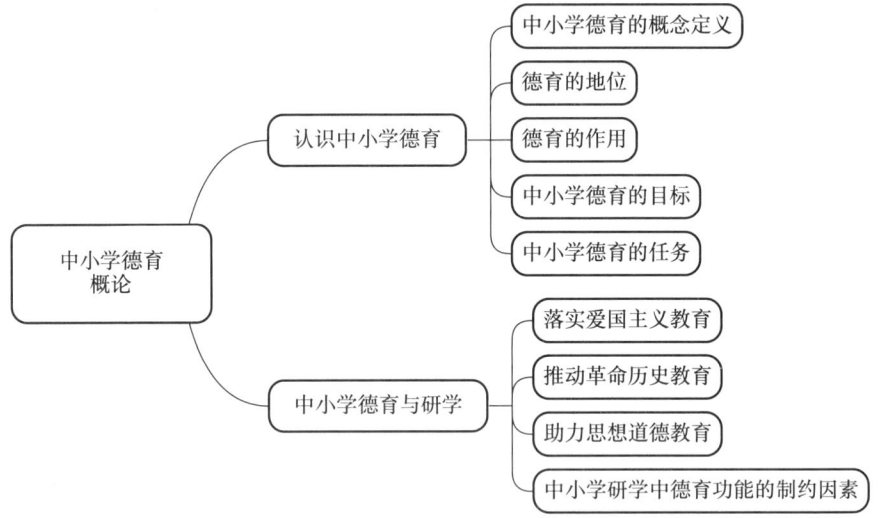

中小学德育概论
- 认识中小学德育
  - 中小学德育的概念定义
  - 德育的地位
  - 德育的作用
  - 中小学德育的目标
  - 中小学德育的任务
- 中小学德育与研学
  - 落实爱国主义教育
  - 推动革命历史教育
  - 助力思想道德教育
  - 中小学研学中德育功能的制约因素

任务一　认识中小学德育

任务描述

本任务对中小学德育进行整体介绍,包括中小学德育的概念、地位和作用等方面。

任务目标

掌握中小学德育的概念与意义,了解中小学德育的目标与任务。

任务重点

全面掌握中小学德育的概念、地位、作用、目标及任务。

任务难点

提升对德育工作的认知,培养良好的职业道德,增强职业认同感。

一、中小学德育的概念定义

德育,作为全面发展教育的重要组成部分,对个体的全面发展具有深远意义。目前业界对"德育"这一概念并没有较为清晰的界定,诸如将"德育""政治思想教育""思想政治教育""思想品德教育"等概念并行使用,导致实践上产生混乱。为科学、正确地实施德育,首先需明确德育的概念定义。

德育从外延上讲,应包括道德教育、政治教育和思想教育三个方面。道德教育旨在引导学生用社会主义道德规范调节社会关系和个人关系,进而形成良好的道德认知、情感、意志、行为和习惯。政治教育则关注学生对党和国家的路线方针的立场,解决方向、立场、态度等方面的根本问题。思想教育则是对学生进行辩证唯物主义和历史唯物主义世界观、人生观的教育,包括劳动观点、群众观点、集体观点和辩证唯物主义观点的培养,为学生形成世界观、人生观打好基础。

德育的内涵是教育者根据一定社会的需要以及个体思想品德形成和发展的规律,为帮助受教育者树立正确的政治立场、思想观点及培养高尚的道德品质而进行的政治教育、思想教育和道德教育活动。中小学德育是指教育者根据中小学生身心发展的特点以及思想品德形成和发展的规律,把党和国家对青少年的政治、思想、道德规范等方面的要求转化为中小学生思想品德的教育活动。

综上所述,中小学德育的研究对象是中小学生的政治教育、思想教育、道德教育,研究内容包括德育的地位、作用、目标、内容、过程、方法、原则及实施等方面的问题,旨在明确中小学德育的基本规律,以指导中小学德育的实践,提升中小学德育的效果。

二、德育的地位

探究中小学德育的首要任务是明确德育在中外教育体系中所占据的地位,以及它在推动社会进步、实现个体的全面发展的过程中所扮演的角色,这对于增强中小学德育工作的针对性和主动性具有至关重要的作用。

(一)重视德育是古今中外教育的普遍规律

学校教育旨在培养符合社会发展需求的人才,这从根本上决定了德育在教育体系中的核心地位。从古至今,中外统治阶级及众多思想家、教育家将德育视为教育的首要任务。在中国,从奴隶社会到封建社会,德育被高度重视,如西周时期的"六艺"教育中,"礼"教居首,强调"三德""三行"以维护奴隶制。儒家主张"德治""礼治",孔子强调"为政以德",将道德修养置于学习之首。我国社会主义教育始终将德育放在首位,确保教育的社会主义方向和性质。同样,古埃及文明、希伯来文明、古希腊文明等古代文明也极为重视德育,如古埃及将培养敬日神、忠国君、尊长官、孝父母的美德视为教育的核心目标,古希腊哲学家苏格拉底则将培养道德修养视为教育的首要任务。中世纪的欧洲,教会控制学校,宗教道德成为首要教学内容。进入近现代,资产阶级在加强智育的同时,高度重视德育,赫尔巴特、杜威等教育家均强调德育的重要性。近年来,面对"智育第一"的偏差,各国认识到德育对智力发展的保障作用,更加重视德育。

（二）德育在全面发展教育中居首要地位

全面发展教育包括德育、智育、体育、美育及劳动技术教育，各个方面的教育有其独特任务，其中，德育体现了学生思想发展和学校教育的方向和性质。德育旨在传授一定社会和阶级的政治、思想和道德意识，解决"为谁服务"的问题，而其他方面的教育主要解决"能不能为社会服务"的问题。

德育的首要地位不仅体现在其性质和职能上，还体现在确保其他方面的教育的作用上。德育是培养全面发展的青年的决定性因素，为其他方面的教育提供方向保证。然而，当前学校教育中仍存在一些错误思想和认识，影响德育的高质量、高效率进行。特别是在德育与智育的关系上，存在两种错误观点：一是认为科技进步降低了道德要求，应取消学校德育；二是认为知识与品德相辅相成，传授知识的过程等同于道德教育的过程，无须专门开展德育。这两种观点均忽视了德育的独特地位和作用。事实上，科技进步并未降低道德要求，反而提高了道德要求。同时，知识教育与道德教育之间有根本区别，不能简单地将知识教育等同于道德教育。因此，学校必须通过专门途径实施德育，确保德育在学校教育中的首要地位。只有这样，学校教育才能正常发展，培养出符合社会要求的全面发展的人才。

三、德育的作用

马克思主义关于意识形态能动作用的原理指出，作为上层建筑的思想、政治、道德一旦通过德育被人们接受，便能积极促进社会发展。各个历史时期的统治者都重视通过德育培养人们先进的思想和高尚的道德，以推动社会进步。

（一）德育对社会发展的作用

1. 培养统治阶级所需人才

德育最明显的促进作用在于培养社会所需统治人才，为政治服务。历史上，统治阶级一般通过学校教育输送其意识形态，培养统治人才以维护和巩固现存政治、经济制度。例如，我国汉代的"太学"，以及自隋唐起延续至清末的科举制度，旨在通过封建伦理道德教育，选拔官僚为封建社会服务；同样，在新民主主义革命时期以及社会主义革命和建设时期，我国都十分重视设立专门军政学校，选拔人才为社会主义事业服务。英国也曾设立专为资产阶级和贵族服务的公学、文法中学和大学，以培养"领袖人物"。

2. 影响和改善社会精神风貌

德育不仅可以培养符合国家需要的统治者和公民，还通过传播先进思想、制造社会舆论来教化民众，影响社会风气和民众道德面貌。学校教育在这方面发挥的作用比大众传播媒介更为有利，因为其内容经过严格挑选，代表统治阶级利益，且需要通过系统教育才能深入人心。列宁指出，社会主义学校教育应传播共产主义原则，并从思想、组织、教育上影响无产阶级。历代统治者都重视学校德育对社会风气的影响,如我国新民主主义革命时期解放区学校对党的方针政策进行宣传等。

3.促进社会经济发展

生产力中人的因素最积极、最活跃,包括智力、思想、道德等。过去人们多关注显性因素,忽视了隐性因素。然而,生产实践表明,在相同生产条件下,若是思想道德素质不同,那么在劳动效率和质量等方面会有很大差异。现代化大生产更依赖人的精神力量,如生产积极性、竞争意识、群体意识、改革观念等。知名企业认为加强思想政治工作,提高职工思想道德素质是成功的关键。例如,华为技术有限公司的成功,除了拥有先进的设备和科学的管理水平,更为重要的是树立企业精神和培养职工职业道德。

(二)德育对个性发展的作用

德育不仅具有社会促进功能,而且对个体发展具有促进作用。过去在确定德育任务、内容时,较少考虑个体发展功能,这是德育效果不佳的原因之一。个体发展表现在多方面,德育对个体发展的作用主要表现在完美个性的塑造上。个性,指个人意识倾向和稳定心理特征的总和,包括个性倾向性和个性心理特征。

1.定向作用

个性发展方向取决于其结构中的核心部分,如动机、需要、理想等,这些也是德育要解决的重要问题。因此,德育通过影响这些核心部分,对个性发展起定向作用。

2.塑造作用

青少年时期是个性、道德形成的重要时期,德育通过正面教育、情感陶冶等方式,培养学生的兴趣、爱好、理想等个性倾向性。共产主义道德品质的培养过程本身就是青少年良好个性的塑造过程。

3.矫正作用

不同的环境和教育影响,会形成不同的个性,包括个性差异和不良个性。德育的一项重要任务是帮助有着不良个性的青少年矫正缺陷。同时,要注意区分个性差异与不良个性,避免评价偏差和教育失误。矫正过程中,要将德育的改造功能与塑造功能相结合,调动积极因素,使受教育者的知、情、意、行协调,发扬优点,克服缺点。

综上所述,德育在社会发展中扮演着重要角色,不仅通过培养统治人才来为政治服务,还通过传播先进思想来影响社会风气,促进经济发展,并在个体发展中起到塑造个性的作用。因此,加强德育工作是推动社会全面进步和个体全面发展的重要途径。

四、中小学德育的目标

(一)德育目标的概念

"德育目标"是近年来在教育文献中普遍使用的术语,用以替代过去的"德育任务"。德育目标即培养具有何种思想品德的人,它体现了社会对正在成长的一代在思想品德方面的总体规格要求。

德育目标与教育目标紧密相连,是教育目标的重要组成部分和具体化。教育目标涵盖了对受教育者在德、智、体、美等方面的总体素质要求,德育目标则专门反映了教育目标在人的思想品德方面的总体素质要求。相对于教育目标而言,德育目标是具体的,但同时也体现了对受教育者品德素质的总的要求。

德育目标本身是一个系统,包括许多相互联系的分项或次级目标。这些目标可以按教育阶段、教育性质以及教育内容来分类。例如,按教育阶段,德育目标可分为小学、中学和大学德育目标,组成德育目标的纵向系统;按教育性质,德育目标可分为普通教育和各类专业教育的德育目标,组成德育目标的横向系统。此外,德育目标还可以按教育内容细分为基本思想政治观点、基本道德、个性心理品质及品德能力等方面的目标。

总之,德育目标是一个复杂而多元的目标体系,它要求各分项或次级目标在总体要求的指导下具体化,并通过各分项或次级目标的实现来推动总体德育目标的实现。因此,在制订和实施德育计划时,需要充分考虑德育目标的多样性和系统性,以确保培养出具备良好思想品德的优秀人才。

(二)确定德育目标的依据

德育目标不是随意确定的,更不是凭空想象的。德育目标的确定既受客观条件的制约,也受主观因素的影响。

1.社会政治经济制度

教育旨在培养符合社会需求的人才,而德育目标则更多地体现了统治阶级的政治经济利益。从古至今,德育目标的变化始终与社会政治经济制度紧密相连。例如,我国古代强调"明人伦",注重培养"仕";而西欧中世纪则以培养"僧侣"和"骑士"为目标。到了现代,资产阶级追求培养民主的、自由的、平等的、独立自尊的公民。我国现阶段的德育目标被设定为培养有理想、有道德、有文化、有纪律的四有公民,这同样反映了社会主义社会对年轻一代在思想品德方面的要求。因此,德育目标总是受制于一定社会的政治经济制度,并为其服务。

2.受教育者的品德发展水平及规律

德育的目标是将社会的道德要求传授给年轻一代,并引导他们的行为。这就要求德育目标必须适应受教育者的品德发展水平及规律。现代道德心理学指出,儿童品德是逐步发展的,只有适应儿童现有品德发展水平的德育才能有效促进儿童品德的发展。因此,在确定德育目标时,必须充分考虑受教育者的现有品德发展水平,使德育目标既不过高也不过低,以适应受教育者的需要。

3.德育目标制定者的主观认知

尽管制约德育目标的因素大多是客观的,但德育目标毕竟是由具体的人制定的,因此不可避免地会受到制定者的主观认知(如世界观、道德观、教育观等)的影响。不同的思想认知会形成不同的德育目标观。例如,苏格拉底认为教育的首要目的是德育,康德强调教育的本质在于培养人的道德自律性,科尔伯格提出了认知发展阶段理论等,他们从各自的角度和认识出发,提出了不同的德育目标。这些理论不仅影响了德育理论的建设,还对德育实践具有一定的指导意义。

综上所述,德育目标的确定是一个复杂且细致的过程,需要综合考虑社会政治经济制度、受教育者的品德发展水平及规律、德育目标制定者的主观认知等因素。只有这样,才能制定出既符合社会需求又适应受教育者发展规律的德育目标。

(三)新时代中小学德育的目标及其特点

本书主要依据《中学德育大纲》《中共中央关于改革和加强中小学德育工作的通知》《中小学德育工作指南》中的相关规定,对新时代中小学德育的目标及其特点进行阐述。

1.新时代中小学德育的目标

《中小学德育工作指南》中明确规定了中小学阶段的德育目标,即培养学生爱党爱国爱人民,增强国家意识和社会责任意识,教育学生理解、认同和拥护国家政治制度,了解中华优秀传统文化和革命文化、社会主义先进文化,增强中国特色社会主义道路自信、理论自信、制度自信、文化自信,引导学生准确理解和把握社会主义核心价值观的深刻内涵和实践要求,养成良好政治素质、道德品质、法治意识和行为习惯,形成积极健康的人格和良好心理品质,促进学生核心素养提升和全面发展,为学生一生成长奠定坚实的思想基础。这一目标涵盖了基本思想政治观点、基本道德、个性心理品质及品德能力等多个方面。

德育目标的各方面在小学、初中、高中阶段各有侧重。在思想政治方面:小学生需热爱中国共产党、热爱祖国、热爱人民,了解家乡发展变化和国家历史常识,了解中华优秀传统文化和党的光荣革命传统;初中生需热爱祖国、家乡,有民族自豪感,了解社会主义初级阶段的基本路线和现代化建设常识,具备基本的民主法治观念;高中生需正确认识社会主义建设与改革开放的形势,具有与祖国休戚与共的感情,能初步运用马克思主义观点观察、分析社会现象。在道德行为方面:小学生需理解日常生活的道德规范和文明礼貌,初步形成规则意识和民主法治观念,养成良好生活和行为习惯;初中生需尊重、关心他人,维护集体荣誉,积极参加劳动,养成自觉遵守社会公德的习惯;高中生需具有集体主义精神,树立劳动观念,遵守公民道德,懂得现代文明的生活方式和交往礼仪。在个性心理品质和品德能力方面:小学生需初步形成诚实守信、友爱宽容、自尊自律、乐观向上等良好品质;初中生需养成诚实正直、积极向上、自尊自强的品质,初步具备分辨是非的能力;高中生需形成坚毅勇敢、敢于创新的品格,对不良影响有识别和抵制能力,并具备一定的自我教育和自我管理能力。

2. 新时代中小学德育目标的特点

与以往的德育目标相比,新时代中小学德育目标呈现出以下显著特点。

(1)德育内容更加全面,突出了社会主义道德品质的培养和道德行为习惯的训练。这既是对过去德育工作经验的总结,也反映了我们对德育的社会道德职能认识的深入。在强调思想政治教育的同时,更加注重道德教育和行为习惯的训练,以培养学生的道德品质和行为习惯。

(2)德育目标的层次性更加突出,更符合学生的年龄特点和心理发展规律。以往的德育目标往往过于笼统,缺乏层次性。新时代,中学阶段与小学阶段的德育目标存在差别,而且中学阶段内部也根据初、高中生的不同特点提出了不同的要求,这有助于更好地适应学生的心理发展特点,增强德育的针对性和实效性。

(3)德育目标更加切近实际,更加实事求是。新时代德育目标既坚持共产主义的方向,又从社会主义初级阶段的实际出发,从学生的特点出发,把德育放在社会变革的背景下去认识和理解。这有助于消除过去德育目标脱离实际、要求过高过急、抽象说教、缺乏实效的弊端。

(4)德育目标更加系统、全面,比较客观、完整地反映了社会对中学生在品德各方面的要求。新时代的德育目标不仅涵盖了政治、思想、道德等方面,还增加了发展学生个性心理品质等方面的内容。这使得德育目标在内容上更加充实、全面,也更能体现社会现实对学生在品德各方面的要求。同时,德育目标在内容的组织上也更加系统化,随着年级的升高,各方面的要求也逐渐提高和概括化。

(5)在重视思想政治、道德准则内容教育的同时,突出了对学生思想品德能力的培养。新时代的德育大纲明确提出把培养分辨是非的能力、自我教育能力、自我管理能力等作为中学德育的重要目标。这有助于学生更好地应对复杂的道德环境,提高学生处理道德问题的能力。

德育目标的实现需要广大教育工作者对德育目标的精神和总体要求形成正确、深刻的认知,并将德育目标的各项要求贯彻落实到具体的教育工作中。只有这样,才能确保中小学德育工作的顺利进行,培养出更多符合社会要求的优秀青年。

五、中小学德育的任务

中小学德育的任务是多方面的,旨在培养学生成为具有高尚道德情操、强烈社会责任感、扎实文化素养和良好身心素质的公民。

(一)培养学生正确的政治观点

中小学德育的首要任务是培养学生正确的政治观点,包括热爱祖国、拥护中国共产党的领导、认同社会主义制度等。中小学德育旨在通过系统的教育,使学生理解并接受这些政治观点,形成正确的政治态度和政治觉悟。

(二)为学生形成科学世界观奠定基础

中小学德育的重要任务是为学生形成科学世界观奠定基础,包括引导学生认识世界、理解世界,形成正确的世界观、人生观和价值观。中小学德育通过课堂教学、社会实践等多种方式,帮助学生了解自然、社会和人生的基本规律,培养学生的科学精神和思维能力。

(三)培养学生良好的道德品质

中小学德育的核心任务是培养学生良好的道德品质,包括诚实、守信、友爱、勤劳、勇敢、自律等。中小学德育通过榜样示范、课堂教育、日常行为规范等多种途径,使学生在学习和生活中逐渐养成这些优良品质,成为有道德、有素质的人。

(四)发展学生思想品德方面的认知能力、践行能力和自我教育能力

中小学德育需要关注学生思想品德方面的认知能力、践行能力和自我教育能力的发展。这包括引导学生正确认识自己和他人,理解社会规范,形成正确的道德判断和行为选择能力;同时,鼓励学生积极参与社会实践,将学到的道德知识转化为实际行动;此外,培养学生的自我教育能力,使学生能够在日常生活中不断反思、调整自己的行为,实现自我完善。

(五)提升学生的社会责任感和公民意识

中小学德育需要提升学生的社会责任感和公民意识。这包括引导学生关注社会问题,了解国家大事,培养学生的社会责任感和使命感;同时,让学生了解公民的权利和义务,培养学生的公民意识和法律意识。

综上所述,中小学德育的任务是多方面的、综合性的,这些任务的完成需要学校、家长和社会的共同努力和相互配合。可以通过加强德育课程建设、提高德育师资队伍素质、加强家校合作等多种方式,不断提高中小学德育工作的质量和效果。

拓展案例
▼

"大思政课"育人格局下红色文化转化为思政育人元素的实践

任务二　中小学德育与研学

🎧 任务描述

本任务重点介绍中小学德育与研学的联系与区别。

Note

任务目标

　　掌握中小学德育与研学的联系,如在研学中落实爱国主义教育、推动革命历史教育、助力思想道德教育,了解中小学研学德育功能的制约因素。

 任务重点

　　掌握研学活动在落实爱国主义教育、推动革命历史教育、助力思想道德教育中的重要作用。

 任务难点

　　将中小学德育融入研学过程。

　　研学旅行是中小学综合实践教育的一种重要方式,研学活动不仅可以成为传承与弘扬革命传统的平台,还是实施德育的有效渠道。首先,就爱国主义教育而言,通过实地参观革命遗址、聆听英雄事迹,学生能够深刻体悟爱国主义的内涵,进而坚定理想信念,形成强烈的社会责任感。其次,研学活动在推动革命文化教育方面也有着显著成效,通过学习革命历史和参与相关实践活动,学生能够更加深入地了解革命先烈的英勇事迹和革命精神,从而更加珍惜当下的生活,并自觉承担起传承红色文化的责任。最后,研学活动在思想道德教育方面也具有重要意义,通过参与研学活动,学生能够学习到许多优秀的道德品质。

一、落实爱国主义教育

（一）培养学生的爱国意识

　　研学活动往往选取革命纪念馆、红色教育基地等承载厚重历史底蕴的场所作为研学场所。研学活动有利于激发学生的爱国主义精神,使学生形成为国家昌盛与个人成长进步而不懈奋斗的坚定信念。不仅如此,当学生聆听解说员的生动讲解时,他们能够清晰掌握国家的风雨历程与沧桑巨变,从而对国家的历史发展脉络形成更为全面且深入的理解,能够更加珍视时代的馈赠,深刻理解自己肩负的责任与使命,对参与国家建设展现出更为强烈的意愿和较强的行动力。

（二）坚定学生的理想信念

　　在研学活动中,学生对历史知识进行探索,从而体会到作为中华儿女所担负的时代重任与使命,厚植爱国主义之情和民族精神,并进一步塑造积极向上的价值观,坚定理想信念。学生通过研学活动能够意识到唯有不懈奋斗,方能实现个人理想与抱负,为强国建设、民族复兴伟业添砖加瓦。

（三）增强学生的社会责任感

学校能够通过非遗研学、红色研学、工业研学、科技研学等不同类型的研学活动增强学生的社会责任感。通过参观非遗项目、学习传统技艺（如剪纸、刺绣、陶艺等），学生能够深入了解中华优秀传统文化的内涵和价值。通过参观革命纪念馆、红色遗址等，学生可以深入了解革命先辈的奋斗历程和伟大精神。通过参观工厂、工业园区等，学生可以了解工业生产的过程及其对社会的贡献，从而树立正确的劳动观，这对学生未来的职业选择也会产生重要影响。通过参与科技实验和创新活动，学生能够感受到科技的力量和重要性，激发对科学的兴趣，培养探索精神。

二、推动革命历史教育

（一）增强学生的历史感知

研学活动使抽象的历史知识变得生动和具体，有助于增进学生对历史的感知和理解。通过深入学习红色历史、革命斗争的过程以及英雄人物的事迹，学生可以更加直观地感受到历史的沧桑变迁和人民的英勇奋斗，从而增进对历史的感知和理解。通过科技研学，学生可以了解科技发展历史，以及科技创新对社会发展的推动作用，培养科学精神和创新意识。

（二）促进学生的文化认同

非遗研学有助于学生深入了解中华优秀传统文化，如传统技艺、民俗艺术、民间传说等。通过亲身体验和学习，学生能够感受到中华优秀传统文化的魅力和价值，从而增强对民族文化的认同感和自豪感，培养文化自觉，坚定文化自信。研学活动通过传承和弘扬红色文化，引导学生深入了解中国革命文化，激发学生热爱祖国、热爱民族文化的情感，增强学生的文化认同和文化自信。这有助于培养学生的民族精神和文化自觉，为学生的发展奠定坚实的文化基础。

（三）传承革命精神

研学活动是传承革命精神的重要形式，可以引导学生从中汲取力量和获得启示，激发学生热爱祖国的情感、勇于奋斗的信念，为学生的发展注入正能量，推动社会主义核心价值观的传播和践行。

三、助力思想道德教育

（一）提升学生的道德认知

研学活动与革命历史场景、红色文化紧密相连，学生在参观研学场所时会深受感染,产生对于历史、文化的情感认同。这种情感认同有助于学生在现实生活中维护传统美德和文明习惯,增强学生的社会责任感和使命感。学生通过参与研学活动能够深刻体悟先烈们无私奉献、舍生忘死的精神风貌,从而激发出对英雄的感激和敬佩之情。这种情感是一种积极向上的道德情感,有助于学生树立正确的道德观念。

(二)培育学生的道德素质

研学活动通过榜样示范、道德教育、道德反思等多种方式,全面提升学生的道德素质。这种综合性的教育方式有助于提高学生自我反思与改进的能力、增强学生的道德认同感与责任感、激发学生自我提升的内在动力,为学生的发展奠定坚实的基础。

(三)加强学生的道德参与

参与研学活动的学生将有机会通过团队合作、社会服务等方式,在具体的社会环境中践行道德原则和价值观。例如,学生可以通过参与志愿活动等方式,把道德情操转化为实际社会行为,锻炼道德能力,培养社会责任感。

四、中小学研学中德育功能的制约因素

中小学研学旨在通过实践活动拓宽学生的视野,增长学生的知识,提升学生的社会责任感与实践能力,其核心在于道德教育,因此,研学并非单纯的远足旅行。探究中小学研学面临的制约因素及其根源,有助于我们清晰地认识到当前中小学研学在发挥德育功能方面的挑战与不足,从而为优化研学活动提供有针对性的指导与建议。克服这些制约因素,将促进研学活动不断完善与升级,从而为学生提供更为丰富、高效的德育体验。

(一)德育目标较为模糊

大多数学校在开展研学活动前并未向学生明确研学的目标,导致学生只是漫无目的地参与活动,影响了活动的德育效果的发挥。缺乏明确的德育目标会使得活动的开展缺乏方向性。若是德育目标不清晰,学生在参与活动时就会感到迷茫,进而导致活动难以达到预期的德育效果。德育目标不明确还可能导致活动内容和形式与德育要求脱节,使得活动看似丰富多彩,却无法真正深入学生内心,无法引导学生树立正确的价值观和人生观。德育目标不明确也会影响活动评价和改进,无法确保活动有效发挥德育方面的功能。

(二)德育内容及形式单一

研学的内容和形式也是影响研学活动效果的重要因素。传统的研学活动的线路设计往往缺乏创新性,过于依赖以往的路径和常规的景点,一些老旧的研学活动的线路设计存在着景点或主题安排雷同的情况。这种重复性安排,导致学生在参与研学活

动时体验到的内容相似,产生了学习上的疲劳,学习兴趣下降。部分中小学研学活动缺乏系统性、整体性,活动所设计的内容较为散乱,主题、线索不统一,学生很难对活动参与过程形成整体的认知。部分中小学研学活动在内容呈现方式上缺乏多样性,往往采用单一的教学方法和手段,如过于依赖口头讲解,而忽略了对其他多媒体形式的运用。

（三）德育过程体验不深

部分中小学研学活动设计过于注重向学生介绍历史事实,缺乏与之相配套的互动体验环节。学生在参加活动时,由于缺乏实践的机会,更多是被动地接收信息。缺乏互动体验的活动设计,会影响学生的参与热情和学习效果,最终使学生产生厌学情绪。另外,由于学生个体之间差异较大,而通常研学只是短期且具有专项性的活动,研学活动的线路缺乏个性化设计,无法考虑到所有学生的需求和兴趣,导致部分学生很难获得深刻体验,只是走马观花。

（四）德育评价体系不完善

一些中小学研学活动的评价体系存在着任务缺失的问题,缺乏对于研学实践的深度评价。活动没有设定明确的任务和目标,这导致无法有效地衡量和评价学生的活动参与程度,而活动也只注重了学生的表面行为和结果,忽视了对学生理解和思考历史文化的能力的培养。德育评价体系的不完善使得活动评价失去了应有的指导和引领作用。

（五）德育与教学相脱节

一些中小学研学活动虽然介绍了丰富的历史知识,但却未能将这些知识与德育目标有机结合起来。学生可能只是被动地接受了知识,而没有形成对历史故事的感悟和体会,无法将所学的知识内化为自己的思想品德素质。知识孤岛现象在中小学研学活动中普遍存在。在活动中学习的知识往往难以与学科教学中的知识体系建立有机联系,导致学生无法将所学知识内化为长期的记忆和深刻的理解。

教学互动

　　某重点中学近年来高度重视德育工作,通过一系列创新实践活动,将德育融入学生的日常学习和生活,旨在培养学生的道德品质、社会责任感和国家意识。这些活动包括定期开展爱国主义教育、社区志愿服务、团队合作训练以及品行考核等。该校还积极引导学生参与社会实践,如环保项目、扶贫帮困等,旨在通过这些活动提升学生的综合素质,为社会培养优秀人才。

　　请思考:该校的德育工作体现出德育在社会发展方面发挥着哪些作用?

拓展案例
▼

文教旅融合背景下研学旅行可持续发展路径研究

项目小结

本项目详细阐述了中小学德育的概念与意义,介绍了中小学德育的目标及任务,明确了中小学研学活动的德育功能及其制约因素。

能力训练

知识训练

▼

项目一

请以小组为单位,结合拓展案例《"大思政课"育人格局下红色文化转化为思政育人元素的实践》的内容,完成以下任务。

(1)请简述教师应如何将红色文化转化为思政育人元素。

(2)请分析将红色文化转化为思政育人元素的意义。

项目二
中小学德育发展规律与特点

项目描述

　　本项目阐述了中小学德育的核心理论架构,深入剖析了中小学生品德发展的基本规律,同时详细探讨了在不同教育阶段中,中小学生道德情感发展的特点以及道德行为的形成机制。本项目旨在夯实读者的理论基础,为读者将来参与或指导中小学德育工作提供必要的实践参考。

项目引入
▼

项目二

项目目标

知识目标

(1)了解中小学德育的相关理论基础。
(2)了解中小学不同学段学生品德发展的特点。
(3)理解中小学生道德行为的形成机制。

能力目标

(1)充分认识不同德育理论的教育价值和意义。
(2)能够根据中小学生道德情感发展的特点和道德行为的形成机制,指导德育实践,调整德育策略。

素养目标

(1)增强对德育对象的同理心,激发投身于德育工作的热情,提升责任感。
(2)培养科学、严谨的德育研究态度,树立正确的道德观念和教育理念。

知识导图

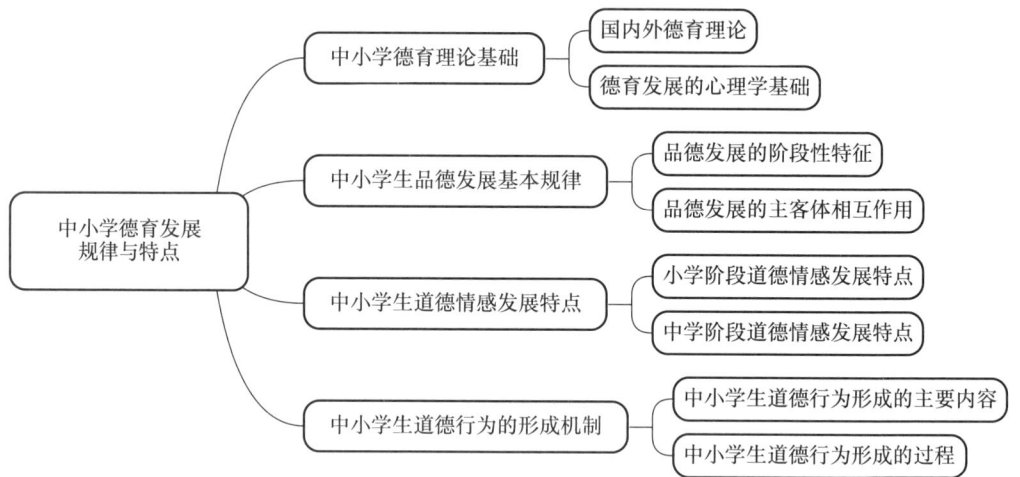

任务一　中小学德育理论基础

任务描述

本任务主要介绍国内外具有代表性的中小学德育理论以及德育发展的心理学基础。

任务目标

掌握代表性的德育理论流派及其观点,并认识其对当前中小学德育工作的价值与意义。

任务重点

（1）了解中国传统德育理论和现代德育理论。

（2）掌握国外具有代表性的、影响较为深远的德育理论。

（3）了解德育发展的心理学基础。

任务难点

（1）深刻领悟中国现代德育理论对中国传统德育理论的继承与发展。

（2）能够基于心理学理论有效实施德育。

德育在教育体系内占据关键地位,其核心在于培养个体良好的道德品质和塑造个体完善的品格。在当前的时代背景下,德育理论正朝着多元化和融合化的方向发展。以下将从国内外德育理论的核心内容及德育发展的心理学基础这两个视角,对中小学德育的理论基础进行阐述,以期为德育实践提供有力的理论支持。

一、国内外德育理论

(一)中国德育理论

1.传统德育理论

中国传统德育理论高度重视德才兼备,以道德为首要考量。在古代教育体系中,德育与智育相辅相成,但德育被赋予了更高的优先级,这一理念深刻体现了对道德品质的尊崇及对个人全面发展的不懈追求。儒家道德观念在中国传统德育理论中占据核心地位,儒家所倡导的仁、义、礼、智、信等核心价值,深刻渗透古代教育、政治及社会生活的各个方面。同时,道家、法家、墨家等思想流派亦各具特色,各个思想流派的伦理道德观念在传统教育中相互融合,共同构筑了兼收并蓄的德育体系。例如,道家倡导自然无为、顺应天道,法家强调法制建设与纪律严明,墨家主张兼爱非攻、追求社会和谐。这些思想观点的汇聚,极大地丰富了传统德育的内涵与实践路径。

"修身、齐家、治国、平天下"作为中国传统德育理论的核心理念,从个人品德修养的奠基,到对家庭和睦、子女教育的重视,再到国家治理与社会风气的引领,为不同层面的道德实践提供了一定的伦理规范、教育策略及方法指导,构建了一个全面覆盖的道德教育体系。这一体系不仅彰显了中国古代对德育的高度重视,还为现代社会的德育实践提供了宝贵的经验与启示。

2.现代德育理论

中国现代德育理论在继承古代德育思想精髓的基础上,进行了批判性的扬弃,特别是在改革开放的宏大背景下,积极应对社会经济结构、文化形态及价值观念的深刻变革,不断发展和完善。

近现代,面对民族危机与社会转型的双重挑战,中国的德育理论的焦点逐渐转向民族精神的铸就与社会责任感的培育。现代德育理论不仅强调个性发展的重要性,还关注学生素质的全面提升,力求实现道德认知、情感共鸣与行为实践的和谐统一。

现代德育理论的内涵丰富,涵盖了理想教育、集体主义教育、劳动教育、人道主义与社会公德教育、纪律教育等多个维度,同时还积极探索德育与心理健康、生命教育等新兴领域的融合,致力于在学校、家庭及社会环境中构建统一的德育网络,为学生的全面发展奠定坚实基础。

此外,中国现代德育理论还凸显出三大核心特征:发展性、科学性与体系性。发展性德育倡导德育应致力于培养学生良好的发展习惯,挖掘学生持续发展的潜力,激发学生的内在积极性,塑造具备健康职业素养的公民。科学性德育强调德育必须植根于科学的理论基础,融合现代科技手段,以科学的方法引导学生成长。体系性德育主张德育应跨越"学校围墙",深入社会环境,形成家庭、学校、社会三方联动的德育生态系统。

值得注意的是,中国现代德育还尤为关注培养学生的自主能力、合作能力与创新能力,这些能力不仅是学生个人成长的重要基石,还是推动社会进步与创新的不竭动力。

中国传统德育理论与中国现代德育理论的关系示意图见图2-1-1。

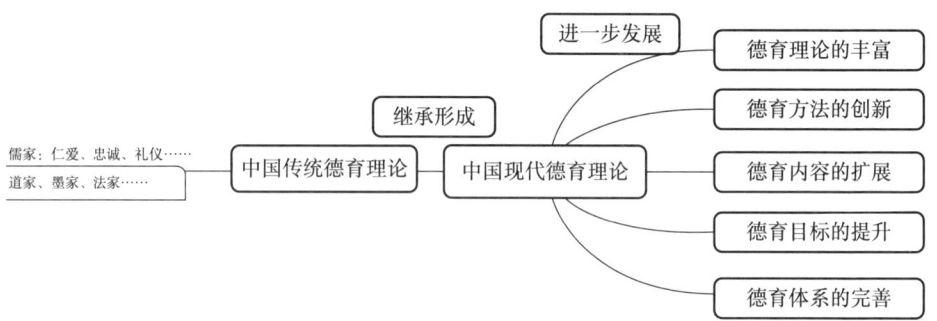

图2-1-1　中国传统德育理论与中国现代德育理论的关系示意图

(二)西方德育理论

1.道德认知发展理论

道德认知发展理论在当代西方学校德育流派中占据着举足轻重的地位,是极具影响力和知名度的德育理论,其提出者是劳伦斯·科尔伯格(Lawrence Kohlberg)。该理论认为道德认知发展是一个渐进的、阶段性的过程,与个体成长过程中的认知能力、社会经验、文化背景等密切相关。

科尔伯格的道德认知发展理论,确切地说是道德判断发展理论。该理论认为道德判断形式处于不断发展之中,且可以反映出个体的道德判断水平。道德认知水平可以分为前习俗水平、习俗水平和后习俗水平三个主要阶段,每个阶段又可以分为若干子阶段。每个阶段的道德判断和行为呈现出不同的特点,随着个体的成长和经验的积累,个体的道德判断和行为逐步从低级阶段向高级阶段发展。道德认知发展理论具体内容如表2-1-1所示。

表2-1-1　道德认知发展理论

道德发展阶段		道德认知的内容与特征
前习俗水平 (0—9岁)	惩罚服从阶段	因恐惧惩罚而服从社会规范,不理解道德标准,缺乏是非善恶的观念
	功利实用阶段	采取朴素的功利主义观点,将是否满足个人需要作为判断行为正确与否的标准

续表

道德发展阶段		道德认知的内容与特征
习俗水平 （9—15岁）	人际协调阶段	取悦他人，并希望得到他人的认同，根据他人的意图进行道德判断。此阶段的表扬会起到较好的教育效果
	尊重权威阶段	以法治观念判断是非，能够尊重社会制度和法律的权威，为维护普遍的社会秩序而遵守社会规范
后习俗水平 （15岁以后）	社会契约阶段	认识到各种法规都是为公众权利和利益服务的，符合公众需要的应当遵守，不符合公众需要的则需要根据大多数人的意愿进行修改
	良心立法阶段	理性良心取向，个体的道德认识超越社会法律法规，能够遵循人类普遍的伦理原则，主张维护人类平等、人性尊严、社会公正等，即使法律与此相违背，仍将坚持这些原则

科尔伯格及其同事通过设置一系列道德两难问题，对儿童的道德判断力进行了研究。下文以海因茨偷药的两难问题来探讨学生在面对道德抉择时可能出现的三种情况：认为"该"，或认为"不该"，或犹豫不决。根据学生陈述的理由，我们可以推断出学生的道德判断水平。

知识活页

一、海因茨偷药情境

欧洲有位妇女身患一种特殊的癌症，生命垂危。医生认为，有一种药也许救得了她。这种药是本城一名药剂师最近发现的一种镭剂。该药造价昂贵，药剂师还以成本价的十倍出售。该药剂师花200美元买镭，而一小剂药却索价2000美元。这位身患绝症的妇女的丈夫名为海因茨，他向每个相识的人借钱，但他只能筹到大约1000美元，只是药价的一半。海因茨告诉药剂师自己的妻子生命垂危，并且请求药剂师便宜一点把药卖给自己，或者先把药给自己，自己慢慢偿还药钱。可是，这位药剂师说："不行，我发明这种药就是为了靠它来赚钱。"海因茨绝望了，想闯进那人的药店为妻子偷药。

请思考以下问题：

（1）海因茨该偷药吗？为什么？

（2）如果海因茨不爱他的妻子，他应该为她偷药吗？为什么？

（3）假定生命垂危的不是海因茨的妻子，而是一个陌生人，海因茨应该为陌生人偷药吗？为什么？

（4）假定生命垂危的是海因茨宠爱的一只动物，他应该为救这只宠物而偷药吗？为什么？

（5）为什么人们应该尽其所能搭救别人的生命？是否不论通过什么方式都行？

（6）海因茨偷药是犯法的，那么这种做法在道德上错了吗？为什么？

（7）为什么人们应该尽其所能避免犯法？是否不论在什么情况下都应该如此？

（8）怎样把问题7同海因茨事件联系起来？

（9）药剂师的行为是有道德的吗？为什么？

二、海因茨困境与道德判断水平

（一）前习俗水平

惩罚服从阶段——只要他不被警察抓住，就行，因为这样他可以帮助他的妻子；若是他被警察抓住，就不行，因为这样他就帮不了他的妻子。

功利实用阶段——对于海因茨来说，他妻子的生命的重要性要高于药剂师的药的重要性。

（二）习俗水平

人际协调阶段——如果偷窃，海因茨的家人或朋友对海因茨的评价会很糟，但如果不偷窃，就说明海因茨对他的妻子不好。

尊重权威阶段——偷窃是违法的，但不帮助垂死的人同样也是违法的。这是因为对于任何社会来说，社会成员的生命比任何物质财产都重要，所以海因茨做得没错。

（三）后习俗水平

社会契约阶段——每个人都有生命权和财产权。这里海因茨妻子的生命权与药剂师的财产权相冲突，不过当生命权与财产权发生冲突时，应优先考虑维护生命权。

良心立法阶段——任何不迫使药剂师的财产权让位于挽救一个人的生命的义务的法律都是不正当的。药剂师不采取行动来挽救生命，这违反了道德法则。海因茨应该向药剂师指明这一点，如果他既不能说服药剂师，也不能在法庭上获得支持，那他就不得不自己采取行动来解决这一困境。

道德认知发展理论提醒教师要关注学生的道德发展阶段，根据学生的道德水平来制定合适的教育策略，从而帮助学生逐步形成独立、成熟的道德观念。

2. 价值观澄清理论

价值观澄清理论发展成为一种德育学派是在20世纪60年代，代表人物主要包括路易斯·拉斯（Louis Raths）、梅里尔·哈明（Merrill Harmin）、悉米·西蒙（Simi Simun）等。这一理论主张教师应通过组织讨论、角色扮演和价值观排序等活动，让学生在活动中自我选择、分析和评价，逐步澄清价值，从而帮助学生形成适合自己的价值观体系。

价值观澄清理论认为，任何价值观的形成必须经过三个阶段七个步骤：第一个阶段是选择阶段，包括自由选择、从多个选项中进行选择、对结果进行深思熟虑后的选择三个步骤;第二个阶段是赞赏阶段,包括珍视自己的选择、公开认可自己的选择两个步骤;第三个阶段是行动阶段,包括根据选择行动、重复行动两个步骤。

价值观澄清方法论在运作中注重以下四个核心要素:首先,该方法论倡导要关注生活,旨在解决生活中的实际问题;其次,该方法论强调接受现实的态度,意味着要客观接纳他人,避免对他人言行进行主观评价;再次,该方法论鼓励深入地思考和反省,在面对选择时能够审慎考量并探索多种可能性;最后,该方法论重视培养个体独立思考的能力,鼓励个体在深思熟虑后做出明智决策从而指导自己的行为。

价值观澄清理论强调了主体内在因素在价值观形成中的作用,特别是思维、情感、评价过程等方面,在此基础之上设计的书写、讨论等德育方法和策略也具有较强的实用性和广泛的适用性。

3. 体谅关心理论

体谅关心理论强调人际关系的和谐对于个体的基本需求至关重要,教育应首要满足这种需求。体谅关心理论强调应通过设计各种人际和社会情境问题来增强学生的社会意识和人际理解,引导学生学会关爱、体谅他人,并从中获得快乐。彼得·麦克菲尔(Peter Mcphail)是体谅关心理论的重要代表人物。

该理论的核心在于道德情感的培养,提倡道德教育应基于相互体谅,认为"经验证实,人的相似之处是深刻的,人的不同之处是表面的",因此,教师应该通过引导学生参与交流、分享感受、体验情感等,为学生提供表达内心感受的机会,培养他们的体谅能力,这对于学生的道德发展至关重要。简而言之,该理论重视建立人际关系与情感交流,鼓励通过理解与共情来促进道德成长。

4. 社会行动理论

弗雷德·纽曼所构建的社会行动模式,巧妙地融合了道德认知、情感体验与实际行动等多个维度,并将这些元素与公民参与社会变革的使命紧密相连。该模式的核心目的在于引导和教育学生对公共政策有效施加积极影响,体现出一种明确而坚定的行动导向。

道德教育的关键在于培养和提高学生的行动能力。正是基于这样的考虑,纽曼的社会行动模式不鼓励学生反思或者关心公共事务,而是强调每个公民都有对公共事务施加影响的权利。社会行动理论把德育的重点放在培养学生影响环境的能力即环境能力(Environmental Competence)上。环境能力就是对环境造成特定后果的行动能力,包括物质能力、人际能力和公民能力,其中公民能力最为重要。环境能力的具体内容见表2-1-2。

表2-1-2　环境能力的具体内容

环境能力	具体内容
物质能力 (对物体的影响能力)	(1)审美能力(如绘画等)。 (2)功能性能力(如造房子等)

续表

环境能力	具体内容
人际能力 (对人的影响能力)	(1)培育关系的能力(如照看婴儿或关心朋友等)。 (2)经济关系能力(如购买汽车等)
公民能力 (在公共事务中的影响能力)	(1)在公共选举过程中的能力(如帮助候选人选举获胜等)。 (2)在利益团体中的能力(如改变优惠消费者保护本团体的政策等)

环境能力受到三个层面的影响:一是社会文化层面,包括个体的家庭背景、教育程度和社会关系等;二是心理层面,包括个体的认知结构、情感状态和价值观等;三是具体情境层面,即个体在特定社会环境下所面临的具体问题和挑战。这三个层面的相互作用,共同决定了个体环境能力的高低。

在当今时代,学校德育的发展方向与策略正经历着深刻的变革与重塑,其核心在于精准对接社会需求与学生个体差异,旨在全方位提升学生的道德素养与综合能力。我国教师需广泛借鉴各类德育理论的精髓,结合我国国情,勇于探索,打造出适应本土学生特点的德育新体系。在此过程中,德育理论与实践的深度融合至关重要。教师需不断创新德育手段与方法,使得德育工作更加贴近学生实际,增强德育工作的针对性和实效性。唯有如此,才能培养出既具备高尚道德情操又拥有广博文化知识的复合型人才,为社会的繁荣昌盛与国家的伟大复兴贡献坚实的力量。

二、德育发展的心理学基础

德育,作为一门研究人类品格与行为的学科,其构建离不开坚实的心理学基础。下文主要探讨精神分析学派、行为主义学派以及人本主义心理学派三个心理学派是如何塑造并深刻影响德育的实践与发展的。

(一)精神分析学派

精神分析学派诞生于19世纪末至20世纪初的奥地利,杰出代表人物为西格蒙德·弗洛伊德(Sigmund Freud)。其核心理论涵盖了本能论与人格论两大支柱。

本能论深刻揭示了本能是生命与生活的基本驱动力,包括原始的冲动与内在的力量,并进一步将本能细化为性本能与自我本能。性本能,又称"力比多",是推动个体行为的内在潜能,驱使人通过不同途径寻求满足;自我本能主要体现在对潜在危险的恐惧与自我保护上。弗洛伊德随后将这两种本能精炼为生的本能与死的本能,进一步丰富了本能论的内涵。

人格论将人的意识世界划分为意识、前意识与潜意识三个层次,并据此构建了本我、自我与超我这一人格结构。本我、自我与超我三者之间相互作用、相互制衡,共同维持着人格的动态平衡。人格论的具体内容见表2-1-3。

表 2-1-3　人格论的具体内容

	本我	自我	超我
地位	人格中最原始的潜意识部分,是人格构建的基石	是从本我中分化出来的	自我进一步升华的结果
特点	遵循快乐原则,追求本能的即时满足与紧张感的消除	既要满足本我的需求,又要适应现实的约束,遵循现实原则行事	按照至善的原则活动,监督自我以限制本我的冲动

　　弗洛伊德的人格发展理论,亦称"心理性欲发展理论",将个体的人格发展划分为五个阶段:口唇期(0—1岁)、肛门期(1—3岁)、性器期(3—5岁)、潜伏期(5—12岁)及生殖期(12—20岁),见图 2-1-2。每个阶段都体现出一定的年龄特征并承载着特定的心理任务,人格遵循这一自然顺序逐步发展。

图 2-1-2　弗洛伊德人格发展理论

　　弗洛伊德的精神分析理论博大精深,除了上述两大核心理论,还涉及梦论、焦虑论、防御机制等。在学校德育实践中,精神分析理论为教师提供了一条重要的原则:应充分考虑学生的年龄特点与心理发展规律。针对学生在不同年龄段所展现出的思维、道德判断、情感与意志等方面的差异性与规律性,教师应采用适宜的德育模式与方法,以顺应学生心理发展的自然进程。同时,教师还应关注学生的本我、自我与超我这三个层面的发展,努力促进三个层面的发展及它们之间的和谐与平衡。具体而言,教师应引导学生以健康的方式释放潜意识中的不良欲望(如通过体育运动等方式缓解攻击性),培养学生的自我意识与遵守规范的意识,并努力提升学生的超我意识(培养高尚的道德情操与自我约束力)。

(二)行为主义学派

　　行为主义学派创立于20世纪初期,在20世纪20年代到达发展的顶峰并盛行于西方心理学界半个世纪之久,是西方心理学的主要流派之一。行为主义学派强调教育者要创设有利于学习的环境,尽可能强化学习者的行为。行为主义学派的代表人物有约翰·布鲁德斯·华生(John Broadus Watson)、伯尔赫斯·弗雷德里克·斯金纳(Burrhus Frederic Skinner)、阿尔伯特·班杜拉(Albert Bandura)等。

　　早期行为主义的代表人物之一是约翰·布鲁德斯·华生,他提出S-R理论,即刺激-

Note

反应理论,人类本能包括打喷嚏、膝跳反射等少数反射和情绪反应,而其他行为皆通过建立新的刺激-反应联结形成。1913年,华生发表了《从一个行为主义者眼光中所看到的心理学》一文,宣告行为主义学派的诞生。华生与其助手在1920年通过实验得出结论:学习的实质是养成习惯,习惯形成遵循频因律和近因律。频因律,即练习越多,习惯养成越快;近因律,即新的反应比较早的反应更容易得到强化。

伯尔赫斯·弗雷德里克·斯金纳是新行为主义学派的代表人物之一。他系统地提出了行为主义理论体系,该理论体系包括操作性条件反射理论、强化理论和程序教学理论。操作性条件反射理论是斯金纳行为主义理论体系的基石,意指某一行为若因结果得到强化,其发生概率会提高。在操作性条件反射理论的基础上,斯金纳进一步提出强化理论,强化即在某行为发生之后实施的、有助于提高该行为发生概率的重复性活动。例如,某学生在课上偶尔主动举手回答问题,教师以微笑和表扬的形式,对该生的行为给予正面反馈,该生因此受到鼓励,主动回答问题的次数越来越多。所谓"程序教学",指教材内容按照科学的逻辑顺序进行组织,形成一种由基础到高级、逐步深入的教学体系。斯金纳强调教师在教学过程中应当关注知识的连贯性,采取适当策略激发学生的积极性,及时提供反馈,并且赋予学生一定的自主权,让学生能够按照最适宜自己的节奏进行学习。

阿尔伯特·班杜拉作为新行为主义的重要代表人物,提出了观察学习理论。他主张观察学习并非直接依赖于强化,而是学习者在观察他人行为及其后果的过程中,习得新的行为。但需要注意的是,观察学习并不等同于模仿,模仿强调对他人行为进行简单的重复,而观察学习则要求学习者在观察后,抽象出行为背后的规则,并利用这些规则组合创造出全新的行为模式。

行为主义学派虽然在历史的长河中逐渐淡出主流视野,但其思想精髓依然闪耀着智慧的光芒。虽然华生的环境决定论夸大了环境的作用,但该理论在揭示环境对个人成长影响方面的重要贡献是不容忽视的,为德育环境的构建和优化提供了坚实的理论支撑。行为主义理论的精髓——强化理论,为德育实践指明了方向,强调在德育过程中应密切关注每一个学生的成长,坚持以正面教育为主导,建立健全奖惩体系。这不仅有助于提升学生的归属感,还能有效提高德育工作的实效性。同时,行为主义强调对榜样行为的关注,这一观点启示教师在德育实践中要秉持"身教重于言教"的原则,充分发挥道德榜样的引领作用。

（三）人本主义心理学派

人本主义心理学派出现于二十世纪五六十年代,专注于探索人的内心世界,关注人类生活中的紧迫问题和真实情感。该学派重视人的积极特质,强调尊重个体,并将自我实现视为核心目标。该学派倡导运用现象学方法研究"健康人"。代表人物卡尔·兰塞姆·罗杰斯(Carl Ransom Rogers)坚信人性本善,认为人们拥有向成熟、社会化及自我实现发展的内在动力,他强调教学应实现知识与行动的统一,重视教学方法和过程。

另一位人本主义心理学派的杰出代表亚伯拉罕·哈罗德·马斯洛（Abraham Harold Maslow）提出了以自我实现为核心的心理学理论。马斯洛认为，人们可以通过满足多层次的需求体系，达到"高峰体验"，从而重拾人的价值，实现完美人格。他将人的需求分为五大层次（见图2-1-3），并进一步指出，当低层次的需求得到满足后，人们会追求更高层次的需求，其中自我实现需求是指追求真理、善良与美好，是塑造完美人格的终极目标，而"高峰体验"则是这一最佳状态的体现。

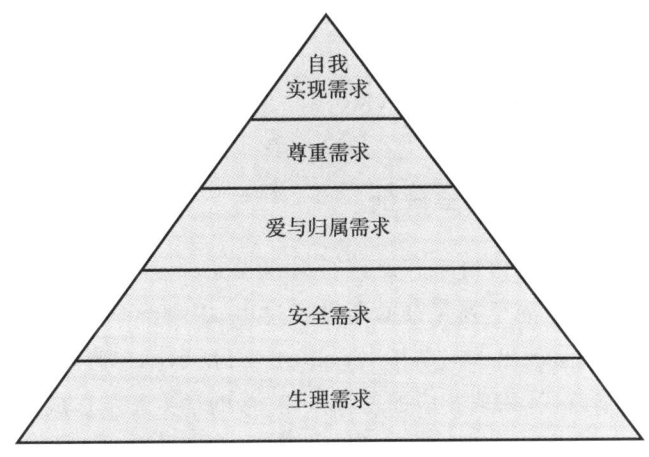

图 2-1-3　马斯洛的需求层次理论

马斯洛的需求层次理论指出，人们必须先满足基本的低层次需求，才能追求更高层次的需求，并且不同需求层次的满足方式各不相同。在德育实践中，教师应贯彻以人为本的原则，关注学生的本质需求，将德育内容与学生实际生活紧密结合，确保德育内容与学生的年龄特点、认知能力相匹配。同时，教师应致力于构建一个主体参与式的德育教学模式，顺应学生的成长趋势，通过师生间的相互尊重，激发学生的自主学习动力，从而有效提升学生的道德素养。

任务二　中小学生品德发展基本规律

任务描述

本任务主要介绍中小学生品德发展的基本规律，包括品德发展的阶段性特征及品德发展的主客体之间的相互作用。

任务目标

掌握中小学不同学段学生品德发展的特点，能够根据学生品德发展的特点有效开展德育。

Note

任务重点

（1）了解中小学不同学段学生品德发展的特点。

（2）掌握影响中小学生品德塑造的主客观因素。

任务难点

（1）能够根据学生行为对其品德发展所处阶段进行准确判断。

（2）掌握在德育过程中发挥学生主体性的措施。

一、品德发展的阶段性特征

品德包含道德认知、道德情感和道德行为方式三种基本心理成分[①]。品德的形成是一个从低级到高级、由简单到复杂的渐进式过程，中小学学生的品德发展具有阶段性特征，不同的年龄段呈现出不同的特点，如表2-2-1所示。在德育实践中，教师应根据学生所处的不同发展阶段，采取相应的德育策略，帮助学生逐步形成良好的道德品质。

表2-2-1 中小学不同学段学生品德发展的阶段性特征

学段	品德发展阶段	道德认知	道德情感	道德行为
小学低年级	品德发展初级阶段	道德认知水平较低，对道德概念和准则的理解较为表面，以行为后果为标准进行道德判断，即他律	道德情感大多基于直觉，直观而直接	道德行为的发展依赖于外部奖惩。对行为的自我调节能力不够，知与行脱节的现象普遍存在
小学中高年级	品德进一步发展阶段	道德认知有了一定的发展，能够理解一些基本的道德原则，并形成一定的道德认知结构。道德判断的标准由以行为后果为标准逐渐转变为以主观动机为标准，即从他律转向自律	从具体的道德情感逐步过渡到抽象的道德情感	初步形成一些道德行为习惯
初中学段	品德发展动荡期	道德认知能力进一步发展，能够进行抽象的道德推理，但在这个阶段可能会出现道德观念模糊的现象	道德情感在内容和形式上都实现了更为显著的进步	在这个阶段可能会出现道德行为习惯不稳定等特征

---

① 陈琦，刘儒德.当代教育心理学[M].3版.北京:北京师范大学出版社,2019.

续表

学段	品德发展阶段	道德认知	道德情感	道德行为
高中学段	品德成熟或趋于成熟期	道德认知较为成熟。开始关注社会问题，形成自己的道德理想和价值观。能够独立进行道德判断和选择，以自律为主要形式	道德情感展现出强烈的独立性和自主性	言行一致，处于应用道德信念来调节道德行为的成熟时期，逐渐形成稳定的道德行为习惯

知识活页

皮亚杰道德发展阶段理论

皮亚杰巧妙运用对偶故事法，深入剖析了儿童的道德发展历程，并指出儿童的道德认知成长是一个从他律到自律的过程，这一过程可细分为以下四个阶段，见表2-2-2。

表2-2-2　皮亚杰道德发展阶段理论相关内容

阶段	年龄	主要特点
前道德阶段	1岁至2岁	处于感知运动时期，无任何道德观念发展，行为多与生理本能的满足有关，无任何规则意识
他律道德阶段	2岁至8岁	2—5岁：处于自我中心阶段，具有单向的、不可逆的自我中心主义，片面强调个人存在及个人的意见和要求
		5—8岁：常以表面的、实际的结果来判断行为的好坏，对权威和成人规则绝对服从，认为规则是无法改变的，并主张抵罪性惩罚
自律或合作道德阶段	8岁至11、12岁	又称"可逆性阶段"，根据动机、行为主观责任来判断行为的好坏，认为规则是可以修改的，不再单纯服从权威。道德准则是同伴之间制定的保障共同利益的约定
公正道德阶段	11、12岁以后	出现了利他主义，基于公正感做出判断。倾向于主持公道、平等，并认识到真正的平等表现为依据个体具体情况做出适切的处理

教学互动

情境一：一个小男孩约翰，听到有人叫他吃饭，就去开餐厅的门，他不知道门外有一把椅子，椅子上放着一只盘子，盘内有15个杯子，结果撞翻了盘子，打碎了15个杯子。

情境二：一个小男孩亨利，趁妈妈外出，他想偷吃橱柜里的果酱，便爬上椅子伸手去拿，由于果酱放得太高，手够不着，反倒碰翻了一个杯子，杯子掉在地上摔碎了。

根据皮亚杰道德发展阶段理论，不同年龄段的孩子会对约翰和亨利的行为表现进行比较，并产生不同的评价。

（1）6—7岁的孩子一般会认为，约翰比亨利坏，因为约翰打碎了15个杯子，而亨利只打碎了1个杯子。这说明，处于这一年龄段的孩子一般根据行为的客观后果即客观责任来判断是非善恶。

（2）8—12岁的孩子一般会认为，亨利比约翰坏，因为约翰是无意中打碎了杯子，而亨利是趁妈妈不在时偷吃东西而打碎杯子的。这说明，处于这一年龄段的孩子已注意到了行为的意图和动机，即从行为的主观责任来做出判断。

（3）大于12岁的孩子一般会认为亨利和约翰都没有错。这说明，处于这一年龄段的孩子的公正观念或正义感得到了发展，孩子的道德观念倾向于主持公正、平等。

二、品德发展的主客体相互作用

品德发展是主客体相互作用的产物，是主体在活动和交往的基础上自我建构的结果。作为主体的学生，其品德发展状况，不仅受到外部环境的影响，还与个体的自我认知和行为密切相关。

（一）社会环境对品德形成的影响

个体所处的外界客观条件，是其品德形成和发展的基础。对于中小学生而言，品德的培育与塑造，不仅受其自身生理特性的限制，还受到外部环境的深刻影响。外部环境包括自然环境和社会环境，尤其是社会环境，对中小学生的品德养成与持续发展具有决定性作用。社会环境是指人对自然的征服和改造，以及在此过程中所形成的各种社会因素，也就是社会历史进程中所形成的各种社会关系的总和。社会环境主要分为宏观环境和微观环境，宏观环境一般包括个体所处社会政治经济制度及其发展状况、社会氛围等，微观环境一般包括家庭环境、学校环境等。

1. 宏观环境

党的十八大以来，中国特色社会主义进入新时代。在以习近平同志为核心的党中央坚强领导下，各地区各部门迎难而上、积极作为，深化改革开放，推动我国经济、政治、文化和社会生活方方面面取得历史性成就、发生历史性变革。风清气正的政治环境在潜移默化地影响着社会氛围，社会氛围是中小学生品德形成的重要外部因素。一个充满正能量的社会环境能够对学生的品德产生积极的影响。因此，社会应该注重营造良好的道德氛围,倡导尊老爱幼、助人为乐等优秀传统美德,抵制不良风气和行为,为学生形成正确的道德观念和行为提供有力的支持。

2. 微观环境

家庭是中小学生品德形成的重要场所。家庭环境、父母的道德观念和教育方式等会对孩子的品德产生深远影响。家长应该注重自身的道德修养,为孩子树立良好的道德榜样,同时采用恰当的教育方式,引导孩子形成正确的道德观念和行为习惯。学校是中小学道德教育的主阵地。学校应该制定科学合理的道德教育方案,通过课堂教学、课外活动等多种形式,加强对学生的道德教育和引导。同时,教师也应该注重自身的道德修养和师德师风,以自身的言行影响学生,引导他们形成良好的品德。

学校氛围的熏陶、家庭温情的滋养以及社会风气的感染,在德育过程中起到了不可或缺的作用。要想培育品德高尚的青少年,学校、家庭与社会应当合作,共同构筑一个有利于中小学生品德成长的温馨摇篮。

(二)学生主体在德育中的能动作用

品德的培养需要经历一个外部影响不断内化和内在观念逐渐外显的复杂过程,与普通知识学习相比,道德学习更侧重于过程中的适应与自我调整。德育本质上是一种个性化的修炼,它依赖于个体的自我实现和自我完善。现代道德的核心特质表现为主体性,即现代道德是个体自主选择、约定和构建的产物,从而要求现代德育要为学生发挥自主性留下足够的空间。学生是德育的主体,德育工作必须充分发挥学生的能动作用。

1. 确立学生主体地位,树立为每一个学生服务的理念

教师应秉承"以学生为本"的教学理念,遵循"全面进步、全员成长、自主发展"的原则,采用更多元化的教育形式,组织多样化的德育活动,鼓励学生积极发表独特见解,大胆放手让学生自主参与学习过程,并在此过程中主动构建自己的道德认知。

2. 紧密联系学生的生活实际,关注学生的个性化需求

德育工作应深入学生的日常生活,紧密贴合他们的生活经历和思想动态,以激发学生的兴趣和参与积极性。例如,教师可以通过组织学生参与社区服务、校园清洁等实践活动,让学生在亲身体验中领悟德育的意义,进而培养出良好的行为习惯和正确的道德理念。在德育过程中,教师应当关注学生的内心需求和情感体验,尊重每个学生的个性成长。例如,德育应聚焦于学生的具体问题,通过有针对性的辅导和讨论,协助学生解决面临的实际问题,以此提升德育的实际成效。

3. 遵循知行合一的教育理念,促进学生的自我实践

个体自觉实践是中小学生品德形成的关键环节。学生应该通过道德实践活动,将道德知识转化为实际行动,不断锤炼道德品质和改善行为习惯。同时,学生也应该注

拓展案例 ▼

核心价值观像空气一样无处不在——形成培育、弘扬核心价值观的氛围

Note

重自我反思和总结,及时发现并改正自身的不足,不断提升自身的道德修养和道德实践能力。在这一过程中,教师应起到模范带头作用,通过自身的言行举止,潜移默化地对学生产生积极影响。

 任务三　中小学生道德情感发展特点

任务描述

本任务主要介绍不同年龄段中小学生道德情感的发展特点。

任务目标

掌握中小学生道德情感的发展特点,能够根据学生道德情感发展特点实施德育。

任务重点

(1)了解不同年龄段中小学生道德情感的发展特点。
(2)正确认识并理解德育工作的系统性、整体性和长期性。

任务难点

准确判断学生道德情感的发展阶段。

道德情感是人根据一定的道德标准,在处理相互道德关系和评价自己或他人的行为时所体验到的心理活动,是激发道德行为的重要内部动力。学生的道德情感会随着年龄的增长逐步发展,并在每个学龄阶段展现出一定的特点。中小学阶段是学生道德情感形成的关键时期。

一、小学阶段道德情感发展特点

在小学阶段,学生的道德情感范围逐渐扩大。他们开始逐渐理解什么是道德、什么是道德行为,对于诚实、友善、公正、尊重等基本道德规范有了初步的认识。同时,他们也开始关注社会公德、家庭美德等方面的道德要求,如爱国主义情感、荣誉感以及义务感等道德情感开始在他们心中逐渐形成。但这一阶段学生往往难以有效地控制自己的情绪,容易受到周围环境和事件的影响,表现出较强的环境依赖性。他们的道德情感大多基于直觉,直观且直接。

（一）移情的发展

移情是一种深刻的情感共鸣能力,表现为个体被他人的情绪所触动,并能够深切地体会和理解对方的情感体验。这种能力在道德领域中占据着举足轻重的地位,它是激发个体内心诸如内疚、同情等道德情感的基石。例如,学生不小心撞倒了同伴,看到同伴因为疼痛大哭的样子,该学生会感觉到内疚。

在小学阶段,学生开始更加明显地表现出对他人感受的理解和关注。他们能够更准确地感知他人的情绪状态,并对他人的感受产生共鸣。随着小学生年龄的增长,他们逐渐开始关注他人的生活状况,能够理解他人的生活经历、背景和困难,并对此产生同情和关心。这种移情能力的发展有助于他们建立更好的人际关系,并推动亲社会行为的出现。

（二）内疚感的发展

内疚感是当个体意识到自己的行为出现偏差或错误时,内心产生的自责与懊悔情绪。它的产生需要满足一系列的心理条件:首先,个体必须将社会的道德准则或行为标准内化于心,并在需要时能够迅速识别自身是否违反了这些准则,意识到自己的过错所在。其次,当个体违反规范时,需要清晰地认识到自己行为的严重性,并换位思考自己的行为给他人带来的不良影响,深刻理解当前的错误是自身的失当行为所导致的。此外,个体还需反省自己的动机,分辨行为背后的意图。最后,除了感受到内疚情绪,个体还应对违规犯错行为形成清晰的自我认知,并愿意为此负责。

由此可以看出,内疚感的产生是一个相对复杂的过程,其在儿童发展过程中出现得相对较晚。从6岁开始,儿童才会对伤害他人的行为感到内疚,10岁以后,儿童会展现出更加成熟和负责任的态度,开始能够对自身过错产生深刻认识并积极弥补过失。

（三）爱国主义情感的发展

海斯和托尼对于儿童忠于祖国的情感发展阶段的理论为教育者了解儿童爱国主义情感的发展提供了有价值的视角。根据他们的观点,儿童的这种情感发展经历了三个阶段,每个阶段都反映了儿童对于国家概念理解的不同层次和深度。在小学低年级阶段,儿童处于国家象征期,这一时期儿童对国家的认识主要停留在表面的、具象的符号上,如国旗、国歌等。这些符号在儿童心中往往具有神圣和庄重的地位,他们会因为看到国旗飘扬、听到国歌奏响而感到自豪和激动。这种对于国家象征的尊敬和热爱,是儿童初步形成国家认同感的基础。随着儿童年龄的增长和知识水平的提高,他们进入小学中年级阶段,处于抽象国家观念期,这一时期儿童开始关注国家的抽象观念,如言论自由、竞争选举等。他们开始理解国家不仅仅是一个象征性的存在,还是一个有着复杂制度和规则的社会组织。这些抽象观念为儿童提供了爱国的新依据,他们开始从更加理性和深入的角度思考国家的意义和价值。到了小学高年级阶段,儿童进入了国际组织系统期。在这一时期,儿童对国家的认识已经超越了单纯的符号和抽象观念,开始从国际视角来看待自己的国家。他们开始理解到国家是国际社会的一员,扮演着特定的角色和承担着相应的责任。这种对于国家在国际组织系统中的角色的认识,使得儿童的国家认同感更加全面和深刻。

小学三年级是儿童道德情感发展的关键时期,也是儿童道德认知、道德判断和道德行为形成的重要转折点。在这一阶段,孩子逐渐摆脱了幼儿期的自我中心思想,开始关注周围世界,初步形成了道德观念和道德判断。因此,小学三年级是培养孩子良好道德情感的重要时期,教师需要给予足够的重视和关注。

二、中学阶段道德情感发展特点

中学阶段是学生人生发展的一个重要转折期,这一阶段学生的道德情感在形式和内容上都取得了更为显著的进步。这一时期的学生开始更加深入地体验和理解各种道德情感,逐渐构建起更加稳固和完善的道德情感体系。

(一)初中阶段道德情感发展特点

1.内容不断丰富

初中生在成长过程中,不仅知识和技能有了显著的进步,他们的道德认知水平也在稳步提升。这一时期的学生,自我意识和人格的独立性更为突出,进而促使他们的道德情感不断发展与丰富。特别是在义务感、责任感、荣誉感、自尊感以及集体主义情感和友谊感等方面,初中生展现出了明显的成长与变化。

2.形式逐渐从冲动性向理智性发展

初中阶段早期,在面临问题时学生可能会出现冲动的心理反应,一些反应甚至可能是偏激或者不理智的。例如,一些学生讲究"哥们儿义气",经常会因为"路见不平,拔刀相助"的少年豪情而做出一些冲动行为。随着年级的升高,学生的知识和生活阅历不断增长,他们直觉的情绪体验会逐渐减少,而伦理道德的体验会逐渐增加并占据主导地位。在这一阶段,学生的社会性情感会经历显著的发展,他们的集体意识会逐渐增强。这意味着他们开始更加深刻地理解自己与集体之间的关系,并更加自觉地热爱集体和维护集体的利益,他们愿意为集体的荣誉和利益付出努力,甚至在某些情况下,可能会为了集体的利益而牺牲个人的利益。这种集体意识和热爱集体的态度,是他们在成长过程中逐渐形成的重要道德情感,也是他们未来成为有责任感、有担当的公民的基础。

(二)高中阶段道德情感发展特点

高中阶段学生在道德情感方面有了显著的成长,他们的道德情感展现出强烈的独立性和自主性,这意味着他们不再完全依赖于外界的教诲和规范,而是开始形成自己的道德判断和选择。同时,他们还会运用自己的道德理想和信念来调节和丰富道德情感,使自己在面对道德挑战时能够坚定信念、明辨是非。简而言之,高中生在道德情感方面的发展表现为更加独立、自主和成熟,他们不仅遵守道德规范,还能够运用自己的道德理想和信念来指导自己的行为。

1. 社会性道德情感显著增强

道德经验的积累使得高中生的社会性道德情感内容更加丰富,体验更加深刻,具体体现在:集体荣誉感和爱国主义情感在他们心中更加稳固,这使得他们更加珍视集体的荣誉,更加坚定地维护国家的尊严和利益;公正感、义务感和责任感等道德情感也得到了显著提升,他们能够更加自觉地维护社会公正,积极履行义务和承担责任;自我意识、自尊心随着年龄增长也日益增强,渴望得到他人的关注和认可,重视与他人的友情和亲密关系,对自己在集体中的地位和威信也更加关注。

2. 发展仍不成熟,具有反复性

在高中阶段,尽管大多数学生已经形成了正向的道德情感,但道德情感的发展是一个复杂且动态的过程,它受到多方面因素的影响。这些因素既包括影响学生心理发展的内部因素,也包括社会环境、家庭教育等方面的外部因素。因此,学生道德情感的发展可能会表现出一定的反复性和不成熟性。一方面,随着自我意识的增强和对外界认知的深化,高中生开始更加独立地思考和判断,他们的道德情感也变得更加丰富和复杂。在这个过程中,学生可能会遇到各种道德冲突和困惑,导致他们的道德情感发展出现波动和反复。例如,高中生可能在某一时刻表现出高度的正义感和责任感,而在另一时刻则可能因为受到同伴压力或社会不良风气的影响而做出不符合道德规范的行为。另一方面,高中生的道德情感发展也受到他们所处的社会环境和所建立的人际关系的影响。例如,一些学生可能会把"哥们儿义气"误认为真正的友谊,从而在某些情况下为了维护所谓的"义气"而做出违背道德原则的行为。这种现象反映了他们在道德认知和情感上的不成熟性,提醒教师在这一阶段仍然要加强对高中生的道德教育和引导。

基于中小学生不同阶段道德情感的发展特点,教师在实施德育时要注意考虑以下几点。

(1)阶段性:学生的道德情感和道德认知随着年龄增长而逐步发展,德育活动需要适应学生不同成长阶段的特点。

(2)整体性:道德情感教育是德育的重要组成部分,应与学生的知识学习、技能培养和品格塑造相结合。

(3)认知与情感结合:德育过程中注重将道德认知与道德情感体验相结合,通过道德情感的引导帮助学生内化道德规范。

(4)实践性:强调通过实际行动和参与来培养学生的道德情感,让学生在实践中塑造道德行为。

（5）个性化关注：开展德育活动时需考虑学生的个体差异，为学生提供个性化的道德教育和情感支持。

（6）文化性：在发展学生的道德情感时，应积极融入中华优秀传统文化和社会主义核心价值观，利用文化资源提升学生的道德情感素养。

（7）长期性：道德情感和道德品质的培养是一个长期过程，需要持续地关注和引导。

（8）生活化：将德育融入学生日常生活，使德育更加具体、生动和有效。

（9）道德情感文明建设：学校和班级应营造有利于学生道德情感发展的氛围，促进学生道德情感的积极健康发展。

（10）教师的道德情感素养：教师的道德情感素养对学生的道德情感发展具有重要影响，教师需要提升情感表达能力和交往能力。

教师在开展中小学德育实践时，应重点关注以上要求，帮助学生形成积极的情感态度和价值观，促进学生的全面发展。此外，教师还要充分认识到德育工作的系统性、整体性和长期性，除了探索符合学生学段特点的德育方法，还要注意学段间的纵向衔接，逐步构建大中小学德育一体化体系。

👀 教学互动

在班上，小吴是一个比较"闷"的学生。小吴的家庭条件优越，奶奶过度溺爱小吴，怕其他小朋友与小吴玩耍会伤到他，所以平时限制他外出。小吴很少与其他小朋友玩耍，习惯了独来独往，这导致他不知道该如何与他人交往和交流。

某天，小吴因为急性阑尾炎住院了。班主任对班上的学生说："小吴是我们班级的一员，虽然他平时话不多，但我相信他心里是非常渴望与大家接近的。大家要让他在病痛中感受到同学的情谊和集体的力量。"在班干部的带领下，同学们为小吴准备了礼物，包括手工制作的卡片、画作等，班主任还用手机录下了同学们给小吴的祝福留言。放学后，班主任带着几个学生代表到上海市儿童医院去看小吴。小吴正躺在病床上看手机，见班主任和同学们来了，小吴眼神里满是惊讶。几个同学围在小吴的床边叽叽喳喳地与他聊天，同学们把礼物放到他的病床上，摊了满满一床。小吴一个个地翻看着，看得很认真，脸也红了。当小吴看到班主任手机里录下的全班同学一起冲着镜头呼喊着："小吴，我们想你了，快快好起来吧！"此时，小吴的眼泪掉了下来。班主任和同学们要离开时，小吴对他们说："我平时基本不与同学们交流，没想到大家这么关心我，谢谢大家来看我。"

小吴出院后没多久便返校了，但是行动上还有些不便。班级里的男生自发组织了"护桐组"（取名根据小吴名字中的"桐"字），帮他带饭，陪他上厕所，放学了搀扶着他下楼。一次,小吴在周记本上写下了一篇长文,描述了自己的心情和感受,还在文章下方画了一颗爱心,爱心里画了一群小人,旁边写着"I LOVE YOU"。稚嫩的书画表达出了小吴的真挚情感。后来班上又有一位同学生病住院了,小吴便主动提出要去看望,还带领着其他同学一起为生病同学制作祝福贺卡。

（资料来源:载《上海教育》,2018年11月B刊。）

请结合案例,分析小吴道德情感的发展体现在哪些方面?

任务四　中小学生道德行为的形成机制

◎ 任务描述

本任务对中小学生道德行为进行介绍,重点介绍道德行为形成的主要内容和道德行为形成的过程。

◎ 任务目标

掌握中小学生道德行为的形成机制,能够运用其指导中小学德育实践。

◎ 任务重点

（1）了解雷斯特道德行为模型。

（2）明确中小学生道德行为形成的主要内容。

◎ 任务难点

明确中小学生道德行为形成的过程。

道德行为是品德形成的最终环节,指个体在道德认知和道德情感的指引、激励下,在道德信念的支配下表现出来的对他人和社会有道德意义的活动。一方面,道德行为及其效果能够直观地反映个体的品德,并使个体品德具有社会价值;另一方面,道德行为能够巩固和发展个体已有的道德认知。

20世纪70年代末80年代初,美国心理学家詹姆斯·雷斯特(James Rest)在已有研究的基础上深入分析了特定道德行为何以产生的问题,构建了一个综合性的道德行为发生模型,又称"雷斯特道德行为模型"(Rest's Model of Moral Behavior)。这个模型详细分析了特定道德行为的构成因素,并将个体的道德行为产生过程概括为以下四个阶段。阶段一:解释道德情境,这是道德行为产生的起始阶段,个体需要理解和识别所处的道德情境,包括识别出情境中涉及的相关道德问题。阶段二:做出道德判断,即个体在理解了道德情境后,会根据自身的道德标准、价值观和信仰,对情境中的行为或事件进行道德评价,形成道德判断。阶段三:进行道德抉择,即个体会基于道德判断,考虑各种可能的行动方案,并权衡其利弊得失,最终选择一个符合自己道德标准的行动方案。阶段四:实践道德行为,即个体在进行了道德抉择后,会将所选择的行动方案付诸实践。这四个阶段虽然存在一定的逻辑顺序,但由于正负反馈回路的作用,它们之间是相互影响的。这意味着个体的行动在一定时间内并非严格按照从上一阶段转入下一阶段的顺序进行。此外,该模型还否定了以往用某个单一的变量或心理成分来表示道德发展的做法,认为应该综合地考虑知、情、意、行等方面的各种心理活动,从而更全面地反映个体道德品质形成的全貌。雷斯特的道德行为模型为理解道德行为的产生提供了有价值的框架。

中小学生道德行为的形成涉及道德认知建立、道德情感培养、道德意志锻炼、行为习惯养成,同时还受到家庭环境、学校教育、社会氛围以及个人自觉实践等多种因素的影响。教师在理解和解释个体的道德行为时,需要综合考虑多方面的因素。

一、中小学生道德行为形成的主要内容

(一)道德认知建立

道德认知是个体在社会生活中形成的对客观道德规范、道德现象及其意义的理解与认识,是道德行为形成的基础。道德认知建立包含道德概念的形成、道德评价能力的发展和道德信念的形成三个基本环节。

1.道德概念的形成

道德概念是道德认知的基石,是个体对道德现象进行抽象概括和分类的结果。个体通过家庭教育、学校教育等途径,逐步认识和掌握各种道德知识,如什么是诚信、尊重、善良、责任等。随着年龄的增长和经验的积累,个体对道德概念的理解逐渐深化,能够更准确地把握道德现象的本质和特征。学校应该加强德育,通过课堂教学、主题班会等形式,引导学生学习道德知识,了解道德规范和原则,帮助学生树立正确的道德观念,为形成良好的道德行为打下基础。

2.道德评价能力的发展

道德评价能力是道德认知的重要组成部分,是个体道德认知逐渐形成的重要标志。个体在掌握道德知识的基础上,逐渐学会运用这些知识对道德行为进行分析和评价。通过对比不同行为之间的道德差异,个体能够形成自己的道德标准,进而对他人或自己的行为进行道德评价。道德评价能力最初是在他人评价的影响下发展起来的,从以直接效果为标准逐渐转向对行为动机的分析,并且通常表现为先学会分析他人的

行为,再学会分析自己的行为。学生在道德评价能力发展的初期容易出现片面性的问题,容易因为他人的一次行为表现或者某一品德就对他人做出全面肯定或否定的结论,随着年龄的增长、道德知识和经验的丰富,学生所做出的道德评价会更加全面、客观、准确。

3.道德信念的形成

道德信念是个体在深入了解并认同社会道德规范的基础上,内心深处滋生出的对践行这些道德义务的坚定执着与强烈责任感,是个体对道德价值的坚定信仰和追求,是道德认知的高级阶段。在道德评价能力的基础上,个体通过深入思考和实践体验,逐渐形成自己的道德信念。这些道德信念不仅指导个体的道德行为,还成为个体在面对道德困境时坚守的原则和底线。道德信念一旦确立,便会在个体的心中稳固扎根,展现出较强的稳定性和长久的影响力。

(二)道德情感培养

道德情感是个体在道德实践中形成的对善恶、是非、美丑等道德现象的情感体验和态度倾向。它是道德认知与道德行为之间的桥梁,是促使人们做出正确道德选择的内在动力。中小学生应该学会尊重他人、关心他人、同情弱者等,从内心深处感受到道德行为的重要性。学校和家庭都应该注重培养孩子的道德情感,通过表扬、鼓励等方式,激发孩子的道德情感,促进他们主动践行道德规范。

(三)道德意志锻炼

道德意志是个体在道德行为中,通过自觉地确定道德目标、克服内外部困难、调节和控制道德行为,达到既定道德目标的心理过程。它是个体道德品质和道德行为形成的关键因素,体现了个体的主观能动性和自我约束能力。道德意志是道德行为得以持续和稳定的保障。中小学生应该学会在面对困难和诱惑时坚守道德原则,勇于承担道德责任。学校可以通过组织道德实践活动,让学生在实践中锻炼道德意志,增强他们的道德自觉性和责任感。

中小学生的道德意志在发展过程中呈现出自觉性逐渐增强、独断性明显、果断性随年级提升等特点。这些特点既体现了学生道德意志的成熟和进步,也揭示了学生道德发展的局限性和面临的挑战。因此,教师在教育和培养中小学生的过程中,应充分关注他们的道德意志发展特点,引导他们形成正确的道德观念和行为习惯,以促进他们的全面发展。

(四)道德行为习惯养成

道德行为的形成,其归宿在于行为习惯的固化。对于正处于品德构建与形成关键阶段的中小学生而言,良好道德行为习惯的培育显得尤为关键。这些习惯包括但不限于诚实守信、勤劳节俭、尊重师长等,它们不仅关乎学生的成长,还影响着学生未来在社会中的角色和地位。因此,教师应明确道德行为习惯形成过程,通过系统、科学的培养策略,引导中小学生养成良好的道德行为习惯。

二、中小学生道德行为形成的过程

道德行为塑造的过程,是个体在学习社会规范并将其内化的过程中逐步实现的。内化指的是将外界对个体的行为期望转化为个体自身的内在行为标准。道德行为的塑造与变化经历顺从、认同和内化三个阶段。

(一)对社会规范的顺从

顺从,指表面接受他人的意见或观点,在外显行为方面与他人一致,但对于规范的必要性和依据缺乏深入的理解,甚至可能存在抵触情绪。这一阶段,个体表现出一种依赖外部监督的行为模式。当有人监督时,个体会表现得规规矩矩、绝对服从,而一旦缺乏他人的监督,个体便可能违反纪律。

(二)对社会规范的认同

认同,指个体在思想、情感、态度和行为上主动接受他人的影响,从而使得自己的态度和行为趋向于与他人相似,比顺从更深入一层。例如,某学生参加学校组织的党史教育活动,其中包括参观红军长征纪念馆。通过这次活动,该生深切体会到先辈们的大无畏精神和坚定的信仰,主动选择跟随中国共产党的步伐,并且积极申请加入共青团。该生认同团章,恪守团规,渴望成为团组织的一分子。在该生期望成为团员之际,该生对团员青年价值的内在化已经达到了认同的阶段。因此,认同具有自觉性和主动性,并非迫于权威或情境的压力而形成的。这一阶段,个体的道德行为表现为对榜样的主动模仿,认同程度越深,对榜样的模仿越生动。

(三)对社会规范的内化

内化,指个体在内心深处真正相信并接纳他人的观点,从而彻底转变自己的态度和信念,将外界的新思想、新理念和新行为融入自己的思想体系,使其成为自己品德的一部分。内化阶段是个体道德真正形成或彻底转变的关键时期。在此阶段,个体对社会规范及其价值原则形成了深刻的认知,伴随着个体积极的情感体验,这种认知与个体自身既有的价值观念实现整合。这时,个体的道德行为将不再会轻易受到外界因素的影响,而是基于内在的信念和价值观自发地表现出来,并呈现出一定的稳定性。

道德行为的塑造是一项着眼长远的工程,教师应以身作则,通过树立正面榜样和营造良好的教育环境,引导学生迈出道德行为塑造的第一步。首先,教师要不断强调规则的重要性,并通过奖励等方式,巩固学生初步形成的道德行为。其次,教师应通过组织深入的讨论、生动的角色扮演和触及灵魂的情感教育活动,帮助学生洞察道德规范背后的深层价值和意义,激发他们内在的认同感,并能够将这些道德规范自然而然地融入个人价值体系。最后,教师应引导学生通过不断地实践、深刻地反思和持续地自我调整,形成独立判断和自我管理的能力,实现道德自觉与自我监督。

教学互动

事例1:

值周生在执行学校的值周任务时,发现本班同学违反了仪表仪容的相关规定,便就要不要扣分问题征求班长的建议。

思考:班长应该给出怎样的建议?

事例2:

值周生检查到自己班负责的卫生区时,发现有纸屑,但如果不能给自己班的表现记"优"的话,自己班本周便无法得到"流动红旗"……

思考:值周生应该如何正确处理?

(资料来源:《思辨:儿童哲学促进学生道德内化的教学实践》,载《福建基础教育研究》,2019年第9期。)

项目小结

本项目阐述了中小学德育的理论基础,剖析了中小学生品德发展的基本规律与道德情感发展的特点,并探究了中小学生道德行为的形成机制。

能力训练

某班班主任听说班上有学生在背地里骂自己,就在班上开展"整风运动",挨个找学生逼问他们平时的谈话内容。班主任将晓华列为重点突破对象,接二连三找他谈话,各种威逼利诱让他交代情况。在班主任的一再施压之下,晓华被迫写了交代书,把平时在厕所里面的见闻、同学之间的秘密全部写了出来,包括男生在厕所抽烟、聊性话题以及同学私下谈恋爱等情况。班主任拿着这些"情报"陆续找了其中牵涉的学生,这些学生都知道是晓华"告的密",难免对他阴阳怪气、说风凉话。晓华内心非常纠结,既觉得自己是迫于无奈屈服于班主任的压力,又觉得自己的确背叛了同学,怕失去了朋友,并且以后在班上无法与他们正常相处。

(资料来源:公众号"坚果壳心理"。)

(1)请根据科尔伯格的道德发展阶段学说,分析晓华所处的道德发展阶段。

(2)若晓华向你诉说他的苦恼,你该如何解开晓华内心的"疙瘩"?

知识训练
▼

项目二

Note

项目三
中小学德育内容与评价

 项目描述

　　本项目围绕中小学德育内容的选择依据与组织原则，德育方法的创新实践，德育评价的基本原则、具体标准、方法和技术，以及德育反馈机制的建立与完善进行讲解。

项目引入
▼

项目三

 项目目标

知识目标

（1）掌握中小学德育的内容，了解德育内容的选择依据和组织原则。

（2）掌握中小学德育的方法及其创新实践。

（3）了解中小学德育评价的基本原则与具体标准。

能力目标

（1）能够将德育评价方法和技术运用于实践。

（2）能够结合实际建立并完善德育反馈机制。

素养目标

（1）树立正确的世界观、人生观和价值观。

（2）培养良好的职业道德和较强的职业认同感。

知识导图

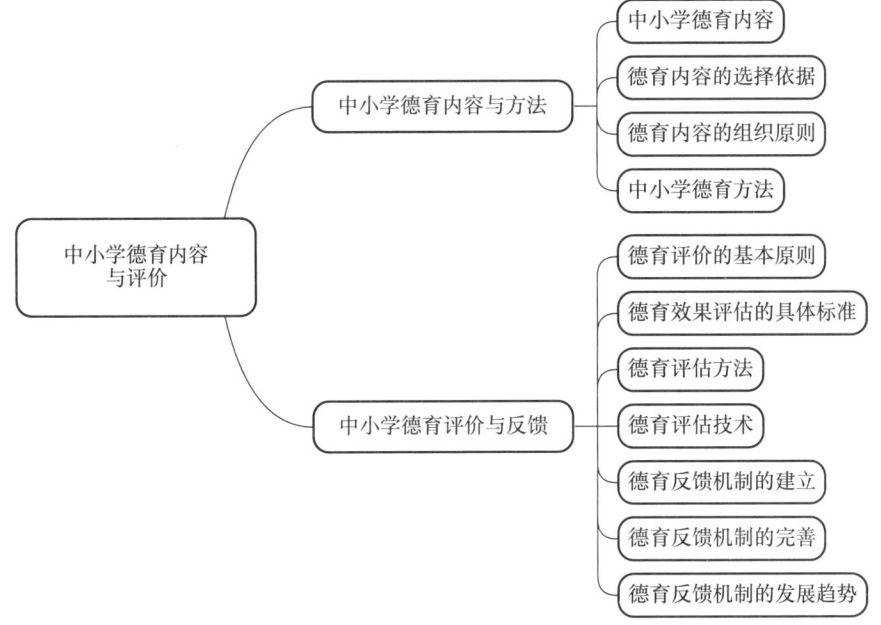

中小学德育内容与评价
- 中小学德育内容与方法
  - 中小学德育内容
  - 德育内容的选择依据
  - 德育内容的组织原则
  - 中小学德育方法
- 中小学德育评价与反馈
  - 德育评价的基本原则
  - 德育效果评估的具体标准
  - 德育评估方法
  - 德育评估技术
  - 德育反馈机制的建立
  - 德育反馈机制的完善
  - 德育反馈机制的发展趋势

任务一　中小学德育内容与方法

任务描述

本任务主要介绍中小学德育内容的选择与组织、德育方法的创新实践。

任务目标

掌握中小学德育的内容,能够运用德育方法进行创新实践。

任务重点

全面掌握理想信念教育、社会主义核心价值观教育等中小学德育内容。

任务难点

利用榜样示范法、情感陶冶法等德育方法进行创新实践。

Note

一、中小学德育内容

中小学德育侧重于培养学生的道德品质、社会责任感和公民意识等,涵盖了理想信念教育、社会主义核心价值观教育、中华优秀传统文化教育、生态文明教育、心理健康教育等多个方面。

(一)理想信念教育

理想信念教育是德育的核心内容之一,旨在引导学生树立正确的世界观、人生观和价值观,坚定共产主义远大理想和中国特色社会主义共同理想。例如,通过对马列主义、毛泽东思想、中国特色社会主义理论体系的学习,学生可以深入了解党的历史、革命传统和改革开放的伟大成就。

在实际教学中,学校可以组织参观革命历史纪念馆、烈士陵园等活动,让学生深入了解革命先烈的英勇事迹和无私奉献精神。同时,学校可以通过时事政策教育,引导学生关注国家大事,了解国内外形势,增强民族自豪感和责任感。例如,学校可以组织学生参观抗日战争纪念馆,引导学生通过听取讲解、观看展览和互动体验等,深刻认识到中华民族在抗日战争中付出的巨大牺牲和取得的伟大胜利,进一步坚定为中华民族伟大复兴而奋斗的信念。

(二)社会主义核心价值观教育

社会主义核心价值观教育是德育的重要内容,社会主义核心价值观体现了中国特色社会主义的本质要求,是全体中华儿女共同的价值追求。学校应将社会主义核心价值观融入教育教学全过程,通过爱国主义教育、国情教育、国家安全教育等,引导学生树立正确的国家观、民族观和文化观。

以小学语文教学为例,教材中蕴含着丰富的社会主义核心价值观教育资源。例如:《北京的春节》一文描绘了春节的热闹景象,展现了中国节日习俗的温馨美好;《草船借箭》一文通过对相关细节的描绘,展现了诸葛亮的智勇双全,弘扬了其智慧、勇敢和忠诚。这些课文不仅能够丰富学生的知识储备,还有助于在潜移默化中培养学生的社会主义核心价值观。

(三)中华优秀传统文化教育

中华优秀传统文化是中华民族的精神命脉,是涵养社会主义核心价值观的重要源泉。学校应开展家国情怀教育、社会关爱教育和人格修养教育,传承发展中华优秀传统文化。

例如,学校可以在小学开设国学课程,引导学生通过诵读《三字经》《百家姓》等经典著作,了解中华优秀传统文化的历史渊源、发展脉络和精神内涵。同时,学校还可以组织一系列传统文化体验活动,如书法比赛、茶艺表演等,让学生在实践中感受中华优秀传统文化的魅力。这些活动不仅能够提高学生的文化素养，还能激发他们对中华优秀传统文化的热爱之情和传承意识。

（四）生态文明教育

生态文明教育旨在引导学生树立尊重自然、顺应自然、保护自然的生态文明理念，养成勤俭节约、低碳环保的生活习惯。学校可以通过开展节约教育和环境保护教育，以及大气、土地、水等资源的基本国情教育，帮助学生了解祖国的大好河山。

例如，学校可以组织中小学生参与以"走进大自然"为主题的实践活动，学生在教师的带领下走进森林和田野，感受大自然的美丽和神奇。通过实地观察和体验，学生可以深刻认识到保护生态环境的重要性。此外，学校还可以开展垃圾分类、绿色消费等主题教育活动，进一步推动生态文明理念在校园内的普及和实践。

（五）心理健康教育

心理健康教育是德育的重要组成部分，关注学生的心理健康和成长需求，旨在培养学生的积极心态和适应能力。学校应建立健全心理健康教育体系，通过心理咨询、心理辅导和心理健康教育课程等形式，为学生提供心理支持和帮助。

学校应设立心理咨询室，配备专业的心理咨询师，为学生提供一对一的心理咨询服务；应开设心理健康教育课程，通过案例分析、角色扮演等互动方式，帮助学生了解心理健康知识，掌握应对压力和挫折的方法；应该组织一系列心理健康主题活动，如心理健康讲座、心理剧表演等，让学生在轻松愉快的氛围中学习心理健康知识，提升自我认知和调节能力。

综上所述，德育内容包括理想信念教育、社会主义核心价值观教育、中华优秀传统文化教育、生态文明教育以及心理健康教育等多个方面。这些内容的实施需要学校、家庭和社会的共同努力，通过课堂教学、社会实践、志愿服务等多种形式，将德育渗透学生的日常生活，从而培养出具有高尚品德、良好行为习惯和强烈社会责任感的新时代青少年。

二、德育内容的选择依据

（一）德育目标

德育目标是德育工作的出发点和落脚点，决定了德育内容的选择和开展方向。因此，在选择德育内容时，必须明确德育目标，确保所选内容能够有助于实现这些目标。

（二）受教育者的身心发展特征

受教育者的身心发展特征是选择德育内容时的重要依据。不同年龄、不同阶段的受教育者具有不同的认知水平和心理特征，因此教育者需要根据学生的实际情况选择合适的德育内容。例如，对于中小学生，教育者可以选择更加生动、具体的德育故事和案例;对于大学生,教育者可以更加注重对学生的理论研究和思辨能力的培养。

(三)时代特征和学生思想实际

德育内容的选择还需要考虑时代特征和学生思想实际。随着社会的不断发展,学生的思想观念和价值取向也在不断变化。因此,教育者需要选择能够反映时代精神、符合学生思想实际的德育内容,以增强德育的针对性和实效性。

(四)文化传统的作用

文化传统是教育者在选择德育内容时不可忽视的因素。文化传统中蕴含着丰富的道德资源,可以为实施德育提供重要的借鉴和参考。同时,教育者需要结合现代社会的实际情况,对传统道德进行批判性继承和创新性发展。

三、德育内容的组织原则

(一)整体性与系统性兼具

德育内容的组织需要具有整体性和系统性。教育者要从整体上把握德育内容的内在逻辑关系,确保各部分内容之间的有效衔接和协调一致。同时,教育者还需要根据德育目标的要求,将德育内容按照一定的逻辑顺序进行排列和组合,建立一个完整、系统的德育内容体系。

(二)显性与隐性并重

教育者在组织德育内容时,需要注重显性与隐性的结合。显性德育是指直接向学生传授道德知识和价值观念,隐性德育是指通过校园环境、文化氛围、师生关系等潜移默化地影响学生的道德观念和行为习惯,这二者相辅相成,共同构成完整的德育内容体系。

(三)课程教学与实践活动互补

德育内容的组织还需要注重课程教学与实践活动的互补。课程是德育内容的主要载体,教育者可以通过课堂教学系统地传授道德知识和价值观念。活动是德育内容的实践环节,通过参与各种实践活动,学生可以体悟道德的力量和重要性,从而加深对道德的理解和认同。因此,教育者在组织德育内容时,需要注重课程教学与实践活动的有机结合和相互促进。

四、中小学德育方法

德育方法是师生为达成德育目标而采用的活动方式总和,它包含以下两层含义。

其一,德育方法是师生共同参与的活动方式。这意味着德育不是教师单向影响学生的过程,学生也在其中发挥着重要作用。例如,说服教育法和品德评价法虽以教师活动为主,但效果仍取决于学生的理解与感悟;实际锻炼法和自我教育法则更侧重于学生的道德实践和自觉修养;情境陶冶法则通过学生与环境的互动,潜移默化地塑造其品行。

其二,德育方法服务于德育的目标和要求。要想达到不同的目标、要求,教育者需要采用不同的德育方法。仅仅模仿他人而忽视其背后的教育理念,往往效果不佳。不同的教育者在使用同一种德育方法时,可能会产生截然不同的效果,关键在于教育者是否进行了深入研究,真正掌握了选择与运用德育方法的科学原理。

我国中小学德育实践中常用的方法有说服教育法、榜样示范法、情境陶冶法、实际锻炼法、品德评价法和自我教育法等。

（一）说服教育法

说服教育法,又称"明理教育法",是德育的基本方法之一。说服教育法的核心在于通过摆事实、讲道理的方式,与学生进行思想情感沟通与互动,从而使学生明白道德真谛,并自觉践行。这种方法强调以明理为基础,是其他德育方法有效实施的前提。

1.运用语言文字进行说服教育的方式

（1）讲解和报告:教育者通过政治课、思想品德课、时事政策教育、讲座等形式,系统地阐述政治或道德问题,以提高学生的认知水平和思想觉悟。教育者在开展讲解或报告活动时,应准备充分,理论联系实际,选取符合学生年龄特征和接受水平的内容,表述简洁、生动,具有逻辑性和系统性。

（2）谈话:该方式较为常用,不受时间、地点和人数限制。教育者在开展谈话活动时,应做好准备工作,明确目的,态度诚恳、热情、耐心,循循善诱,抓住教育时机,注意总结。

（3）讨论:该方式有助于学生进行自我教育。教育者在开展讨论活动时,应定好讨论主题,明确中心,积极引导,做好讨论总结。

（4）指导阅读:利用书籍、报刊等对学生进行说服教育。教育者在开展指导阅读活动时,应有计划、有目的地指导学生选好阅读书目,教授学生读书方法,组织相关阅读收获交流或书评活动。

2.运用事实进行说服教育的方式

（1）参观:学生在教师指导下有计划地进行实地参观。教育者在组织参观活动时,应明确参观目的,联系好参观场地,加强指导,组织好收获交流活动,认真做好总结。

（2）访问和社会调查:结合学生的所见所闻对学生进行说服教育。

3.运用说服教育法的注意事项

（1）针对性:针对具体问题,有的放矢,触动学生的心灵,启发学生思考,避免说理一般化、空洞、冗长。

（2）知识性和趣味性:注意说理的知识性,采用学生喜闻乐见的形式,使学生深受启发,并乐于实践。

（3）善抓时机：善于捕捉教育时机，引起学生的情感共鸣。

（4）相互尊重：应态度诚恳，语重心长，与人为善，尊重学生，耐心听取学生的意见。

（二）榜样示范法

榜样示范法是通过展示他人的高尚品德、模范行为和卓越成就来影响学生品德的方法。中小学生模仿能力强、可塑性大，教育者应积极引导学生向榜样看齐。榜样包括伟人、英雄、优秀教师、优秀学生等。教育者在运用榜样示范法时需要注意以下几点。

1. 真实性

教师所树立的榜样必须是真实可信的，避免拔高或编造美德故事，以免适得其反。

2. 积极情感

教师应激起学生对榜样的积极情感，引导学生深入了解榜样的身世、奋斗经历、卓越成就等。

3. 差异化

教师应为不同年龄段的学生树立不同的榜样，如为小学生树立师长榜样，为初中生树立正面、积极的偶像性榜样，为高中生树立历史伟人、当代名人榜样。

4. 示范作用

教师应加强自身修养，以身作则，低年级学生尤其视教师为权威，这更需要教师率先垂范。

（三）情境陶冶法

情境陶冶法是通过创设良好的教育情境，潜移默化地培养学生品德的方法，主要利用暗示原理，让学生通过无意识的心理活动来接受某种影响。

1. 情境陶冶法的种类

（1）人格感化：教育者以自身的品德和情感作为情境来陶冶学生。教师应以自身高尚品德、人格魅力，以及对学生的深切期望和真诚的爱来触动、感化学生，促进学生转变思想、积极进取。

（2）环境陶冶：利用环境，如清洁美观的校园、朴实庄重的校舍、明亮整洁的教室、有秩序的教学活动和作息安排、良好的班风和校风等，让学生受到陶冶。良好的环境有助于培养个体的良好品德，糟糕的环境则会助长个体的不良习性。

（3）艺术陶冶：通过音乐、美术、舞蹈、雕塑、文学、影视等艺术形式来陶冶学生。艺术是人类智慧的结晶，形象生动，寓意深厚，不仅能给学生以美的感受，而且还可以陶冶学生的情操。

2. 运用情境陶冶法的注意事项

（1）创设良好情境：良好的情境是陶冶的条件和工具，教育者应创设美观、朴实、整洁的学习与生活环境，以及团结、紧张、严肃、活泼、尊师爱生、文明而有激情、民主而有纪律、自由而有秩序的班风、校风。

（2）与启发、引导相结合：教育者应有意识地启发、引导学生，使学生感受到情境的美好与珍贵，认同、珍惜这种良好的情境，并培养自身相应的良好品德与作风。

（3）引导学生参与情境创设：激励学生自己去创设、优化良好情境，如参加学校环境清扫劳动、教室布置，维护正常作息制度和教学秩序等。

（四）实际锻炼法

实际锻炼法又称"实践法""练习法""训练法"，是教育者根据德育任务组织各种实践活动，有目的、有计划地培养受教育者优良品德和行为习惯的一种方法。

1. 实际锻炼法的主要形式

（1）练习：通过反复练习来培养学生的良好行为习惯，如爱清洁、讲礼貌等。

（2）委托任务：由教师或集体委托学生个人完成一定的工作任务，如担任课代表、办板报、布置教室、筹备晚会、组织社会公益活动等。

（3）组织活动：组织学生参加各种实践活动，包括课外学习活动、劳动教育活动等。在参与活动的过程中，学生需要遵循一定的规范，克服许多困难，进行多方面的锻炼，这有助于学生品德的发展。

2. 运用实际锻炼法的注意事项

（1）调动学生的主动性：激发学生的主动性、积极性，使他们切实感到锻炼是有益的、有价值的。

（2）给予学生适当指导：视学生的能力情况给予学生适当的提示、指导，以提升学生的锻炼效果。

（3）坚持严格要求学生：在品德锻炼方面要严格要求学生，使学生不能马虎或放松。

（4）及时检查学生的情况：良好的习惯与品德的形成需要经过长期、反复锤炼，要及时检查学生的情况，提醒学生持之以恒。

（五）品德评价法

品德评价法又称"奖惩法"，是教育者根据德育目标的要求，对受教育者已经形成的或处于形成过程中的优良品德或不良品德进行评价，给予肯定或否定的一种方法。

1. 品德评价的主要形式

（1）表扬与批评：该形式在德育中较为常用，以表扬为主，以批评为辅。要求表扬要实事求是，依据学生现实的良好表现，着眼于个体的发展、进步，还要考虑学生的意见;批评要弄清事实原委,慎重对待,与人为善,切忌主观臆断。

(2)奖励与处分:对突出的优秀品行做出较高评价或对所犯错误进行处理。奖励包括颁发奖状、发放奖品、授予称号等;处分包括警告、记过、留校察看、开除学籍等。

2.运用品德评价法的注意事项

(1)公平公正,正确适度,合情合理。当奖则奖,当罚则罚,实事求是。

(2)发扬民主,获得群众支持。奖惩应充分发扬民主,综合所有人的意见,做到公平合理。

 知识活页

品 德 评 价

品德评价是塑造和培养个体品德的重要手段。以下是一些常见的品德评价方法。

一、观察法

观察法是通过对个体的行为进行系统观察,根据观察结果对个体品德进行评价。这种方法通常需要设定观察计划和观察指标,以确保评价的准确性和客观性。

二、问卷法

问卷法是通过向相关人员发放问卷,收集他们对个体的品德评价。这种方法通常需要设定问卷问题和答案,以确保评价的准确性和有效性。

三、测量法

测量法是通过测量个体的生理、心理和社会适应情况等,对个体品德进行评价。这种方法通常需要使用专业工具和技能,以确保评价的准确性和科学性。

四、目标评价法

目标评价法是根据设定的品德目标对个体品德进行评价。这种方法通常需要设定具体的、可衡量的、可达到的目标,以确保评价的准确性和有效性。

五、成就评价法

成就评价法是根据个体在特定情境下的表现和成就对个体品德进行评价。这种方法通常需要设定具体的情境和任务,以确保结果的准确性。

无论采用哪种方法,品德评价都应该遵循科学、客观、公正的原则,以促进个体的品德发展。

(资料来源:百度文库。)

（六）自我教育法

自我教育法又称"自我修养法"，是学生在教师引导下经过自觉学习、反思和自我改进，使自身品德不断完善的一种方法。

1.自我修养的内容

（1）立志：确立道德理想或自我期望，既是修养的内容，也是修养的方法。

（2）学习：为提高思想认识而进行的学习，包括学习文化知识和道德经验，借鉴他人的长处和吸取教训。

（3）反思：包括自我认识、自我反省、自我评价等，对于提高思想觉悟、防止不良习气滋长蔓延以及自我纠偏有重要意义。

（4）自励、自警：选择有针对性的格言、箴言作为座右铭，用以自励、自警，提高修养水平。

（5）慎独：自我修养的最高境界，要求个体在无人监督的独处情况下，也能自觉地遵守道德规范，严于律己。

2.指导学生运用自我修养法的注意事项

（1）应注重激发学生对进行自我修养的兴趣与自觉性。为此，教育者可以为学生树立学习榜样，介绍历史上和现实中的杰出人物是如何利用格言、座右铭等提高自身修养的，以增强学生对提高自身修养的实践意愿。

（2）应指导学生明确修养的标准。修养的标准决定了修养的方向与性质。学生应在正确思想和榜样的引导下，选择正确的道德典范和规范来要求自己。错误的思想可能会影响学生选择消极的思想言论来调节自身。因此，教育者需提高学生分辨是非的能力和自我修养的水平，帮助学生坚持正确标准、克服错误思想。

（3）应引导学生积极参与社会实践。自我修养不能脱离生活和社会。教育者应鼓励学生广泛接触社会生活，积极参与社会活动，从中体悟自我修养的必要性及其价值。同时，教育者应引导学生从社会变革中汲取思想营养，在与先进模范的接触中获得启示，这将有助于学生的自我提升。

拓展案例
▼

绿皮火车
上的一堂
思政课

任务二　中小学德育评价与反馈

任务描述

本任务主要对中小学德育评价的原则与标准、方法与技术，以及德育反馈机制的建立与完善进行介绍。

Note

任务目标

　　明确中小学德育评价的原则与标准,掌握德育评价的方法与技术,能够建立和完善德育反馈机制。

任务重点

　　全面掌握中小学德育的评价与反馈的相关内容。

任务难点

　　将问卷调查法、访谈法、同伴互评法等德育评价方法应用于实践中。

一、德育评价的基本原则

　　德育评价构成了学校教育工作不可或缺的一环,为确保其有效性和公平性,教育者在实施德育评价时必须遵循以下基本原则。

(一)方向性原则

　　德育评价应设定清晰的目标,旨在提升学生的道德品质。评价过程中,教育者需引导学生朝着正确的道德方向发展,以社会主义核心价值观和道德规范为指引,确保实现评价的正面导向作用。

(二)客观性原则

　　在进行德育评价时,评价者需秉持客观、公正的态度,避免受到个人主观臆断和偏见的影响。评价标准需明确、具体,能够真实反映学生的道德表现,以确保评价的公正性和准确性。

(三)科学性原则

　　德育评价应建立在科学的基础上,采用科学的方法和工具进行评估。评价方法需符合学生身心发展的特点,结合定量与定性分析,使评价结果更为客观、精准,具有说服力。

(四)教育性原则

　　德育评价应富有教育意义,能够帮助学生认识自身的优点和不足,激发他们的积极性和上进心。评价过程中,需注重对学生的引导和激励,促使他们自觉提升道德素质,实现全面发展。

（五）激励性原则

德育评价应侧重于肯定和鼓励学生的正面行为，以激发他们的积极性和创造力。评价时，需关注学生的个性化差异和特长，提供有针对性的指导和支持，帮助他们更好地发展。

（六）可行性原则

德育评价的方案和方法应具备实际可行性，考虑操作过程中的各种限制和挑战。在制定评价标准和方法时，应充分考虑学校、家庭和社会的实际情况，确保评价能够顺利进行，并获得实际效果。

（七）整体性原则

德育评价应综合考虑学生各方面的素质，包括思想品质、道德观念、行为习惯等。评价时，需注重学生的全面发展，避免片面强调某一方面的表现而忽略其他重要方面。

（八）反馈性原则

评价者应将德育评价的结果及时、准确地反馈给学生、教师和家长，以便他们了解学生的道德状况和发展需求。反馈应具有针对性和指导性，能够为学生提供具体的改进建议和措施，帮助他们不断提升自己的道德水平。

二、德育效果评估的具体标准

（一）学校德育工作评价

各级教育行政部门应结合本地区教育的实际情况，制定科学的德育工作评价指标体系，定期对学校德育工作进行督导和评价。评价内容包括德育队伍与设施建设、德育课程与活动实施、学生表现与家长反馈等。

（二）学生品德评定

对学生的品德评定应根据德育目标，结合行业和用人单位对从业者的品德要求，对学生在思想政治觉悟、职业道德素质、遵纪守法等方面的表现提出具体要求。评定方法包括期评和月评，期评每学期组织一次，分为甲、乙、丙、丁四等；月评每月组织一次，分为一等、二等、三等和不合格。

（三）德育课程质量评价

德育课程质量评价包括过程评价和终极评价。过程评价关注课程实施过程中的学生参与度和反馈，终极评价则是对课程效果的总体评价。

（四）德育活动质量评定

德育活动质量评定主要从学生的参与度和情感体验强度两个维度进行考核。学生参与度高的活动更能体现学生的积极性和投入程度。

（五）德育工作管理评定

德育工作管理评定的关键在于建立一套健全有效的德育工作运行机制，包括目标、计划、措施等方面，确保责任到人、经费到位。

（六）德育工作者素质评定

德育工作者素质评定主要从思想素质、理论素养、业务能力三个方面进行衡量。高素质的德育工作者能够更好地引导学生，提升德育效果。

三、德育评估方法

（一）问卷调查法

问卷调查法是指设计并分发问卷调查，以了解学生对德育的认知和态度。问卷内容可以涵盖道德价值观、道德决策能力等方面。教育者可以结合通过问卷所收集的数据，量化分析学生的道德认知水平和行为倾向。

（二）观察记录法

观察记录法是指记录和分析学生的言语、行为和态度，获取学生品德发展的一手资料。观察记录法适用于课堂教学、课外活动和其他生活场景，有助于教育者全面了解学生的道德面貌。

（三）访谈法

访谈法是指与学生进行面对面的访谈，了解学生对道德问题的看法和应对道德冲突的能力。教育者可以通过访谈深入了解学生的思考过程和道德理念，为德育评价提供更深入的定性数据。

（四）同伴互评法

依据评价表或评价标准，学生可以对同伴的品德表现进行评价和反馈。同伴互评法不仅有助于学生自我反省，还能培养学生的人际沟通和评价能力。

（五）自我评价法

自我评价法要求学生对自己的品德行为进行反思和评价，学生可以通过日记、反思报告等形式记录和分析自己的道德体验、思想和行为。自我评价法有助于学生培养自我认识、自我激励和自我完善的能力。

四、德育评估技术

（一）量化评估技术

教育者可以利用调查问卷、行为量表等工具收集定量数据，如学生的道德行为频次、道德认知得分等，通过统计分析方法对数据进行处理和分析，得出量化评估结果。

（二）定性评估技术

教育者可以通过观察记录、访谈等手段收集定性数据，如学生的道德行为描述、道德情感体验等，对定性数据进行归纳、整理和分析，得出定性评估结果。

（三）智能技术赋能评估

教育者可以利用人工智能、知识图谱、自然语言处理等先进技术实现信息存储和运算；通过语音识别、图像识别、行为跟踪等技术收集师生在传统的德育课堂、在线学习等不同德育场景中的全样本、全过程、多模态的教育数据；基于这些数据构建增值评价模型，量化分析学生的道德发展"增值"，为德育教学提供精准化、动态化的反馈和调整。

五、德育反馈机制的建立

德育反馈机制的建立与完善是确保德育工作的有效性和持续改进的关键环节。德育反馈机制有助于提高德育工作质量、增进学生道德认知、构建良好德育氛围。

（一）明确反馈目标

教师在建立德育反馈机制之前，首先要明确反馈目标。这包括确定德育工作的具体要求和标准，以及期望通过反馈机制达到的效果。例如，反馈目标可以是提高学生的道德认知水平、改善学生的行为习惯，也可以是增强教师的德育教学效果等。明确反馈目标有助于后续反馈内容的确定和反馈机制的设计。

（二）确定反馈主体

反馈主体是提供反馈信息的人员或组织。在德育工作中，反馈主体通常包括学生、家长和学校管理层等。不同反馈主体具有不同的视角和经验，能够提供多样化的反馈信息。因此，教师在确定反馈主体时，要充分考虑他们的特点和需求，确保反馈信息的全面性和准确性。

（三）设计反馈内容

反馈内容是指需要收集和处理的反馈信息。在德育工作中，反馈内容通常包括学生的道德行为表现、教师的德育教学效果、家长对德育工作的意见和建议等。教师在设计反馈内容时,要充分考虑德育工作的目标和要求,确保反馈内容能够真实反映德育工作的实际情况和存在的问题。

(四)选择反馈方式

反馈方式是指收集和传递反馈信息的方法和手段。教师在选择反馈方式时,要综合考虑反馈主体的特点和需求,以及反馈内容的性质和重要性。常见的反馈方式包括问卷调查、访谈、座谈会、班级日志、在线反馈平台等。不同的反馈方式具有不同的优缺点,教师可以灵活组合使用,以达到最佳的反馈效果。

(五)建立反馈渠道

反馈渠道是指反馈信息从反馈主体传递到接收者的路径和方式。教师在建立反馈机制时,要确保反馈渠道畅通无阻,方便各反馈主体随时提出意见和建议。这可以通过设立专门的反馈邮箱、电话热线、意见箱等方式来实现。同时,还要建立反馈信息的处理和回复机制,确保反馈信息能够得到及时、有效的处理。

(六)制定反馈流程

反馈流程是指从收集、处理反馈信息到应用反馈结果的整个过程。教师在制定反馈流程时,要明确各个环节的责任人和时间节点,确保反馈工作能够有序进行。同时,还要建立反馈结果的评估和激励机制,对表现优秀的学生和教师进行表彰和奖励,对存在的问题进行分析和整改。

(七)持续优化与改进

德育反馈机制是一个动态的系统,需要不断进行优化和改进,包括根据反馈结果调整德育工作的目标和要求、根据新的教育理念和技术手段更新反馈方式和方法、根据学生和社会的需求变化调整反馈内容等,从而确保德育反馈机制始终与时俱进和高效运作。

六、德育反馈机制的完善

在德育工作中,反馈机制是连接实践与改进的关键桥梁。为了确保这一机制的有效运行,需要从以下几个方面进行深度完善。

(一)定期收集反馈

制订详尽的收集反馈计划和时间表是首要任务。这意味着教师需要设定固定的时间点,如在每月末或每季度末系统地收集来自学生、家长等不同主体的反馈信息,从而确保反馈信息的时效性和准确性,为后续的德育工作提供及时的数据支持。

（二）分析处理反馈

收集到的反馈信息需要进行细致的分析和处理。这包括将反馈信息进行分类，识别出共性问题与个性问题，提炼出有价值的信息和建议等，从而发现德育工作中的亮点与不足，为后续制定改进措施提供有力的依据。

（三）制定改进措施

教师需要基于反馈结果制定具体的改进措施。这些措施应针对性强、可操作性强，能够切实解决反馈中提出的问题。同时，教师要明确责任人和时间节点，确保改进措施能够得到有效执行。教师可以通过这一步骤，有效推动德育工作的持续改进和优化。

（四）跟踪评估效果

教师需要对改进措施的实施效果进行跟踪评估。这意味着教师需要设定评估指标和评估周期，对改进措施的实施情况进行定期检查和评估。教师可以依据评估结果，及时调整和优化策略，确保德育工作始终沿着正确的方向开展。

（五）加强沟通与交流

在德育反馈机制的完善过程中，加强各反馈主体之间的沟通与交流至关重要。教师可以通过组织定期的座谈会、研讨会等方式，增进反馈主体之间的理解和信任，这有助于反馈主体之间携手面对德育工作中的挑战和机遇，同时，也能够为改进措施的制定和实施提供更广泛的支持。

综上所述，德育反馈机制的完善需要教师从多个方面入手，确保反馈信息的及时性和准确性，提炼有价值的信息和建议，制定具体的改进措施，跟踪评估效果，加强反馈主体之间的沟通与交流。

七、德育反馈机制的发展趋势

随着时代的发展，德育反馈机制在未来面临着诸多机遇和挑战。一是智能化与信息化，教师可以利用大数据、云计算等信息化技术，实现德育反馈的智能化处理和分析；二是多元化与个性化，教师可以根据不同学生的特点和需求，提供多元化的反馈方式和个性化的改进措施；三是协同化与系统化，教师可以加强学校、家庭、社会之间的协同合作，形成系统化的德育反馈机制。

教学互动

某校初二学生小明是一个让老师头疼的学生。小明上课注意力不集中，听课不专心，经常找周围同学说话，有时还会发出怪叫声，故意破坏纪律以引起他人的注意。当老师批评小明时，他不仅无羞愧之感，反而很高兴。平时，小明有些以自我为中心，他顽皮好动，喜欢接老师的话茬，而且常常当面或背地里给同学或老师起绰号，有时还无缘无故地欺负同学。当然，小明也有值得肯定的地方，他性格率直，勇于承担任务，而且身强体壮，体育成绩好，是运动场上的风云人物，总能给班级争光。

请结合材料中小明的表现，思考：如果你是班主任，在对小明实施德育时，应该贯彻哪些德育原则？运用哪些德育方法？

⛵ 项目小结

本项目详细阐述了中小学德育内容的选择与组织、德育方法的创新实践，介绍了中小学德育评价的原则与标准、方法与技术，以及德育反馈机制的建立与完善等内容。

⛵ 能力训练

知识训练

项目三

请以小组为单位，结合拓展案例《绿皮火车上的一堂思政课》的内容，完成以下任务。

（1）简述如何将红色文化学习与研学旅行实践相结合？

（2）在绿皮火车上的思政课中，通过讨论和教师的引导，学生对"如何将个人理想融入时代大潮"有了更深刻的认识。你认为应如何将个人发展与国家、社会的发展需要相结合，以实现更有意义的个人价值？

Note

项目四
中小学德育活动设计实例

项目描述

本项目介绍了中小学德育活动设计的目标、背景和内容，列举了中小学德育活动设计的实例，引导读者立足实际教学，面向教学对象，合理运用德育素材。

项目引入
▼

项目四

项目目标

知识目标

(1) 了解德育活动设计的背景。
(2) 理解德育活动设计的目标。
(3) 掌握德育活动设计的内容。

能力目标

(1) 能够根据中小学德育目标进行德育活动设计。
(2) 能够灵活运用德育素材充实教学活动。
(3) 创设德育活动场景时能够举一反三。

素养目标

(1) 厚植爱党、爱国、爱社会主义的情感，能够自觉践行社会主义核心价值观。
(2) 增进对中华优秀传统文化的认同，增强文化自信。
(3) 培养积极乐观的心态，树立正确的世界观、人生观、价值观。

 **知识导图**

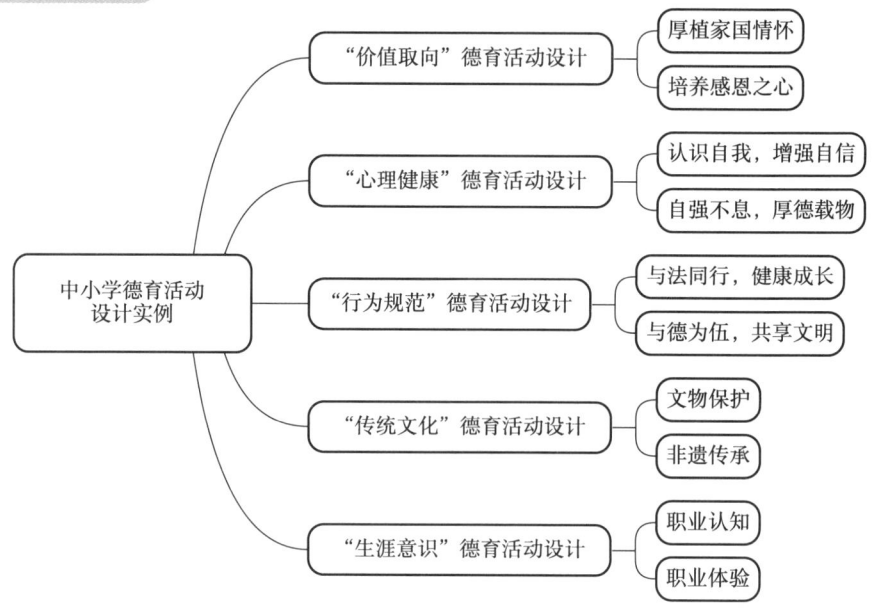

中小学德育活动设计实例
- "价值取向"德育活动设计
  - 厚植家国情怀
  - 培养感恩之心
- "心理健康"德育活动设计
  - 认识自我，增强自信
  - 自强不息，厚德载物
- "行为规范"德育活动设计
  - 与法同行，健康成长
  - 与德为伍，共享文明
- "传统文化"德育活动设计
  - 文物保护
  - 非遗传承
- "生涯意识"德育活动设计
  - 职业认知
  - 职业体验

任务一 "价值取向"德育活动设计

任务描述

本任务从目标、背景、内容等方面对中小学"价值取向"德育活动设计进行介绍。

任务目标

形成正确的价值取向，积累"价值取向"德育活动设计的素材，领会"价值取向"德育活动设计的要领。

任务重点

形成正确的价值取向，能够联系实际进行"价值取向"德育活动设计。

任务难点

联系实际进行"价值取向"德育活动设计。

价值取向是指个体在生活中所追求的目标、价值和方向,体现了个体对是非、美丑、善恶等基本问题的认识和判断,以及对人生价值和意义的认知和追求。不同的价值取向折射出不同的生活方式、态度和行为方式。随着信息化的发展,互联网、人工智能、大数据、云计算、AR、VR等正在改变传统的社会生产生活方式。面对瞬息万变的复杂环境,处于人生"拔节孕穗期"的中小学生,应坚定信仰,怀揣梦想,树立正确的世界观、人生观、价值观。

一、厚植家国情怀

中小学生良好的思想品德和行为习惯不是一朝一夕可以形成的,也不是一次会议、一项活动、一次谈话就能够养成的。中小学不同年龄段的学生具有不同的思想水平、认知能力和心理行为特征,因此教育者要通过多种渠道,运用多样化的方式方法,对学生反复进行教育训练,从而获得一定的教育效果。

(一)活动背景

2023年10月24日第十四届全国人民代表大会常务委员会第六次会议通过《中华人民共和国爱国主义教育法》,该法自2024年1月1日起施行。爱国是中华传统美德的内核,是一个人立德之源、立功之本。近年来,随着社会的多元化和信息化发展,爱国主义教育形式和内容也日趋多样化和数字化,人们越来越注重情感体验和实践。学校是思想政治教育的主阵地,爱国主义教育是学校教育的应有之义,多渠道、多层次、全方位地开展爱国主义教育活动,才能不断提高学生的思想政治素质。

(二)活动内容

1.小学阶段

(1)创设情境——普法进校园。

① 宣传法律:《中华人民共和国爱国主义教育法》。

② 活动时间:利用学校周一升旗仪式、每天的新闻播报等时间节点,有意识地宣讲、播报《中华人民共和国爱国主义教育法》的相关条款等,进行普法教育。

③ 活动平台:适时更新学校公共平台,如官网、LED电子显示屏、宣传栏等的宣传信息,在全校范围内向师生宣传《中华人民共和国爱国主义教育法》,营造浓厚的爱国主义教育氛围。

(2)视听观感——观看爱国主义教育影视节目。

① 活动主题:"追寻英雄足迹,感悟爱国精神""筑梦中国,奋斗青春""弘扬爱国主义,争做新时代好学生"等。

② 选取作品:选取有鲜明的爱国主义教育意义且深受学生喜欢的影视作品,具体可以参照以下几类。第一类,伟人光辉形象再现荧幕,在光影中重温一代伟人的革命之路,如《开国领袖毛泽东》《历史转折中的邓小平》《人民总理周恩来》等;第二类,多视

角还原革命历史,感悟中国共产党人身上的革命激情和革命信念,如《长津湖》《理想照耀中国》《伟大的转折》等;第三类,以青春之名,燃燎原之火,书写时代的责任与担当,如《觉醒年代》《九零后》《光荣与梦想》等;第四类,"我和我的"三部曲,以平凡人的视角,展现中国人民的家国情怀,如《我和我的祖国》《我和我的家乡》《我和我的父辈》;第五类,建国三部曲,讲述刻骨铭心的历史故事,如《建国大业》《建党伟业》《建军大业》;第六类,经典军事题材,切实感受祖国的强大,如《战狼》《红海行动》《湄公河行动》等;第七类,解码中华文明,传承中华优秀传统文化,如《只此青绿》《长安三万里》《百鸟朝凤》等。

③ 活动场地:根据观影场地情况,灵活取舍。如果选择观看当下热门影片,可以组织学生一同前往影院观看;如果选择观看经典影片,可以组织学生在学校演播厅统一观看。集体观影不仅能增强学生的情感体验,还容易使学生产生情感共鸣。

(3)畅谈感悟——举办观影座谈会。

① 活动意义:通过观影座谈会的形式进行互动交流,更能催人奋进、发人深省,有利于弘扬和践行社会主义核心价值观。

② 活动要求:携带笔和纸,统一着装,遵守会场秩序等。

③ 互动研讨:观影结束后,组织学生分享观影感受,可围绕电影中的主题、内容、意义等进行讨论,通过交流来启发学生思考。

(4)启思导行——缅怀革命先辈。

① 重要节点:在烈士纪念日、国家公祭日和其他重要纪念日,开展以"缅怀革命烈士,牢记历史苦难""牢记历史 勿忘国耻"等为主题的纪念活动。

② 活动地点:烈士陵园、人民英雄纪念碑等。

③ 活动流程:首先,着装应当庄重得体,共同奏唱中华人民共和国国歌,表达对祖国的热爱和对先烈的崇敬之情;其次,在庄严肃穆的氛围中,向革命先烈默哀三分钟,深切缅怀为国捐躯的革命先烈,表达对革命先烈的无尽思念;最后,向人民英雄纪念碑敬献花篮,表达对革命先烈的崇高敬意和深切怀念。

2. 中学阶段

(1)创设情境——送法进校园。

① 宣传法律:《中华人民共和国爱国主义教育法》。

② 活动方式:邀请业内专家、学者为学生开展专题讲座、面对面座谈等。

③ 活动内容:阐释《中华人民共和国爱国主义教育法》立法的必要性,解读该法律的主要内容,使新时代青少年明确爱国的具体做法。

(2)视听观感——参观爱国主义教育基地。

①活动主题:如"缅怀革命先烈,赓续红色血脉""弘扬红色精神,传承红色基因""参观红色教育基地,接受爱国主义精神洗礼"等。

②选取基地:爱国主义教育基地是党和国家红色基因库。根据教育内容的不同,

可以分为以下几类。第一类,革命传统教育基地,如中国共产党第一次全国代表大会会址纪念馆(上海市)、井冈山革命根据地(江西省)、延安革命纪念地(陕西省)等;第二类,民族精神教育基地,如天安门广场(北京市)、唐山抗震纪念馆(河北省)、都江堰水利工程(四川省)等;第三类,历史文化教育基地,如故宫博物院(北京市)、鲁迅故居及纪念馆(浙江省)、林则徐纪念馆(福建省)等。

 知识活页

民 族 精 神

民族精神反映了在长期的历史进程和积淀中形成的民族意识、民族文化、民族习俗、民族性格、民族信仰、民族宗教、民族价值观念和价值追求等共同特质,是指民族传统文化中维系、协调、指导、推动民族生存和发展的精粹思想,是一个民族生命力、创造力和凝聚力的集中体现,是一个民族赖以生存、共同生活、共同发展的核心和灵魂。

伟大的中华民族精神,深深植根于延绵数千年的优秀文化传统之中,始终是维系中华各族人民共同生活的精神纽带,是支撑中华民族生存发展的精神支柱,是推动中华民族走向繁荣、强大的精神动力,是中华民族之魂。

(资料来源:百度百科。)

③活动场地:首先,依据德育培养目标,基于不同年龄段学生成长的自然规律和认知发展的特点,从情感教育、认知教育、社会教育等层面循序渐进,选取合适的爱国主义教育基地。其次,用好线上和线下资源,一方面,运用前沿的数字技术,建设数字展馆,提供全自动游览、实景答题等服务,实现"足不出户,云游基地";另一方面,以学生归属地的爱国主义教育基地为主,覆盖全国各地爱国主义教育基地,有利于立足当地文化,强化学生的情感体验,读懂家乡的历史,宣讲好家国故事。

(3)畅谈感悟——开展主题演讲。

① 活动意义:提升学生的政治素养,厚植学生的爱国情感,丰富校园文化生活,把爱国主义教育融入生活。

② 活动要求:文稿原创、主题鲜明,表达流畅,衣着得体等。

③ 结果评选:成立评委会,根据各班级推荐人数按比例设置一、二、三等奖,对获奖学生给予奖励。

(4)启思导行——举办摄影摄像展。

① 重要节点:以传统节日、重大节日等为契机,开展以"礼赞祖国""我为祖国添光彩"等为主题的摄影摄像展。

② 活动方式:寻访、走访、采访等。

③ 活动流程:第一,以班级为单位进行评选,在班级内部以小组合作的方式(每组

5—6人),让学生用脚步丈量祖国大地,捕捉祖国发展的影像。第二,各小组按要求提交作品,作品要求内容健康、积极向上并为原创,严禁抄袭,照片制作应符合规定。第三,在班级内部评选作品,并按比例择优推荐作品进入下一轮竞赛。第四,将晋级的照片附上作品简介的二维码,制作成展板在合适的公共区域进行展示,若是视频则可以选择在学校滚动屏幕上循环播放或在学校团委等部门的微信公众号上进行推送。第五,根据浏览量及综合评价,评选出优秀作品并在全校范围内进行表彰。

(三)活动拓展

1. 开展红色研学实践活动

红色研学实践活动旨在让学生用心追寻历史的足迹,感悟革命先烈克服重重困难、战胜强敌的坚韧精神。首先,教育者可根据学段特点和教育需求,精心选取研学实践线路,组织学生参观革命遗址、纪念馆等,学生通过聆听红军战士的英勇事迹和革命故事,深刻体会到幸福生活的来之不易;其次,教育者可组织学生重走红军路,齐唱革命歌曲,齐喊口号,不畏山路难行,沿着革命先烈的脚步勇往直前;最后,教育者可组织学生体验农事、制作红色手工艺品、烹制食物,忆苦思甜,培养学生艰苦奋斗、自强不息的精神。

2. 开展国防研学实践活动

国防研学实践活动旨在培养学生的爱国主义情怀,让学生深刻感受到祖国国防力量的强大。首先,重视开营仪式教育,讲究纪律,注重仪容仪表;其次,通过观摩国防兵器,了解军事装备名称及其发展历史,学习国防知识;再次,拓展多样化的军事体验项目,如军体拳、打靶、手工航模制作等互动项目,培养学生的爱国主义情怀,强化学生的国防观念;最后,举办分享会,围绕学习成果进行汇报演出。

二、培养感恩之心

(一)活动背景

感恩作为中华民族的优秀传统美德,是一种精神反哺,更是一种责任。从古至今,知恩图报的故事数不胜数,不断地滋养着我们的心灵,涵养着我们的精神世界。感恩祖国、感恩党、感恩人民是中华儿女应有的情感,我们应当自觉将个人理想与中国梦紧密结合在一起,砥砺前行,勇担责任。

(二)活动内容

1. 小学阶段

(1)创设情境——用歌曲唱出心声。

① 播放歌曲:《歌唱祖国》童声版,教师带领学生齐唱。

②互动交流：思考这首歌曲所表达的思想情感。

③情感共鸣：这首歌曲凝结了爱国之声、人民之心、民族之魂，表达了人民对祖国的感激之情以及对祖国的美好祝愿。

（2）设疑引导——玩游戏猜题目。

①设置问题："对祖国知多少"知识竞答示例见表4-1-1。

表4-1-1　"对祖国知多少"知识竞答示例

序号	题目	参考答案
1	我国国旗的名称是什么？	五星红旗
2	我国国歌的名称是什么？	《义勇军进行曲》
3	我国最长的运河是什么？	京杭大运河
4	我国有多少个民族？	56个
5	我国的陆地面积是多少？	约960万平方千米
6	中华人民共和国是什么时候成立的？	1949年10月1日
7	我国最长的河流是哪条？	长江
8	我国有多少个省级行政区？	34个
9	我国的"四大发明"分别是什么？	造纸术、指南针、火药、印刷术
10	端午节是农历哪一天？	五月初五

②互动游戏：开展"击鼓传花"趣味抢答活动，即"鼓手"随机喊停号令，"花落谁家"，谁就要接受"考验"，回答主持人提出的上述问题。

③寓教于乐：旨在激发学生的兴趣，丰富学生的基础知识储备。

（3）畅谈感悟——祖孙三代人聊变化。

①课前任务：以"我和我的"为主线，让学生与其父母、祖父母或外祖父母从不同年代的视角聊一聊身边的发展变化以及祖国的发展变化。

②资料收集：如相关故事、影像等。

③成果分享：学生结合自己收集的"祖孙三代人眼中的祖国变化"相关资料，在课堂上进行汇报。

（4）启思导行——用行动向祖国献礼。

①活动主题："祖国在我心中"才艺大比拼。

②作品要求：主题鲜明，内容积极、健康向上，形式不限。

③才艺展示：学生根据自身的兴趣、爱好，充分发挥自身的特长和优势，以绘画、唱歌、书法等多样化的形式礼赞祖国，表达对祖国的热爱之情。

2. 中学阶段

（1）创设情境——用图片述历史。

① 图片展示：组织学生收集中国共产党成立以来珍贵的历史图片，在班上集中展示。

② 述说历史：组织学生分享中国共产党成立以来发生的重大历史事件、取得的伟大成就等。

③ 情感升华：经过一百多年来的奋斗，中华民族迎来了从站起来、富起来到强起来的伟大飞跃，迎来了实现伟大复兴的光明前景。中国由一穷二白到全面建成小康社会，如今已踏上以中国式现代化全面推进强国建设、民族复兴的新征程。

（2）设疑引导——前后对比谈祖国变化。

① 设置问题：请同学们从历史的视角审视国家的发展历程，思考祖国过去经历了哪些屈辱？如今祖国的强大体现在哪些方面？

② 分组研讨：基于思想政治理论课、历史课等的课程知识的学习和积累，学生对祖国"过去"所经历的沧桑以及"现在"的强大与辉煌已经有所思考。研讨活动中，学生可以以小组的形式，收集关于"过去"的屈辱和"现在"的强大的资料（如文稿、图片、视频等）。

③ 课堂汇报：示例表见表4-1-2。

表4-1-2 "前后对比谈祖国变化"课堂汇报示例表

	"过去"经历的沧桑	"现在"的强大
经济方面		
政治方面		
文化方面		
社会方面		
生态文明方面		

（3）剖析问题——找寻祖国强大的原因。

① 专题讲座：相关专家、学者到校开展专题讲座，为学生解码祖国强大的秘密。

② 互动交流：组织学生与专家、学者面对面交流，增进学生对伟大祖国的认识。

③ 学习分享：择优在学校官网、微信公众号等平台上推送学习成果。

（4）启思导行——用行动践行感恩。

① 活动主题：开展以"感恩祖国"为主题的宣讲、志愿服务、寒暑假社会实践等活动。

② 活动要求：以团队合作为主，深入学校、社区、企业等，发挥个人所长，身体力行地服务社会。活动结束后，撰写实践心得体会，要求主题鲜明、内容导向正确、格式规范、字数在800字以内、原创等。

③ 成果评选：成立主题活动评选小组，评选出优秀团队及优秀个人作品。

（三）活动拓展

新时代青年的责任与担当

2022年4月21日，国务院新闻办公室发布《新时代的中国青年》白皮书，其结构主要包括前言、正文和结束语三个部分。正文分为四个部分，分别是新时代中国青年生逢盛世、共享机遇，新时代中国青年素质过硬、全面发展，新时代中国青年勇挑重担、堪当大任，新时代中国青年胸怀世界、展现担当。

（1）资料共读：以PPT的形式，简要概括白皮书的重点内容。

（2）互动交流：围绕白皮书的内容谈谈感想。

（3）共享共勉：学习习近平总书记在多个场合对青年的寄语，见图4-1-1。

拓展案例

《长津湖》系列电影的"破圈"密码

广大青年要继承和发扬五四精神，坚定不移听党话、跟党走，争做有理想、敢担当、能吃苦、肯奋斗的新时代好青年，在推进强国建设、民族复兴伟业中展现青春作为、彰显青春风采、贡献青春力量，奋力书写为中国式现代化挺膺担当的青春篇章。

——2024年5月3日，寄语新时代青年

青年犹如大地上茁壮成长的小树，总有一天会长成参天大树，撑起一片天。青年又如初升的朝阳，不断积聚着能量，总有一刻会把光和热洒满大地。党和国家的希望寄托在青年身上！

——2022年5月10日，在庆祝中国共产主义青年团成立100周年大会上的讲话

当代中国青年是与新时代同向同行、共同前进的一代，生逢盛世，肩负重任。

——2021年4月19日，在清华大学考察时的讲话

中国青年是有远大理想抱负的青年！中国青年是有深厚家国情怀的青年！中国青年是有伟大创造力的青年！无论过去、现在还是未来，中国青年始终是实现中华民族伟大复兴的先锋力量！

——2019年4月30日，在纪念五四运动100周年大会上的讲话

图4-1-1　习近平总书记寄语当代青年[①]

---

① 图片来源：https://www.chinanews.com.cn/gn/2024/05-04/10211002.shtml。

Note

任务二 "心理健康"德育活动设计

任务描述

本任务从目标、背景、内容等方面对中小学"心理健康"德育活动设计进行介绍。

任务目标

形成健康、积极向上的生活态度,积累"心理健康"德育活动设计的素材,领会"心理健康"德育活动设计的要领。

任务重点

形成积极的心理状态,能够联系实际进行"心理健康"德育活动设计。

任务难点

联系实际进行"心理健康"德育活动设计。

心理健康是个体身心健康的重要组成部分,它会随着个体年龄、生活阅历的增长等不断发生变化,是个体需求的一种表现。小学生思维活跃且富有想象力,对周边事物充满着强烈的好奇心,喜欢模仿,思维具体且形象,以感性认知为主;中学生自主意识不断增强,渴望建立更广阔的社交圈,情感丰富,对周边现象有更多自己理性的思考。

一、认识自我,增强自信

(一)活动背景

随着社会信息化、数字化、网络化和智能化的发展,人们表达情感的方式和途径也在悄然发生变化。表达情感的方式更加多元化,微信、QQ、微博、抖音等各种网络社交平台深受年轻人喜爱,但这种社交模式也存在一定的弊端,如容易使学生隐藏真实的自己,逃避现实,缺乏对自己的正确认识,或是加剧学生之间的攀比心理等。

(二)活动内容

1.小学阶段

(1)创设情境——用歌曲唱出心声。

① 播放歌曲:播放歌曲《我相信》,或是其他受学生喜爱的热门歌曲。

② 互动交流:谈谈喜欢这首歌曲的理由。

③ 情感共鸣:这首歌曲表达了应相信自己的力量和能力,不畏艰难困苦,不惧挑战。教师可通过组织学生齐唱,增强学生的自信心。

(2)设疑引导——自我测评。

① 填写表格:采用不记名方式,组织学生根据自身实际完成自我测评表。自信心自我测评示例表见表4-2-1。

表4-2-1 自信心自我测评示例表

序号	现象	是	否
1	我觉得自己优点很多		
2	我喜欢得到别人的赞美		
3	我相信自己能克服困难		
4	我感觉自己什么都做得不好		
5	我觉得自己一无是处		
6	我是一个有用的人		

② 数据汇总:对学生自卑、自信情况进行量化。

③ 结果分析:自信或自卑是一种心理状态,自卑会对个体发展产生消极的影响,是个体成功路上的绊脚石;自信会对个体发展产生积极的影响,是构建幸福生活的重要基石。

(3)畅谈感悟——优点集锦。

① 自评优点:夸夸自己,发现自己的美,增强自己的自信心和自我效能感。

② 互相评价:夸夸他人,发现别人的美,帮助他人树立自信心和自尊心。

③ 小组评价:在团队中感受到自己的独特性和重要性,提高自己在团队中做事的自信心和自信力。

(4)启思导行——自信姿态。

① 认识自我:结合自身优点来制定目标,并不断加以发掘和强化。

② 肢体动作:其一,学会目光接触。好的沟通离不开目光接触,利用目光接触可以更好地了解他人的内心,凸显自身的自信。其二,保持微笑。微笑是一种最简单、最直接的情感表达方式,能够传递友好和善意,会让自己更加自信。其三,昂首挺胸走路。改变走路的姿势与提高速度,有助于调整自身状态,让自己变得更有自信。

③ 积极作为:其一,给予自己积极的心理暗示,如"我能行""我可以"等;其二,做令自己感到快乐的事情,学会自我欣赏;其三,学会表达,多说肯定的话语,多赞美他人。

2. 中学阶段

（1）创设情境——认识"自信小达人"。

① 呈现案例。

19岁患有唐氏症候群的女孩表演川剧变脸，惊艳全网！

　　川剧变脸是我国传统戏曲艺术，要求表演者在短时间内快速变换多种面具，演绎出不同的角色形象。正常人学起来都不容易，更何况是一位唐氏症候群患者。精彩演绎的背后，这位19岁患有唐氏症候群的女孩付出了太多的努力，她坚持"一遍不行就再练一遍，甚至上百遍"。当然，这也离不开多方的支持，如母亲的期望——"希望她能够自立，有一技之长"，老师的肯定——"她是可以被雕琢出来的"等。

　　（资料来源：https://baijiahao.baidu.com/s?id=17960212251111226181&wfr=spider&for=pc。）

② 解码热搜：殷秋华表演川剧变脸为何能惊艳全网？

③ 情感共鸣：娴熟的动作、精准的节奏把控，令观者震惊不已，也让殷秋华找到自信。引导学生理解"自信不仅是一种状态，还是一种能力"。

（2）设疑引导——自卑 vs 自信。

① 寻找区别，可以通过表格的形式，汇总自卑与自信表现之间的区别，示例表见表4-2-2。

表4-2-2　自卑与自信表现之间的区别

	自卑的表现	自信的表现
仪容仪表方面		
人际交往方面		
观点表述方面		
面对困难方面		

② 互动交流：鼓励学生积极参与互动，诉说内心感受，反观自己是否有对应现象。

③ 正确引导：自卑和自信是两种相反的心理状态，它们对个人的成长和发展有着重要的影响。自卑容易让人产生焦虑，面对困难时容易退缩或者放弃；自信能催人奋进，面对困难时激发斗志和激情。

（3）畅谈感悟——自信故事。

① 收集故事：以小组为单位，收集古今中外关于自信的故事。

② 讲述要求：小组派代表上台讲述故事，要求内容切题，服饰得体，讲述流畅、富有感情等。

③ 互动交流：哪些故事令你印象深刻？请你谈谈自己的感触。

（4）启思导行——撰写自信倡议书。

① 倡议主题：如"自信小达人""我自信，我骄傲"等。

② 撰写要求：以小组为单位，用A4纸设计制作，按照倡议书格式书写。

③ 倡议互勉：以大方、自信的姿态，认可他人，肯定自己，取长补短，展现自信的魅力。

（三）活动拓展

组织学生学习新技能，有利于增强学生的自信，提高学生的市场竞争力。学习一项新技能对于每个人而言都是不小的挑战，需要付出较多的时间和精力，也许要面临无数次的失败，也许会碰到前所未有的挑战，学而不辍，终将抵达胜利的彼岸。拓展活动策划如下。

（1）活动内容：学习一项新技能，体力、脑力方面的均可，形式不限，如制作面点、插花等，场所不限。

（2）制定目标：选择适合自己的新技能，既要结合自己的兴趣、爱好和优势进行选择，也要充分考虑时间调配和资源供给。明确目标有助于增强学生的自信心，提高效率。

（3）探索学习：制订合理的学习计划，不可半途而废；保持勇气和耐心，不要急于求成，做好心理建设；不断反思和总结，将理论与实际相结合，实现内外兼修。

（4）成果汇报：在班级内，以小组为单位进行阶段性成果汇报，与其他同学互相帮扶，互相激励，做好个人学习新技能的成长记录；以汇演的形式进行学期成果汇报。

二、自强不息，厚德载物

（一）活动背景

自强不息是中华民族鲜明的精神标识，是中华文明几千年生生不息、薪火相传的重要源泉。"自强不息"出自《周易·乾卦·象传》中的"天行健，君子以自强不息"。在漫长的历史长河中，中华民族涌现出无数自立自强、百折不挠的仁人志士，塑造了中华民族独立自主、不屈不挠、勇于革新的精神品质。当前，世界百年未有之大变局加速演进，我国发展进入战略机遇和风险挑战并存、不确定难预料因素增多的时期。在全面建设社会主义现代化国家的新征程上，我们更要坚持独立自主、自力更生，以自强不息的奋斗姿态，知难而进、迎难而上。

（二）活动内容

1. 小学阶段

（1）创设情境——以"典"看今。

① 原句赏析：《周易·乾卦·象传》中提到"天行健，君子以自强不息；地势坤，君子以厚德载物"。

② 诗词共读：品读关于自强不息的诗词，如周朝荀子的《劝学》中的"故不积跬步，无以至千里；不积小流，无以成江海"，春秋战国时期孟子的《孟子·告子章句下》中的"故天将降大任于是人也，必先苦其心志，劳其筋骨，饿其体肤，空乏其身，行拂乱其所为，所以动心忍性，曾益其所不能"，唐朝韩愈的《古今贤文·劝学篇》中的"书山有路勤为径，学海无涯苦作舟"等。

③ 名言共享：如"路漫漫其修远兮，吾将上下而求索"（《离骚》）等。

（2）设疑引导——体验思考。

① 预设情境：假如你腿脚不便或失明了，你之后的生活会遇到怎样的不便？

② 模拟体验：准备道具（如拐杖、眼罩等），创设情境，让学生体验肢体不便、视力障碍可能面临的生活状态。

③ 感受感想：引导学生理解生活有障碍人群的身心处境，营造尊重、关心、帮助他人的氛围，学会自立自强。

（3）畅谈感悟——与学姐、学长面对面。

① 活动内容：邀请3—4名优秀校友回校参加"自强不息，厚德载物"励志主题沙龙，分享成长故事、成才之道等。

② 互动交流：学生围绕自身成长过程中的困惑，与学姐、学长进行一对一交流。

③ 心得体会：简要分享参与本次沙龙的收获。

（4）启思导行——撰写"自强不息"倡议书。

① 倡议主题：如"少年当自强""做自强不息的小学生"等。

② 撰写要求：以小组为单位，用A4纸设计制作，按照倡议书格式书写。

③ 倡议互勉：自强不息是中华优秀美德的重要组成部分，是我们应具备的重要品质，我们应怀揣梦想，自强不息，砥砺前行。

2. 中学阶段

（1）创设情境——寄语青年。

① 共学经典。

习近平总书记寄语青年

党的十八大以来，习近平总书记多次出席青年活动，通过座谈、演讲、回信等多种形式寄语青年，十分关心青年成长成才。习近平总书记强调，"青年是标志时代的最灵敏的晴雨表","青春是用来奋斗的","广大青年人人都是一块玉,要时常用真善美来雕琢自己","青年人正处于学习的黄金时期,应该把学习作为首要任务,作为一种责任、一种精神追求、一种生活方式","广大青年要肩负历史使命,坚定前进信心,立大志、明大德、成大才、担大任,努力成为堪当民族复兴重任的时代新人"。

（资料来源：https://baijiahao.baidu.com/s？id＝17318648137215546987＆wfr＝spider＆for＝pc。）

② 寻找关键词:在这么多寄语青年的场合中,习近平总书记提及的高频词有哪些?
③ 共话感受:习近平总书记十分关心青年成长成才,这对我们有什么启发?
（2）设疑引导——案例解析。
① 共学先进事迹:感动中国2023年度获奖人物。

材料一:

特教老师刘玲琍

刘玲琍是湖南衡阳特殊教育学校的教师,她扎根讲台,坚持做一件事——让听障孩子在有爱的环境中,学习开口说话。刘老师自编教材,自创唇舌操、触摸法,探索个别化教学、双语教学和情景教学等教学模式,每天一对一教学,让学生感受气流的大小、声带的振动。33年来,她教的80多名听障学生中有20多名考上了大学。

材料二:

视障歌唱演员萧凯恩

香港视障歌唱演员萧凯恩,在3个月大时,因眼癌摘除眼球。起初学钢琴,很多老师都不相信她能学会。但凯恩没有放弃,她通过摸盲文点字乐谱和听录音反复背诵,一点一点学会了弹钢琴。学习唱歌时,她也要先把旋律背下来,通过千遍练习熟练背诵歌词。

她在黑暗中追逐音乐梦想,20岁时已赢得超70个音乐比赛奖项。即使身体残疾,她依旧经常通过参加义演来筹集善款,甚至不怕艰苦去贫困山区当义工。"天生我材必有用!只要你努力,就可以帮助到有需要的人。"

（资料来源：https://baijiahao.baidu.com/s？id＝17958304238582283232＆wfr＝spider＆for＝pc。）

② 设置问题:刘玲琍和萧凯恩分别取得了哪些成绩?在面对困难时,她们是怎么做的呢?她们身上自强不息的精神体现在哪些方面?
③ 共享共勉:在人生道路上难免会遇到挫折和失利,我们需要在实践中不断摸索

并积累经验;需要善于作为,敢于担当,勇于破题,实现自我价值;需要将个人梦和强国梦联系在一起,自觉承担社会责任,积极投身于公益事业。

(3)畅谈感悟——举办主题演讲。

① 活动主题:如"自强不息,厚德载物""自强不息,奋发有为"等。

② 活动要求:主题鲜明,内容积极、健康向上,逻辑清晰,表达流畅,仪态大方等。

③ 成果评选:成立主题活动评选小组,评选出优秀作品并颁发奖状等。

(4)启思导行——争做"自强之星"。

① 活动内容:开展"自强之星"评选活动。

② 评选项目:学习标兵、竞赛达人、生活小能手、最美志愿者等。

③ 宣传引导:学校可以利用宣传栏、广播站、公共显示屏等对"自强之星"进行宣传报道。

(三)活动拓展

1. 观看励志影片

(1)题材选取:如《逆转胜》《致敬青春》《海洋天堂》《隐形的翅膀》等。

(2)写观后感:要求主题鲜明,导向正确,内容充实,条理清晰,字迹工整等。

(3)交流研讨:小组内研讨完后,进行归纳总结,派小组代表进行汇报。

2. 开展自强不息微视频比赛

(1)题材选取:题材可以多样化,切题且符合主流趋势。

(2)制作要求:画面清晰,横屏拍摄,配备字幕,原创,总时长不超过10分钟。

(3)成果展示:在学校公共平台展播优秀参赛作品。

任务三 "行为规范"德育活动设计

🍥 任务描述

本任务从目标、背景、内容等方面对中小学"行为规范"德育活动设计进行介绍。

🍥 任务目标

做到知法、懂法、学法、守法、用法,做到知耻知止,积累"行为规范"德育活动设计素材,领会"行为规范"德育活动设计要领。

🍥 任务重点

做到知耻知止,能够联系实际进行"行为规范"德育活动设计。

任务难点

联系实际进行"行为规范"德育活动设计。

行为规范是社会群体或者个人在参与社会活动时应当遵循的准则。有度量的标准,对我们的行为起着约束作用,使我们明确什么该做,什么不该做,该怎么做。在家庭中,我们要孝敬父母、关爱长辈、爱护兄弟姐妹,书写互尊、互敬、互爱的温馨画卷;在学校中,我们要尊敬师长、关爱同学,共建团结、互帮互助的美丽家园;在社会中,我们要遵守公序良俗、遵守社会公德,营造有序、文明、友爱的和谐氛围。

一、与法同行,健康成长

(一)活动背景

当前有些校园中还存在一些不和谐的因素,如校园霸凌等现象。为了进一步净化校园环境,杜绝校园违法犯罪行为,营造和谐安定的育人氛围,促进学生身心健康发展,保障教育教学工作的正常运行,增强学生的法治意识、提高学生的法治素养势在必行。

(二)活动内容

1.小学阶段

(1)创设情境——看图说话。

① 展示图片:用PPT呈现如闯红灯、翻越护栏、损坏公物、校园霸凌等情境的图片。

② 图片解读:用自己的语言对图片中所呈现的情境进行具体、准确的描述。

③ 判断是非:图片中的行为是否正确、可取?

(2)设疑引导——你问我答。

① 设置问题:可以囊括各门类,如交通安全、人身安全、财产安全、饮食安全、权利保护等。

② 知识竞答:运用抢答、随机点名、"开火车"等方式,让更多的学生参与活动,进一步强化学生对法律知识的认识和了解。

③ 观点解读:当我们的安全受到威胁、权益受到侵害时,我们应该怎么做?

(3)畅谈感悟——情景剧表演。

① 团队协作:以小组合作的方式,拟定表演内容,准备表演道具等。

② 角色扮演:在角色扮演中切身感受法律的权威,强化对法律的认识。

③ 以演说法:上台进行汇报。

(4)启思导行——共护成长。

① 法律法规:国家制定了哪些专门法律来保护未成年人的合法权益?

② 自我保护:掌握方法,预防伤害。

③ 学会拒绝:对不良行为说"不",自觉践行社会主义核心价值观。

2. 中学阶段

(1)创设情境——观片悟理。

① 观看视频:选取合适的法治宣传片,时长控制在5分钟以内。

② 视频解读:讲述普法的意义以及增强法律意识、提高法律素养的必要性和重要性。

③ 共享共勉:我们要做知法、懂法、学法、守法、用法的好公民。

(2)设疑引导——知识竞答。

① 设置问题:以"法律知多少"为主题,围绕法律的特征、宪法与其他法律的关系、法律的权威等设置问题。

② 题型构成:题型可以多样化,如填空题、判断题、选择题等。

③ 疑难解析:旨在培养学生正确的是非观念,纠正错误认识,维护法律的尊严。

(3)畅谈感悟——举办专题讲座。

① 专题讲座:邀请法律专家学者、司法工作人员等进校开展"与法同行"相关主题教育活动。

② 互动交流:组织专家学者或司法工作人员等与学生面对面交流,为学生答疑解惑。

③ 学习分享:学生撰写听取讲座的心得体会,并相互交流和分享。

(4)启思导行——模拟庭审。

① 角色扮演:以小组为单位进行角色扮演,选派学生代表分别扮演"审判长""审判员""书记员""法警""原告""被告"等角色。

② 分析评价:围绕流程是否符合规定,审判过程是否公开、透明,审判结果是否得当等进行分析和评价。

③ 法律知识解读:进一步强化法治观念,巩固所学知识。

(三)活动拓展

1."与法同行"文艺汇演

(1)节目形式:诗朗诵、小品、歌曲、情景剧等均可。

(2)节目时长:控制在5分钟以内。

(3)节目内容:主题鲜明,导向正确,符合主流思想,体现社会主义核心价值观。

2.沉浸式参观法院

(1)实地参观:联系当地离学校较近的法院,搭建"法校共建"交流平台,实现资源互通。

（2）听取讲解：了解法院的构成、庭审的基本流程、法官职责等。

（3）互动交流：组织法院相关工作人员与学生进行面对面答疑解惑，增强学生的法治意识。

二、与德为伍，共享文明

（一）活动背景

道德是社会文化建设的重要组成部分，道德水平是个人修养和社会发展水平的重要表现。道德高尚的人能自觉维护社会公平正义和社会秩序，与他人建立良好的社会关系。随着社会的发展和时代的变迁，人们的价值判断会发生改变，道德观念也在不断发生变化。互联网的迅猛发展加速了信息的传播，信息的传播途径也更加多元化。在此过程中，道德约束的力量在某些情况下显得相对不足，容易引发盲目跟风的现象，使人们难以客观、理性地做出公正的评判。

（二）活动内容

1. 小学阶段

（1）创设情境——看图说话。

① 展示图片：用PPT呈现如乱丢垃圾、在墙上涂鸦、践踏草坪、随地吐痰等情境的相关图片。

② 图片解读：用自己的语言对图片中的情境进行具体、准确的描述。

③ 判断是非：图片中的行为是否正确、可取？

（2）设疑引导——文明行为vs不文明行为。

① 分组讨论：我们身边存在哪些文明行为和不文明的行为？

② 深入思考：我们应该怎么看待这些现象？

③ 观点共享：举止文明是个体应当具备的素养，是个体道德素质的重要体现。

（3）畅谈感悟——情景剧表演。

① 团队协作：以小组合作的方式，以"德"为主题，拟定表演内容，展现自己的道德素养。

② 以演说德：上台进行表演。

③ 相互点评：谈一谈活动体验和感悟。

（4）启思导行——争做"文明小标兵"。

① 活动内容：围绕班级班风建设，开展仪容仪表、打扫卫生等项目的评比。

② 活动安排：每天检查，每周小结，每月评比。

③ 给予表彰：按月给予奖励，形成一种"你追我赶"的良好氛围。

2. 中学阶段

（1）创设情境——以"典"说今。

① 展示图片：展示孔融让梨、程门立雪、精忠报国、一诺千金等典故的图片。

② 互动游戏："你来比划我来猜"。

③ 述说典故：介绍典故的具体内容。

（2）设疑引导——观看启思。

① 观看视频：全国道德模范评选表彰活动。

② 介绍概况：全国道德模范平均每两年评选一次，具体分为哪几种类型？

③ 深入思考：道德模范的先进事迹给我们哪些启示？

（3）畅谈感悟——名言警句。

① 共读分享：如《世说新语·贤媛》中的"百行以德为首"，《论语·里仁》中的"德不孤，必有邻"，《论语·子张》中的"大德不逾闲，小德出入可也"，《谷梁传·僖公十五年》中的"德厚者流光，德薄者流卑"等。

② 共同解析：上述名言警句分别表述了什么内容？

③ 引古论今：联系具体实际谈一谈名言警句所蕴含的人生哲理。

（4）启思导行——争做"文明小标兵"。

① 活动内容：围绕班级班风建设，开展仪容仪表、打扫卫生等项目的评比。

② 活动安排：每天检查，每周小结，每月评比。

③ 给予表彰：按月给予奖励，形成一种"你追我赶"的良好氛围。

（三）活动拓展

组织开展"与德为伍"活动月主题教育活动。

（1）活动展示：采取绘画、手抄报等形式，开展"弘扬中华传统美德，践行社会主义核心价值观"主题系列活动。

（2）专题讲座：邀请道德模范进校开展专题报告，与学生面对面地交流互动，激发学生对道德修养的思考，培养学生正确的世界观、人生观和价值观。

（3）演讲比赛：要求主题鲜明，逻辑清晰，表述准确等。

任务四　"传统文化"德育活动设计

 任务描述

本任务从目标、背景、内容等方面对中小学"传统文化"德育活动设计进行介绍。

任务目标

坚定文化自信，弘扬中华优秀传统文化，积累"传统文化"德育活动设计素材，掌握

"传统文化"德育活动设计要领。

任务重点

传承和弘扬中华优秀传统文化,能够联系实际进行"传统文化"德育活动设计。

任务难点

联系实际进行"传统文化"德育活动设计。

中国是四大文明古国之一。我国历史悠久,文化底蕴深厚,中华民族五千多年的灿烂文明是各族人民共同创造的。教育者应如何更好地实现中华优秀传统文化的创造性转化和创新性发展,将传统文化与现代元素有机结合起来呢? 2021年初教育部印发《中华优秀传统文化进中小学课程教材指南》和《革命传统进中小学课程教材指南》,为中小学落实中华优秀传统文化教育提出了指导性意见,进行了顶层设计。教育者应坚定文化自信,传承和弘扬中华优秀传统文化,讲好中国故事。

一、文物保护

（一）活动背景

党的十八大以来,以习近平同志为核心的党中央高度重视传承和弘扬中华优秀传统文化。近年来,文物保护不断加强,考古工作取得丰硕成果,"博物馆热""文物热"持续升温,科技赋能文物,数字化让文物活起来了。文创产品也不断"出圈",融入不同的主题元素和素材,实现了传统与现代的有机融合,使古老文物焕发新的活力。

（二）活动内容

1.小学阶段

（1）创设情境——"文物"展。

① 课前准备:学生通过网络搜索、图书馆查阅资料、参观博物馆等方式,至少了解一个博物馆的镇馆之宝。

② 图片展示:呈现四羊方尊、后母戊鼎、《清明上河图》、越王勾践剑、马踏飞燕等文物的图片。

③ 解说文物:学生介绍自己熟悉的文物的起源、出土情况、价值等。

（2）设疑引导——国宝回归。

① 播放视频:《国家记忆》之"流失国宝回归记"。

② 分析原因:为什么国宝会长期流失海外?

③ 回归启发:感受国宝回归的不易以及国家和人民对文物的重视,体悟国宝所承载的中华民族的记忆。

（3）畅谈感悟——保护文物vs破坏文物。

① 行为辨别：展示保护文物的行为，如考古、修复文物等，以及破坏文物的行为，如在名胜古迹上面刻写、凿画等。

② 以史为鉴：文物作为文明的见证者，承载着国家的记忆，同时它也是民族文脉延续的载体。

③ 学习法律：了解《中华人民共和国文物保护法》等法律对破坏文物的行为予以追责的内容。

（4）启思导行——我为文物推介。

① 活动项目：使用4开大小的纸制作一张手抄报。

② 内容要求：主题明确，版面整洁，布局合理，图文并茂等。

③ 成果展示：班级设置专栏，粘贴手抄报，普及文物相关知识。

2. 中学阶段

（1）创设情境——探国宝之美。

① 社会现象：播放视频《"五一"假期 博物馆游持续"出圈"》。

② 互动交流：同学们去过哪些博物馆？博物馆的哪些国宝给你留下了深刻的印象？

③ 文物由来：讲述文物背后的故事。

（2）设疑引导——追寻"文化足迹"。

① 观看视频：观看视频《跟随总书记去"打卡"，感受博物馆的力量》。

② 小组研讨：习近平总书记为何频频"打卡"博物馆？

③ 共享共学：摘录习近平总书记参观各地博物馆的讲话内容。

（3）畅谈感悟——"博物馆热"背后。

① 社会现象：当前，"博物馆热"持续升温，博物馆已然成为热门的"打卡点"，节假日博物馆游热度持续攀升，有些博物馆需提前预约，却也常常一票难求。

② 小组研讨：曾经"高冷"的博物馆缘何成为热门"打卡地"？ 如何让文物"活"起来？

③ 互动交流：热衷于参观博物馆是对中华优秀传统文化的认同，在博物馆中可以沉浸式了解更多文物背后的历史故事，实现情感共鸣。

（4）启思导行——"打卡"博物馆。

① 活动时间：课余时间。

② 活动方式：自由参观，可以选择同伴共同参观、亲子参观，也可以参加相应的研学活动。

③ 活动要求：提交一篇关于博物馆的观后感。

（三）活动拓展

1. 开展宣传、保护文物的成果汇报展

（1）成果形式：绘画、彩塑、话剧、歌舞等均可。

（2）前期选拔：在个人自荐、班级推荐的基础上，择优选取学生代表参加学校汇报演出。

（3）平台宣传：充分利用线上、线下媒介进行宣传报道，弘扬中华优秀传统文化，增强文化自信。

2. 在博物馆当"小小解说员"

（1）前期准备：收集相关资料、准备解说稿、熟悉场地等。

（2）进行讲解：表述清晰、通俗易懂，语速适中等。

二、非遗传承

（一）活动背景

非物质文化遗产是中华优秀传统文化的重要组成部分，我国非常重视非物质文化遗产的传承和保护。近年来，非遗融入现代生活，非遗民俗也"热"起来了，越来越多的年轻人加入非遗传承队伍中，传统技艺也逐渐焕发出新活力。

知识活页

非物质文化遗产

《中华人民共和国非物质文化遗产法》中将非物质文化遗产定义为各族人民世代相传并视为其文化遗产组成部分的各种传统文化表现形式，以及与传统文化表现形式相关的实物和场所。

非物质文化遗产包括：传统口头文学以及作为其载体的语言；传统美术、书法、音乐、舞蹈、戏剧、曲艺和杂技；传统技艺、医药和历法；传统礼仪、节庆等民俗；传统体育和游艺；其他非物质文化遗产。

（资料来源：百度百科。）

（二）活动内容

1. 小学阶段

（1）创设情境——合作共享。

① 课前调查：通过网络查询、走访、采访等方法，多渠道地了解我国非遗项目以及当地非遗项目。

② 小组合作：小组合作的方式不仅可以提高活动效率，还可以提高学生的团队协作能力。

③ 课堂展示：每组简要介绍2—3个非遗项目。

（2）设疑引导——"舞"出精彩。

① 案例分享：最美的相遇，最好的传承。

材料一：

2024年大年初一，广东揭阳7岁女孩林熙悦在路边练习舞狮，恰好一支专业舞狮表演队路过，自发为她敲锣擂鼓、呐喊助威，"小狮子"与"狮群"的完美配合，引发了众多网友的共鸣。一分钟后，红灯变绿，舞狮表演队离开了现场，林熙悦跳下箱子不断摆动着狮头，展示低头三甩，向车上的舞狮表演队表示感谢。

（资料来源：https://baijiahao.baidu.com/s?id=17913168075745555442&wfr=spider&for=pc。）

材料二：

2024年4月，广东省汕头市英歌队在经过玉窖村时，5岁小女孩庄恩琪突然挥动英歌槌，跳起英歌舞，和着英歌队员的节奏"吼"了起来。眼神坚定、毫不怯场的她，立马吸引了英歌队员的注意，他们纷纷停下脚步，与她互动共舞、握手、碰拳致意。

（资料来源：https://baijiahao.baidu.com/s?id=17965457563367731218&wfr=spider&for=pc。）

② 互动交流：以上两场不期而遇的美好，均在社交媒体刷屏，引起网民们的极大关注。舞狮小女孩和英歌小女孩为何令人心生感动和欢喜？

③ 共读共享：舞狮小女孩和英歌小女孩让我们看到了中华优秀传统文化的魅力与价值，也让我们看到了文化传承的希望与未来。

（3）畅谈感悟——非遗进校园。

① 背景介绍：近年来，我国各小学积极将非遗文化资源引入校园，通过各式各样的互动体验、现场教学、人才培养等共建共享模式，在丰富了学生的课后生活的同时，也让学生更好地体验和感受非遗文化的魅力。

② 启发思考：同学们喜欢剪纸、木偶、面塑、糖画等非遗项目吗？为什么？

③ 讲述故事：非遗传承人坚守与创新的故事。

（4）启思导行——"我是小小传承人"。

① 准备工作：选取一个学生普遍关注的且操作性较强的非遗项目，并介绍相应的理论知识。

② 区域创设:成立工作坊(如扎染工作坊、木偶工作坊、刺绣工作坊等),给予学生足够的活动空间。

③ 参与制作:组织学生自由探索,引导学生发现问题并找到解决问题的方法。

2. 中学阶段

(1)创设情境——合作共享。

① 课前调查:通过网络查询、走访、采访等方法,多渠道地了解被正式列入联合国教科文组织人类非物质文化遗产代表作名录的非遗项目。

② 小组合作:小组合作的方式不仅可以提高活动效率,还可以提高学生的团队协作能力。

③ 课堂展示:每组简要介绍2—3项非遗项目。

(2)设疑引导——数据说遗。

① 背景介绍:截至2024年12月,我国共有44个项目列入联合国教科文组织非遗名录、名册,总数居世界第一,其中,列入代表作名录39项,列入急需保护名录项目4项,入选优秀保护实践名册1项。

② 小组研讨:我们申遗的目的是什么? 我国非遗保护还存在哪些需要改进的地方?

③ 讲述故事:非遗传承人坚守与创新的故事。

(3)畅谈感悟——为非遗项目点赞。

① 案例分享:非遗项目凝结着中华民族的独特智慧和文化精髓,延续着我们国家和民族的精神血脉。非遗项目的保护和发展一直是习近平总书记心中牵挂的大事。实现中华文化的创造性转化和创新性发展,更是习近平总书记高度重视的大事。

② 互动交流:习近平总书记为何为非遗项目点赞?

③ 共读共享:非遗是中华优秀传统文化的重要组成部分,有着独特的魅力和价值,凝结着民族的历史记忆、共同情感。

(4)启思导行——非遗进校园。

① 零距离接触:邀请非遗传承人进校与学生面对面进行授课。

② 现场示范:使学生更加直观感受非遗的文化魅力。

③ 互动体验:沉浸式体验非遗技艺,传承家乡文化,增强文化认同。

(三)活动拓展

开展"我是小小传承人"系列征集活动,加深学生对非遗项目的理解,加强学生对非遗内在精神的理解,讲好中国故事。

(1)活动形式:绘画、演讲、情景剧、舞蹈等形式。

(2)实际操作:动手制作各种非遗产品。

(3)汇报展示:采用游园的方式,在空旷的场地分专栏进行演出。

拓展案例
▼

让文化自信与青春表达"双向奔赴"

Note

任务五 "生涯意识"德育活动设计

任务描述

本任务从目标、背景、内容等方面对中小学"生涯意识"德育活动设计进行介绍。

任务目标

积累"生涯意识"德育活动设计的素材,领会"生涯意识"德育活动设计的要领。

任务重点

能够正确认识自己,联系实际进行"生涯意识"德育活动设计。

任务难点

联系实际进行"生涯意识"德育活动设计。

生涯意识是个体对自己生涯的认识和理解,包括自己的兴趣、爱好、优势以及未来的发展方向。生涯定位准确,可以为个体指明前进的方向,从而选择适合自己的成长成才之路,避免职业选择的盲目性,提高个体的职业竞争力。反之,生涯定位模糊,缺乏正确的自我认知,会让个体在职业选择中产生迷茫和困惑,从而阻断或者延缓个体的成长和进步。个体应结合社会需求和自身优势,不断优化生涯意识,树立正确的成才观、职业观、就业观,实现个人价值与社会价值的统一。

一、职业认知

(一)活动背景

职业认知是个体对职业的认识和理解,伴随着年龄的增长、阅历的丰富,个体对职业的认知也会趋于成熟。随着新一轮科技革命和数字经济、绿色经济的发展,新产业、新业态、新模式不断出现,衍生了许多新兴职业,如人工智能技术人员、自动控制工程技术人员、家庭教育指导师等。这些新兴职业应运而生,既顺应了当前改革发展的需要,也为更好地了解当前国家发展战略以及未来专业选择、职业定位提供了更广阔的空间。

（二）活动内容

1.小学阶段

（1）创设情境——职业初探。

① 展示图片：选取学生比较熟悉的各类职业从业者的图片,如教师、医生、警察、消防员等。

② 互动游戏："你来比划我来猜"。

③ 比较思考：这些工作人员分别为我们的生活提供了哪些服务?

（2）设疑引导——职业调查。

① 课前调查：家庭成员分别从事哪些职业? 工作中,他们每天具体做哪些事情?

② 互动感悟：了解不同职业之间的区别与联系,加深对相关职业的理解。

③ 分享交流：你的梦想是什么呢?

（3）畅谈感悟——职业故事分享会。

① 故事分享：请家长或邻居等从事不同职业的人员进班分享他们的工作经验和职业故事。

② 启发思考：这些人员及他们的职业故事,给我们哪些启示?

③ 互动交流：让学生更加了解职业的现实状况与发展挑战,帮助他们对未来从事的职业做出更加理性的选择。

（4）启思导行——角色扮演。

① 活动要求：选取一种职业。

② 前期准备：划分小组、准备道具、编排节目等。

③ 上台展示：加深对职业内涵、职业工种等的理解。

2.中学阶段

（1）创设情境——职业门类。

① 案例分享：如果开设一家民宿,需要做菜的人、打扫卫生的人、管账的人,这三件事如果安排给不同的人做,那就是三份职业了,分别对应哪些职业?

② 延伸思考：什么是职业? 职业有什么特点?

（2）设疑引导——新兴职业。

① 互动思考：何为新兴职业?

② 播放视频：《一问到底:新版职业分类大典出炉上新哪些职业?》。

③ 分享交流：新兴职业适应了社会发展的要求,能够更好地满足优化人力资源开发管理、促进就业创业、推动国民经济结构调整和产业转型升级等需要,对于经济社会各领域都具有重要价值。

（3）畅谈感悟——职业素养。

① 图片分享:用图片展示自己对研学旅游指导师①职业素养内涵的理解,如图4-5-1所示。

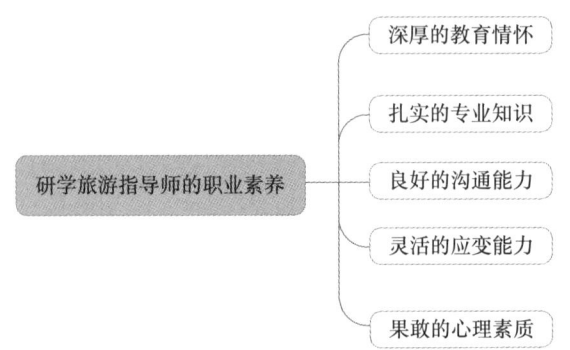

图4-5-1 研学旅游指导师的职业素养

② 你来说我来做:学习处理研学旅行中的突发事件。

(4)启思导行——"幸福劳动者"采访活动。

① 采访对象:在身边或网络上搜寻至少三类职业(其中至少包含一类新兴职业)的"幸福劳动者",每类职业选取1—2名代表人物。

② 视频要求:横屏拍摄,时长不少于5分钟,需要配置字幕。

③ 成果汇报:各小组派学生代表上台解说视频内容。

(三)活动拓展

绘制理想职业及发展轨迹图。

(1)认识自己:要充分考虑自身的主客观因素,看清自身优势和短板,取长补短。

(2)制定目标:阶段性成长目标不能好高骛远也不能裹足不前,制定目标要切实可行。

(3)明确任务:用任务驱动成长。

二、职业体验

(一)活动背景

随着社会的发展,新兴职业不断涌现。为了使学生更好地适应社会发展,引导学生初步树立职业意识,激发学生的职业兴趣,培养学生的创新意识,增强学生的实践能力,教育者需要对职业进行更精准的定位。

---

① 2024年7月发布的《关于发布生物工程技术人员等职业信息的通知》中,将"研学旅行指导师(4-13-04-04)"的职业名称变更为"研学旅游指导师"。

（二）活动内容

1. 小学阶段

（1）创设情境——角色扮演。

① 准备材料：准备角色扮演服装和道具，以及学生较为熟悉的各类职业从业者的图片，如教师、医生、警察、消防员等。

② 互动游戏："你来比划我来猜"。

③ 比较思考：这些职业从业者分别为我们的生活提供了哪些服务？

（2）设疑引导——职业满意程度调查。

① 设计提纲：根据需求设计问题，可以围绕工作满意程度、幸福感指数等开展调查。

② 个别访谈：组织学生针对调查中产生的疑问，与调查对象进行一对一深入访谈，加深学生对不同职业的理解和情感认同。

③ 分享交流：未来自己从事相应职业会怎样做好本职工作？

（3）畅谈感悟——家长进课堂。

① 故事分享：家长在班级上分享自己职业成长的故事。

② 互动交流：让学生更加深入了解父母工作的不易，能够对未来的职业做出更加理性的选择。

（4）启思导行——"我的未来职业"宣传墙。

① 活动要求：用画笔绘制自己未来的职业。

② 上台解说：畅谈自己对未来职业的憧憬。

③ 激励自己：将这份对未来的"告白"粘贴在宣传栏内。

2. 中学阶段

（1）创设情境——了解企业岗位及企业文化。

① 图片展示：展示即将前往参观的企业的基本信息，了解该企业的基本情况。

② 视频分享：该企业的宣传视频。

③ 互动交流：该企业设置了哪些岗位？不同岗位分别履行什么职责？

（2）设疑引导——行有行规，业有业德。

① 图片展示：利用图片展示同一个企业不同岗位的员工在工作中所履行的职责。

② 互动交流：员工能否随意调整岗位呢？

（3）畅谈感悟——面对面对话。

教师组织学生参观企业，实地考察相关岗位的作业情况，并做好记录。

（4）启思导行——实际操作。

学生在教师的指导下，熟悉业务，科学、规范地操作设备。

 **知识活页**

企 业 文 化

　　企业文化是在一定的条件下,企业在生产经营和管理活动中创造的具有该企业特色的精神财富和物质形态。它包括企业愿景、文化观念、价值观念、企业精神、道德规范、行为准则、历史传统、企业制度、文化环境、企业产品等。

　　企业文化是企业的灵魂,是推动企业发展的不竭动力。它包含着非常丰富的内容,其核心是企业精神和价值观念。这里的价值观念不是泛指企业管理中的各种文化现象,而是指企业或企业员工在从事经营活动时秉持的价值观念。

　　(资料来源:百度百科。)

(三)活动拓展

撰写一篇参加职业体验活动的心得体会。

(1)活动要求:主题鲜明,内容导向正确,格式规范,800字以内,原创等。

(2)成果评选:成立主题活动评选小组,评选出优秀的个人作品。

⛵ 项目小结

　　本项目以专题的形式列举了中小学德育活动设计的选题、素材和模式,介绍了中小学德育活动设计的目标、内容和要素,并提出了能够举一反三创设德育活动的路径。

⛵ 能力训练

知识训练
▼

项目四

　　请以"价值取向""心理健康""行为规范""传统文化""生涯意识"五个模块内容为主线,立足教学对象,联系实际,完成以下任务。

(1)设计一次关于德育活动的班会。

(2)策划一场户外德育研学活动。

Note

第二篇

中小学综合
实践活动篇

项目五
中小学综合实践活动概论

项目描述

　　本项目详细介绍了中小学综合实践活动的国内外发展情况,厘清了中小学综合实践活动核心概念的内涵,探讨了中小学综合实践活动的目标与特点,明确了中小学综合实践活动课程与研学旅行课程的关系。

知识目标

(1) 了解国内外中小学综合实践活动课程的演进过程。

(2) 理解中小学综合实践活动课程的概念、目标和特点。

(3) 明晰中小学综合实践活动课程与研学旅行课程的关系。

能力目标

(1) 能够根据中小学综合实践活动课程目标开展综合实践活动。

(2) 可以通过多种途径推进中小学综合实践活动实施。

(3) 具备将综合实践活动与研学旅行活动融合的执行力。

素养目标

(1) 增进对工作岗位的认知,培养良好的职业道德,增强职业认同感。

(2) 提高全面开展综合实践活动的能力。

项目引入
▼

项目五

知识导图

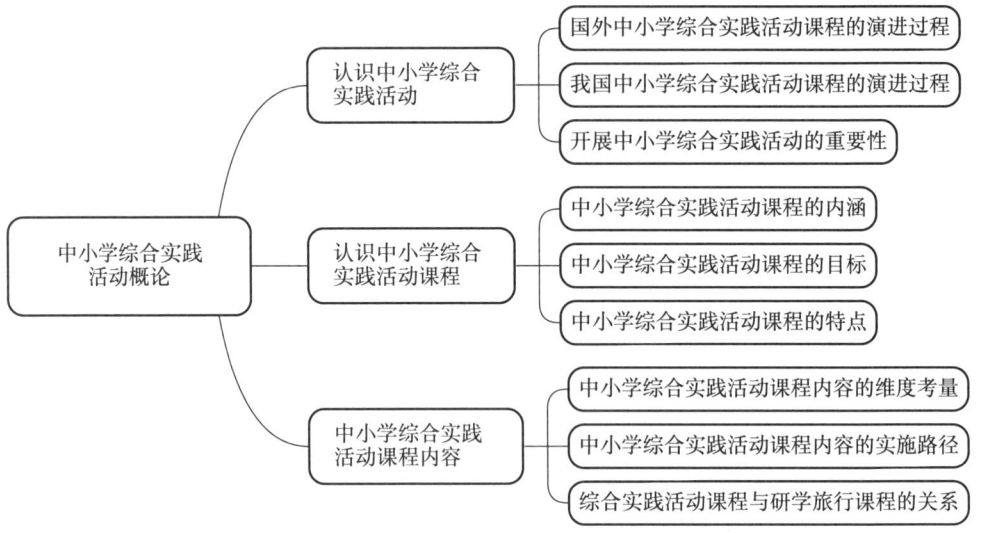

中小学综合实践活动概论
- 认识中小学综合实践活动
  - 国外中小学综合实践活动课程的演进过程
  - 我国中小学综合实践活动课程的演进过程
  - 开展中小学综合实践活动的重要性
- 认识中小学综合实践活动课程
  - 中小学综合实践活动课程的内涵
  - 中小学综合实践活动课程的目标
  - 中小学综合实践活动课程的特点
- 中小学综合实践活动课程内容
  - 中小学综合实践活动课程内容的维度考量
  - 中小学综合实践活动课程内容的实施路径
  - 综合实践活动课程与研学旅行课程的关系

任务一　认识中小学综合实践活动

任务描述

本任务旨在帮助读者对中小学综合实践活动形成整体认知。

任务目标

理解并掌握国内外中小学综合实践活动发展的基本情况,明晰我国实施中小学综合实践活动的重大意义。

任务重点

掌握我国中小学综合实践活动课程的演进过程。

任务难点

深刻认识实施综合实践活动对推进教育现代化的重要意义。

一、国外中小学综合实践活动课程的演进过程

综合实践活动课程是由活动课程演变而来的,国外的活动课程发展历史悠久,其课程思想可以追溯到柏拉图的儿童游戏场理论、卢梭的自然教育思想。

20世纪90年代末,活动课程思想在社会中进一步传播,以应对信息化时代发展以及人才需求的巨大挑战,美国一些实验学校率先正式使用,其主要方向是注重课程综合化以及儿童当下的生活与经验,全球课程改革呈现出了向综合化与生活化靠近的共同趋势。进入21世纪初,世界各地在新一轮的基础教育改革中优化了课程结构,设置了综合实践类课程,主要包括法国的综合学习课程,美国的自然与社会研究、设计学习、社会参与性学习和服务性学习以及高中开展的独立研究,日本的综合学习时间,韩国的创意性体验活动等。国外的这些综合实践活动课程注重学生能力的培养与技能的提升,包括个人的价值观与态度、当前社会的生存能力和适应能力、思维能力、创造与研究能力、人际交往能力,以及社会参与、职业规划等方面,课程以发展学生的独立性与社会性为主。

知识活页

活动课程理论

活动课程理论指以经验为中心的课程理论。奠定活动课程理论基础的是美国实用主义教育家杜威,他认为学校科目相互关系的真正中心,不是科学,不是文学,不是历史,不是地理,而是儿童本身的社会活动。杜威主张编制课程的顺序应与学生的生活经验发展顺序相一致,使学生掌握解决实际问题的相关知识,提倡学生"在做中学"。杜威认为传统的学科课程理论无法照顾到学生的需要、兴趣和个性,因此提出在活动中学习,通过活动获得经验,培养兴趣,解决问题,培养科学的思想、态度和思维方法。

(资料来源:360百科。)

(一)法国的综合学习课程

法国在各个学校的初中开设"多样化途径"课程,由教师主导开展综合学习,目的在于密切联系各学科知识,引导学生在实践中把握知识。学生在教师指导下对现有教学成果进行思考、批判研究,培育批判精神以及独立分析问题、解决问题的能力。

(二)美国的综合实践活动课程

美国的综合实践活动课程设定对应个体需要的满足、面向社会问题、为学术做准备以及职业意识这四个方面的学习目标,力求让每个学生在教师的引导下,通过各种研究手段收集、分析相关资料,并运用不同的研究方法,对课题开展进一步的研究,寻

求解决问题的方案,在社会实践中实现自身价值。

（三）日本的综合学习时间

日本的综合学习时间具体是指学校根据自身办学特色以及学生实际情况开展的特色教育活动,主要进行跨学科知识学习。日本的《中学生学习指导纲要》中明确了综合体验性学习和课题研究性学习两种"综合学习时间"的基本活动方式。"综合学习时间"最明显的特色是依靠学校所处的社区以及地理位置优势,开设具有地方代表性的综合实践活动课程,使学生在活动中独立地发现问题,发展自我意识、思维能力、主观判断能力以及解决问题的能力,学会思考和学习。日本的综合学习时间通过发现并解决问题,培养学生的主体性,具有社区特色,体现了人文关怀。

（四）韩国的创意性体验活动

韩国开展的创意性体验活动,包含劳动实践活动、校内外服务活动、公益性活动以及职业体验活动等。学生通过自觉、主动地参与活动,发掘并提升自身的潜能,在生活中养成自律的习惯,理解他人、关爱他人、积极与他人分享,培养作为公民应当具备的综合素养。

（五）英国的学科交叉课程

英国推荐实施学科交叉课程,其课程内容主要包含设计、制作、评估以及技术四个方面的知识,打破了传统学科领域,采取横断的方式制定教育内容和选择教育方法。学生在教师的有效引导下,通过实践,将知识内化,激发学习的主动性。英国的学科交叉课程有助于唤醒学生的自我意识,提升学生的创造力、思维与动手能力,培养学生成为社会实用型人才。

二、我国中小学综合实践活动课程的演进过程

卢梭认为社会和人都应"归于自然""回到自然中去"。杜威受卢梭教育思想的影响,以经验为核心范畴,主张学校即社会,推广活动课程思想,即从做中学,提出了经验课程的概念。1919年杜威来华讲学后,陶行知受其影响,结合当时实际情况,提出了生活教育理论,并进行了活动课程的试验。之后陈鹤琴提出活教育思想,这些教育思想的发展与中国目前开展的综合实践活动课程的发展息息相关。

依据我国发布的政策文件,我国的综合实践活动课程的发展经历了三个阶段,分别为萌芽阶段、发展阶段、成熟阶段。

（一）萌芽阶段

在1992年,国家教委在《九年义务教育全日制小学、初级中学课程计划(试行)》中明确规定开设活动课程,打破了我国长期以学科课程为主体的单一课程结构。2001

年,教育部印发《基础教育课程改革纲要(试行)》,提出从小学至高中设置综合实践活动并作为必修课程,强调学生通过实践,增强探究和创新意识,学习科学研究的方法,发展综合运用知识的能力。从此,综合实践活动正式成为独立的课程形态。

（二）发展阶段

2017年,教育部印发《中小学综合实践活动课程指导纲要》,对我国综合实践活动的课程性质、基本理念、课程目标、课程内容与活动方式等进行了清晰的界定,要求自小学一年级至高中三年级全面实施综合实践活动课程,并推荐了相应的活动主题。从《中小学综合实践活动课程指导纲要》中可以看出,综合实践活动课程在我国基础教育中占据重要地位,且日益规范。

（三）成熟阶段

2022年,教育部印发《义务教育课程方案(2022年版)》,该文件提出"加强学科间相互关联,带动课程综合化实施,强化实践性要求","强化学科内知识整合,统筹设计综合课程和跨学科主题学习"。综合实践活动课程旨在培养学生的创新精神和动手实践能力,促进学生全面发展,在新时代义务教育课程体系中的地位和作用愈加重要。

 知识活页

生活教育理论

生活教育理论是陶行知教育思想的核心,集中反映了陶行知在教育目标、内容和方法等方面的主张,以及探索符合中国国情和时代需要的教育理论所做出的努力。生活教育理论的内涵包括以下三个重要方面。

第一,生活即教育。以社会生活以及在此基础上产生的经验为中心,主张用生活来教育,以社会生活为教育的素材。主张要给儿童过儿童的生活,受儿童的教育。儿童教育应当为儿童的生活需要提供供给。

第二,社会即学校。陶行知认为应优化教育的材料、教育的方法、教育的工具、教育的环境,发展学生、教师的数量。

第三,教学做合一。以生活为中心——怎样做就怎样学,怎样学就怎样教。所有的问题,都是在生活中产生的。生活中产生的困难和疑问才属于实际的问题,解决这种实际的问题才属于实际的学问。

（资料来源:360百科。）

三、开展中小学综合实践活动的重要性

（一）有助于丰富学生生活体验,符合知识系统化的要求

综合实践活动课程有着丰富的主题,重点在于让学生在实践活动中学习,这也是

非常重要的积累社会生活经验的环节,通过"行动"来学习,是知与行、动手与动脑的结合与统一。在具体实践中,主要引导学生在探究、服务、制作、体验中学习,进而分析和解决现实问题,强化学生对系统化知识的学习和理解,拓展学生的知识宽度、广度,提高学生的知识应用能力,促进学生全面发展。

（二）有助于培养综合实践能力,适应能力多元化的需求

综合实践活动以实践为主要特征。它通过设计劳动教育、社区服务等专题活动,以活动促进学生发展、积极实践,培养学生敏锐的观察力,提高学生解决问题的能力和动手操作的能力。它的课程设置区别于一般知识性的文化课程。这有利于满足学生获得综合运用各学科知识去全面提高认识、分析和解决现实问题等多元化能力的需求。

（三）有助于促进学生学习方式转变,体现了教育现代化的需求

拓展案例
▼
以课程实施方案为引擎 打造五育并举课程育人新样态

教育现代化是21世纪全球教育发展的必然趋势与核心价值追求。目前我国中小学生文化基础知识相对扎实,而创新实践能力相对薄弱,因此加强和改进学生综合素质评价成为优化教育教学活动、推进考试制度改革的重要内容。学生综合素质评价离不开综合实践活动课程这一重要载体,综合实践活动课程强调学生自主探究、合作学习,通过自主探索,变被动获取知识为主动锻炼创新思维,在实践中充分挖掘自身潜能,发展核心素养,因此必须切实加强对中小学综合实践活动课程的指导,搭建好综合实践活动平台,展示并提升学生的综合素质。

任务二　认识中小学综合实践活动课程

🖰 任务描述

本任务旨在使读者全面认识中小学综合实践活动课程的内涵以及课程目标与特点。

🖰 任务目标

理解并掌握中小学综合实践活动课程的特点。

🖰 任务重点

熟悉综合实践活动课程的特点,并能以此为依据指导综合实践活动具体实践。

Note

任务难点

充分认识综合实践活动课程各学段的目标,能有针对性地组织开展综合实践活动。

一、中小学综合实践活动课程的内涵

我国综合实践活动课程是从课外活动演变而来的,是对课外活动的发展和深化,是以学生为主体开展的具有实践性、综合性、创造性等特征的活动。2001年,教育部相关文件明确规定了综合实践活动是必修课程,并指出其是基于学生直接经验,密切联系学生自身生活以及社会生活,注重对知识技能的综合运用,体现经验与生活对学生的发展价值的实践性课程。2017年,教育部印发了《中小学综合实践活动课程指导纲要》,将综合实践活动课程定义为能够从学生的真实生活和发展需要出发,从生活情境中发现问题,转化为活动主题,通过探究、服务、制作、体验等方式,培养学生综合素质的跨学科实践性课程。

(一)课程性质

综合实践活动是国家义务教育课程方案和普通高中课程方案规定的必修课程,与学科课程并列设置,是基础教育课程体系的重要组成部分。该课程由地方统筹管理和指导,具体内容以学校开发为主,自小学一年级至高中三年级全面实施。

(二)基本理念

课程目标以培养学生综合素质为导向。强调学生综合运用各学科知识,认识、分析和解决现实问题,提升综合素质,着力发展核心素养,特别是社会责任感、创新精神和实践能力,以适应快速变化的社会生活、职业界和个人自主发展的需要,迎接信息时代和知识社会的挑战。

课程开发面向学生的个体生活和社会生活。课程面向学生完整的生活世界,引导学生从日常学习生活、社会生活或与大自然的接触中提出具有教育意义的活动主题,使学生获得关于自我、社会、自然的真实体验,建立学习与生活的有机联系。要避免仅从学科知识体系出发进行活动设计。

课程实施注重学生主动实践和开放生成。课程鼓励学生从自身成长需要出发,选择活动主题,主动参与并亲身经历实践过程,体验并践行价值信念。在实施过程中,随着活动的不断开展,在教师的指导下,学生可根据实际需要,对活动的目标与内容、组织与方法、过程与步骤等做出动态调整,使活动不断深化。

课程评价主张多元评价和综合考查。课程要求突出评价对学生的发展价值,充分肯定学生活动方式和问题解决策略的多样性,鼓励学生自我评价与同伴间的合作交流和经验分享。提倡多采用质性评价方式,避免将评价简化为分数或等级。要将学生在综合实践活动中的各种表现和活动成果作为分析考查课程实施状况与学生发展状况的重要依据,对学生的活动过程和结果进行综合评价。

二、中小学综合实践活动课程的目标

(一)总目标

学生能从个体生活、社会生活及与大自然的接触中获得丰富的实践经验,形成并逐步提升对自然、社会和自我之内在联系的整体认识,具有价值体认、责任担当、问题解决、创意物化等方面的意识和能力。

(二)学段目标

1.小学阶段具体目标

(1)价值体认:通过亲历、参与少先队活动、场馆活动和主题教育活动,参观爱国主义教育基地等,获得有积极意义的价值体验。理解并遵守公共空间的基本行为规范,初步形成集体思想、组织观念,培养对中国共产党的朴素感情,为自己是中国人感到自豪。

(2)责任担当:围绕日常生活开展服务活动,能处理生活中的基本事务,初步养成自理能力,培养自立精神、热爱生活的态度,具有积极参与学校和社区生活的意愿。

(3)问题解决:能在教师的引导下,结合学校、家庭生活中的现象,发现并提出自己感兴趣的问题。能将问题转化为研究小课题,体验课题研究的过程与方法,提出自己的想法,形成对问题的初步解释。

(4)创意物化:通过动手操作实践,初步掌握手工设计与制作的基本技能;学会运用信息技术,设计并制作有一定创意的数字作品。运用常见、简单的信息技术解决实际问题,服务于学习和生活。

2.初中阶段具体目标

(1)价值体认:积极参加班团队活动、场馆体验、红色之旅等,亲历社会实践,加深有积极意义的价值体验。能主动分享体验和感受,与教师、同伴交流思想认识,形成国家认同,热爱中国共产党。通过职业体验活动,发展兴趣专长,形成积极的劳动观念和态度,具有初步的生涯规划意识和能力。

(2)责任担当:观察周围的生活环境,围绕家庭、学校、社区的需要开展服务活动,增强服务意识,养成独立的生活习惯;愿意参与学校服务活动,增强服务学校的行动能力;初步形成探究社区问题的意识,愿意参与社区服务,初步形成对自我、学校、社区负责任的态度和社会公德意识,初步具备法治观念。

(3)问题解决:能关注自然、社会、生活中的现象,深入思考并提出有价值的问题,将问题转化为有价值的研究课题,学会运用科学方法开展研究。能主动运用所学知识理解与解决问题,并做出基于证据的解释,形成基本符合规范的研究报告或其他形式的研究成果。

(4)创意物化:运用一定的操作技能解决生活中的问题,将一定的想法或创意付诸实践,通过设计、制作或装配等,制作和不断改进较为复杂的制品或用品,发展实践创新意识和审美意识,提高创意实现能力。通过信息技术的学习实践,提高利用信息技术进行分析和解决问题的能力以及数字化产品的设计与制作能力。

3.高中阶段具体目标

(1)价值体认:通过自觉参加班团活动、走访模范人物、研学旅行、职业体验活动,组织社团活动,深化社会规则体验、国家认同、文化自信,初步体悟个人成长与职业世界、社会进步、国家发展和人类命运共同体的关系,增强根据自身兴趣专长进行生涯规划和职业选择的能力,强化对中国共产党的认识和感情,具有中国特色社会主义共同理想和国际视野。

(2)责任担当:关心他人、社区和社会发展,能持续地参与社区服务与社会实践活动,关注社区及社会存在的主要问题,热心参与志愿者活动和公益活动,增强社会责任意识和法治观念,形成主动服务他人、服务社会的情怀,理解并践行社会公德,提高社会服务能力。

(3)问题解决:能对个人感兴趣的领域开展广泛的实践探索,提出具有一定新意和深度的问题,综合运用知识分析问题,用科学方法开展研究,增强解决实际问题的能力。能及时对研究过程及研究结果进行审视、反思并优化调整,建构基于证据的、具有说服力的解释,形成比较规范的研究报告或其他形式的研究成果。

(4)创意物化:积极参与动手操作实践,熟练掌握多种操作技能,综合运用技能解决生活中的复杂问题。增强创意设计、动手操作、技术应用和物化能力。形成在实践操作中学习的意识,提高综合解决问题的能力。

三、中小学综合实践活动课程的特点

综合实践活动课程是我国基础教育课程体系的重要组成部分,该必修课程有其明确的课程理念、课程目标、课程内容、课程组织形式以及课程评价方式等。综合实践活动课程具有自主性、实践性、开放性、整合性、连续性五大特点。

(一)自主性

课程建设要坚持自主性原则。综合实践活动课程是一门以学生为活动主体的课程,课程建设的一系列活动设计要突出学生的主体地位,充分发挥学生的自主性。从学生角度而言,一是学生自身要养成主动学习、主动探究的习惯,培养自己的问题意识。二是学生要学会选择适合的、感兴趣的、能最大限度发挥自我价值的课程。

三是学生在实践活动的过程中,要充分调动自身的积极性,发挥主观能动性。虽然课程以学生为主体,但也不能忽视教师的作用。在活动实施的全过程中,教师要给予学生有效的指导。

（二）实践性

综合实践活动以学生的直接经验学习为主,学生依托自身已有的知识经验,运用已有知识能力全身心参与教师创设的情境、探究课题、操作课题等,亲身体验和经历活动的过程,在"探究""调查""实验"等一系列实践活动中发现问题、提出问题、解决问题。同时,教师要多层次、多角度、多方向挖掘能够调动学生兴趣和积极性的课程,增加学生的实践体验,引导学生勤动手、勤动脑,让学生在实践的过程中建立与知识的联系,完成情感体验和品格塑造。

（三）开放性

学校是一个开放性的场所。综合实践活动课程具有开放性,具体是指课程实施的空间不局限于教室,课程内容不局限于某一领域,教师教学方式不拘泥于形式,课程评价不拘泥于结果等。课程建设要遵循开放性原则,要做到对学生和家长开放,对教师开放,对社会开放。

（四）整合性

综合实践活动课程具有整合性,课程内容要考虑学生与自然的关系、与他人和社会的关系以及与自我的关系这三个方面。因而,在建设综合实践活动课程内容时,需体现个人、社会、自然的内在整合,活动课堂的实施需打破学科之间的界限;同时,课程内容覆盖范围应广泛,从身边的点滴小事到国家大事,从自然环境到人文环境,从知识培养到品格锤炼等,都是综合实践活动课程建设的内容。课程建设还应密切情境性与生活性课程内容的联系。教师选取综合实践活动课程内容时,不仅要考虑学生当前的生活经验,尊重学生发展的需求,还要适当地创设问题情境,布置各种趣味性强、合作项目多的实践任务,辅助学生更好地融入实践活动,使学生收获知识与技能,培育学生的优秀品格。

（五）连续性

培养学生创新精神与实践能力是一项长期而艰巨的任务,课程建设应坚持连续性原则。首先,在课程目标的设置上,要与时俱进,与国家政策文件倡导的总目标总要求保持一致。其次,在课程内容设计上,要坚持遵循学生的可持续发展理念,课程内容要具有层次性、递进性,从简单走向复杂,不断拓展学生实践活动的内容与范围。再次,在课程实施的过程中,教师应适时引导学生对发现的新问题进行不断深化研究,重视学生在实践活动中的自我建构与知识生成过程,重视学生体验与经历的过程,引导学生处理与自我、与他人以及与社会关系方面的问题,坚持不断深挖细耕,培养学生关心他人、关心团队的合作精神。最后,在课程评价上,应不断提高学生的自我认识,促进学生不断反思进步。

任务三　中小学综合实践活动课程内容

任务描述

本任务旨在使读者全面了解中小学综合实践活动课程的实施内容,厘清综合实践活动课程与研学旅行课程的关系。

任务目标

理解并掌握中小学综合实践活动课程内容的维度考量。

任务重点

能够整合中小学综合实践活动课程内容的实施路径。

任务难点

明确综合实践活动课程与研学旅行课程的关系。

一、中小学综合实践活动课程内容的维度考量

中小学综合实践活动课程内容需要具有重要的导向性与指导引领价值,既体现立德树人总体要求,也对学校教师课程开发、实施与评价提出总体性的质量要求。中小学综合实践活动课程采取分层、分类的形式设计,以"学生能从个体生活、社会生活及与大自然的接触中获得丰富的实践经验,形成并逐步提升对自然、社会和自我之内在联系的整体认识,具有价值体认、责任担当、问题解决、创意物化等方面的意识和能力"为总基调。

(1)价值体认是彰显综合实践活动课程内容的重要维度。在综合实践活动中,价值体认不仅是让学生通过具体的事件体认具体的价值,更为重要的是让学生形成崇高、伟大的理想追求。

(2)责任担当是让学生在综合实践活动中学会关心他人、社区和社会发展,热心参与志愿者活动和公益活动,增强社会责任意识和法治观念,理解并践行社会公德,提高社会服务能力。

拓展案例

探访琉璃之乡 传承家乡非遗——黑山小学推进一体化实践育人 培育绿水青山新居民

（3）问题解决是让学生在综合实践活动中根据个人感兴趣的领域开展广泛的实践探索，在探索过程中提出问题、运用知识分析问题、利用科学方法解决问题。

（4）创意物化是将开创性的想法、构思等精神形态转化为物质形态的过程。创意物化目标强调实践的重要作用，目的是让学生在学以致用的造物过程中进行自主选择与创造，这不仅能够提高学生的实践能力，还能够加深学生对学科知识的理解，激发学生的学习兴趣，进而让综合实践活动从普通的活动成为培养学生高阶思维的跨学科学习活动。

价值体认、责任担当、问题解决、创意物化四个维度形成立体化、递进式的整体体系，是教育者夯实综合实践活动课程的重要参考。

二、中小学综合实践活动课程内容的实施路径

《中小学综合实践活动课程指导纲要》中指出，要充分认识综合实践活动课程的重要意义，坚持教育与生产劳动、社会实践相结合，引导学生深入理解和践行社会主义核心价值观，充分发挥中小学综合实践活动课程在立德树人中的重要作用。因此，引导学生在认识、分析和解决现实问题的过程中，提升综合素质，发展核心素养是教学的重点和难点。

（一）加强综合实践活动课程教学认知，秉持常态化教学理念，营造教学氛围

教学认知对于教师教学行为具有重要的指导和促进作用。在综合实践活动课程教学过程中，教师要将常态化综合实践教学活动的目的落实在教学内容、教学方法和教学评价中。

（二）综合实践活动的开展要与学生的兴趣点相结合

教师在组织综合实践活动前，应当认真研读相关理论，并仔细观察学生的实际情况，从学生的实际学情出发，结合学生的兴趣开展活动，这样有利于吸引学生的注意力，让学生全身心地投入综合实践活动，进而提高综合实践活动的实际教学效果，帮助中小学生在综合实践活动中实现更加全面的发展。

（三）创新综合实践活动形式，充分调动学生的参与积极性

学校和教师应当创新现有的综合实践活动形式，在开展综合实践活动的过程中选择多样化的活动内容，从而充分地调动学生对综合实践活动的热情，让学生愿意积极主动地参与综合实践活动。可以结合实际开展综合实践活动的经验，尝试采取竞赛活动、环保活动两种综合实践活动方式。

（四）构建综合实践教学移动信息化平台，实施过程化教学管理

在具备基本教育资源的条件下，中小学要顺应时代发展，构建综合实践教学移动

信息化平台,利用移动智能终端实施过程化教学管理,针对学生的学习过程、学习效果、实践能力、反思总结能力等进行过程性评价,通过细致的管理让综合实践活动课程沿着预定的轨道运行,让移动信息化平台在综合实践活动课程中发挥出正向效应。主要可以从以下两点着手进行:一是利用移动信息化平台整合学生信息,沟通教学进度,使学习资源适用于移动信息化平台,并将管理手段应用于移动信息化平台;二是利用移动信息化平台记录和评价学生的实践进展,以便灵活调整综合实践活动课程的教学进度,及时帮助学生解决实践过程中的困惑。

(五)丰富综合实践活动评价方式,构建合理的评价体系

教师在对中小学生的实践行为进行评价时,应当从活动的具体内容以及学生的实际情况出发,建立较为贴切的评价标准,使得实践评价与学生的实践过程更加贴合,并确保学生在实践活动中的大胆尝试得到鼓励。与此同时,教师还需着力构建合理的评价制度,确保评价内容发挥应有的作用,确保实践活动产生更加深远的效果。

首先,在进行评价时,教师一定要注意考虑不同学生展示出来的独特性格和兴趣爱好。教师应当合理利用评价,使学生不断地完善自身的知识结构,并引导学生将自己掌握的知识应用到实践中。

其次,在学生参与实践活动的过程中,教师应当仔细观察学生的行为,对整个实践活动进行详细记录,尤其是学生在实践活动中发现的问题及学生针对这个问题采取的措施。

最后,中小学校及教师应当注重评价主体的多元化、评价过程的公开化、评价指标的标准化以及评价内容的全面化。这样能够让多种类型的实践活动有可量化的评价指标,有利于提升学生的实际参与度、实践能力、团队合作效果,也有利于确立合理的评价机制。

(六)全科总结

整个综合实践活动课程教学完成后,教师要对教学目标和教学过程进行复盘和全科总结,对学生在实践过程中的表现进行开放式的评价,以此诊断、反馈学生的学习情况,激发学生的学习积极性,促进学生的思维发展,提升综合实践活动课程教学目标达成的有效性,从而最大限度地提高学生的综合素质。全科总结主要从量化分析和引导拓展思考两个方面来进行。

(七)基于地域文化资源,开发综合实践活动校本课程

现实教学活动中,特定的地域文化资源是教育活动不可或缺的资源。因此,中小学要基于特定的地域文化资源开发综合实践活动校本课程,创新综合实践活动课程内容,围绕研学活动主题开展动手实践活动,这对于丰富学生第二课堂,切实增强学生动手实践能力,让学生在研学过程中陶冶情操、增长见识、体验不同的自然和人文环境有

着重要作用。基于地域文化资源,开发综合实践活动校本课程主要从以下两点着手进行:一是结合地域文化内涵,在尊重学生特点和需求、发扬教师团队协作精神、体现师生个性追求的前提下,开发出具有地方特色的拓展性课程;二是在指导教师的帮助下,围绕综合实践活动课程的主题,深入地方文化核心区开展综合实践活动。

(八)依托本校教育资源,为综合实践活动课程增添本校特色

学校教育资源是教师开展实践教学的重要依托,也是开展综合实践教育的重要支撑。在综合实践活动课程教学中,教师要将本校教育资源视为重要的隐性教育渠道,以丰富综合实践活动课程的内容,进而让学生更好地融入综合实践教学课堂,强化学生对实践教育价值观的认同。有效利用学校教育资源,不仅是解决实践教学资源有限与学生对于实践教学的多样化需求之间的矛盾的重要途径,同时也是教师构建包含本校综合实践教育特色的、动态且系统的资源库的重要举措。依托学校教育资源,为综合实践活动课程增添本校特色,主要从打造教学、实践和创新全链条,创设本校特色教育资源,以及发挥学科优势,打造特色本校综合实践活动课程两个方面进行。为了让学生更好地融入综合实践活动课程教学,在实践中找到归属感,发挥自身特长,在对综合实践活动课程教学进行设计时,教师要注重显性教育与隐性教育的统一,在整个教学过程中创建三个教学环节,即集中讲授、实践体验、研讨创作。

三、综合实践活动课程与研学旅行课程的关系

综合实践活动课程以实践为基础,实施过程突出学生的学习主体性,是在综合能力培养目标下开展的实践教学活动。研学旅行课程是组织学生到实地体验学习的一种教育方式。从对这二者的一般性描述中可以看出,这两门课程之间有着紧密的联系,综合实践活动课程包含研学旅行课程,研学旅行课程是综合实践活动课程的重要组成部分,研学旅行课程发展并丰富了综合实践活动课程,但无法取代综合实践活动课程。

(一)研学旅行课程是综合实践活动课程的重要组成部分

2016年,教育部等11部门印发《关于推进中小学生研学旅行的意见》,提出要将研学旅行纳入中小学教育教学计划。2017年,教育部印发《中小学综合实践活动课程指导纲要》,指出综合实践活动应以培养学生综合素质为导向,并将综合实践活动的主要方式分为考察探究、社会服务、设计制作、职业体验。其中,考察探究是学生基于自身兴趣,在教师的指导下,从自然、社会和学生自身生活中选择和确定研究主题,开展研究性学习,在观察、记录和思考中,主动获取知识,分析并解决问题的过程,如野外考察、社会调查、研学旅行等。研学旅行课程具体包括实地考察、探究和实践、体验和感悟等内容,具有实践性、综合性、系统性、开放性、评价性等特点,与综合实践活动课程

存在极大的互通性。因此,综合实践活动课程包含研学旅行课程,研学旅行课程是综合实践活动课程的重要组成部分。

（二）研学旅行课程丰富和发展了综合实践活动课程

研学旅行课程一方面体现为"研学",另一方面又强调是"旅行",前者在综合实践活动课程中常见,是规定的必需内容,后者则相对不常出现。在课程安排方面,学生会因"旅行"而对综合实践活动课程产生好奇和期待,从而在实践活动中展现出积极的参与意识,这有助于学生获得更多的知识和技能。综合实践活动课程可以选择在校内校外、课内课外开展,但实际上,学校出于安全考虑,更多选择在校园内及校园周边场所实施课程,致使课程资源和空间相对单一,但研学旅行课程突破了这样的限制,学生可以到不同地区的博物馆、自然馆、科技馆等场所参加综合实践活动,开阔视野,增长见识,拓宽了综合实践活动课程的开展范围。此外,开展研学旅行课程必然需要学生集体出行,会给学生带来丰富的旅行体验,有助于提高学生的自理能力、与他人合作的能力,增强学生的环保意识、安全意识等。同时,研学旅行课程充实了综合实践活动课程的教育内容。

（三）研学旅行课程无法取代综合实践活动课程

从实践活动课程的开展目标来看,研学旅行课程并不能为学生提供综合的实践活动体验,而综合实践活动课程的目标并不局限于一个或几个主题,而是体现为多种主题的互相促进和融合。从实践活动课程的活动方式来看,研学旅行课程并不能将综合实践活动课程的所有活动方式,如设计创造、社区服务、调查探究、职业体验等一一呈现,而综合实践活动课程是国家义务教育课程方案和普通高中课程方案规定的必修课程,能够获得多种社会资源,得到多方的广泛支持。

教学互动

在某节课上,教师问学生:"大家都知道3月12日是什么日子吧?"学生异口同声地回答道:"植树节。"教师又问:"那大家知道植树节的来历和意义吗?"这时教师发现没有一个学生能回答上来。教师便对大家说道:"其实,在这之前老师也不知道,后来老师在网上进行搜索,很快便找到了相关的资料。1928年,为纪念孙中山逝世三周年,政府举行了植树仪式。1979年2月23日,第三届全国人大常委会第六次会议以法律的形式将3月12日定为我国的植树节。将3月12日定为植树节有着纪念孙中山先生的意义。大家以后要善于利用网络进行搜索和学习。"

引导学生了解完植树节的来历和意义之后,教师说道:"在植树节来临之际,老师想与同学们一起组织策划一次公益植树活动,大家有兴趣吗?"学生异口同声地说:"有兴趣!"其实,有机会走出校园参加实践活动,几乎没有学生会不喜欢。

　　请你以"我们和小树一起成长"为主题设计一次综合实践活动。

⛵ 项目小结

　　本项目详细阐述了中小学综合实践活动的演进过程,中小学综合实践活动课程的内涵、目标、特点,明确了中小学综合实践活动课程内容实施的路径机制,梳理了综合实践活动课程与研学旅行课程的关系等。

⛵ 能力训练

知识训练
▼
项目五

　　某综合实践活动课程教师在"走近自行车"主题活动中,以设计制作活动为切入点,引导学生通过实践掌握基本的自行车故障排除方法,了解自行车各部件功能,学会对自行车防雨、防盗等功能进行创新,提供帮助他人修理自行车的社会服务,以及调查人们骑自行车的情况和收集多种新型自行车的信息资料等,将设计制作、考察探究、社会服务等内容进行了有效整合。

　　问题:

　　(1)请结合以上材料,谈谈该综合实践活动课程教师是如何整合主题活动内容的。

　　(2)综合实践活动课程的整合方式多样,请结合实际谈谈可以采取哪些方式科学整合综合实践活动内容。

Note

项目六
中小学综合实践活动主题设计

 项目描述

　　本项目详细介绍了中小学综合实践活动主题设计的理论依据,探讨了中小学综合实践活动主题的选择方法、命名要求,提供了具体的主题设计案例,旨在帮助读者理解中小学综合实践活动主题设计的重要性。

项目引入
▼

项目六

 项目目标

知识目标

(1)了解中小学综合实践活动主题设计的理论依据。

(2)掌握中小学综合实践活动主题的选择方法和命名要求。

能力目标

(1)能够结合中小学综合实践活动案例,分析活动主题的设计依据。

(2)能够针对不同年龄段的学生,选择合适的综合实践活动主题。

(3)能够掌握中小学综合实践活动主题的命名技巧。

素质目标

(1)提升对工作岗位的认知,培养良好的职业道德,增强职业认同感。

(2)树立创新意识,增强分析问题、解决问题的能力。

(3)培养严谨认真、积极主动的工作态度。

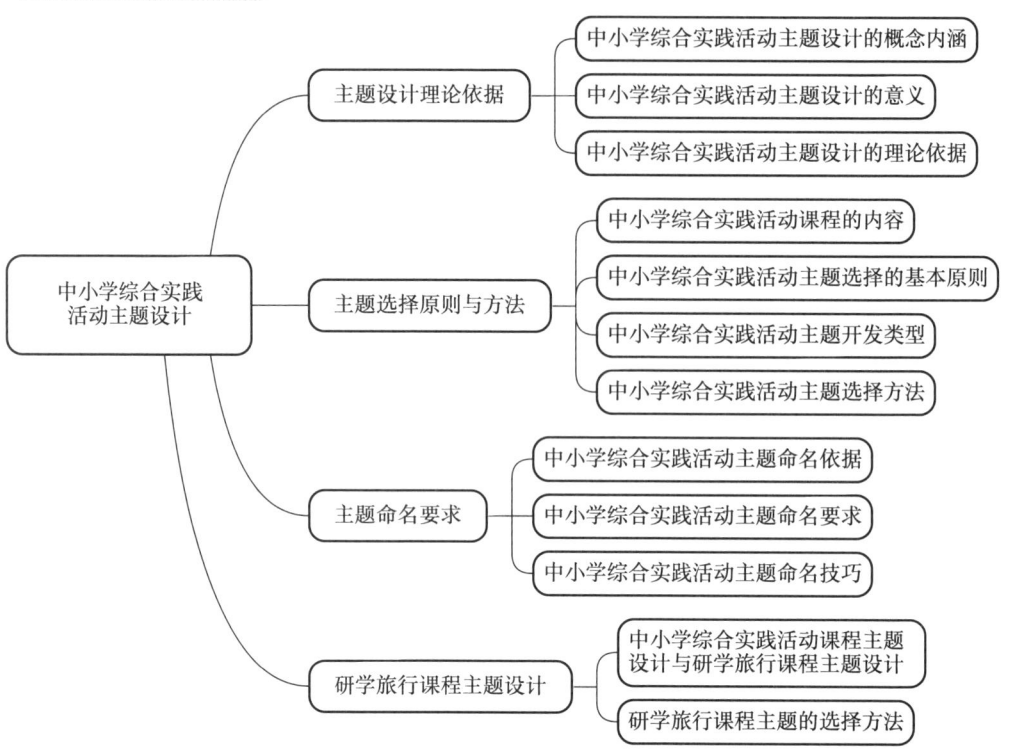

中小学综合实践活动主题设计的概念内涵

主题设计理论依据 —— 中小学综合实践活动主题设计的意义

中小学综合实践活动主题设计的理论依据

中小学综合实践活动课程的内容

中小学综合实践活动主题选择的基本原则

主题选择原则与方法 —— 中小学综合实践活动主题开发类型

中小学综合实践活动主题选择方法

中小学综合实践活动主题设计

中小学综合实践活动主题命名依据

主题命名要求 —— 中小学综合实践活动主题命名要求

中小学综合实践活动主题命名技巧

中小学综合实践活动课程主题设计与研学旅行课程主题设计

研学旅行课程主题设计 ——

研学旅行课程主题的选择方法

任务一　主题设计理论依据

🔵 任务描述

本任务旨在帮助读者对中小学综合实践活动主题设计的理论依据形成基本认知。

🔵 任务目标

了解中小学综合实践活动主题设计的重要性,理解并掌握主题设计的相关理论依据。

🔵 任务重点

掌握中小学综合实践活动主题设计的理论依据。

🔵 任务难点

理解中小学综合实践活动主题设计的概念内涵与重要性。

一、中小学综合实践活动主题设计的概念内涵

"主题"一词原指文艺作品中通过具体的艺术形式表现出来的中心思想,也称"主题思想",它是文艺作品内容的核心。"主题"一词是一个衍生词,与"事物主体或者要素"这一层含义最为接近。活动主题是指活动的主体或者要素。根据泰勒原理,明确教育目标、选择教育经验(学习经验)、组织教育经验、评价教育经验是课程的基本问题,因此,课程的基本要素主要包括课程目标、课程内容、课程组织、课程实施、课程管理、课程开发以及课程评价。中小学综合实践活动的主题是高度浓缩、凝练而成的课程主体内容。

设计是指在创造某种具有实际效用的新事物或者解决问题之前所进行的研究式的系统计划过程。日常生活中对主题设计的理解可以分为狭义和广义两个方面。狭义上,主题设计是指对主题实体进行的设计,需要从整体到局部贯穿同一个主题,如主题网吧、主题餐厅的设计等。广义上,主题设计是指在某个阶段,为了表现某一主题而进行的模糊的设计,如规划设计与平面设计的组合等。中小学综合实践活动的主题设计属于狭义上的设计,是根据一定的价值取向,按照一定的课程理念,以一个特定的方式组织安排主题内容,从而形成具有一定结构的主题序列。

二、中小学综合实践活动主题设计的意义

随着教育的不断改革与发展,中小学越来越重视综合实践活动的开展。综合实践活动不仅有助于提升学生的动手能力、创新精神和团队合作意识,还可以促进学生全面发展。因此,设计合适的实践活动主题是至关重要的。

主题设计过程作为开展中小学综合实践活动的首要环节,既是学生选取一定的内容作为研究主题、教师帮助学生从生活和实践中发掘问题的过程,又是学生建构问题意识、养成合作精神以及寻求自身意义的过程,还是教师树立新的教学理念和践行新的教学方式的过程。主题设计对学生和教师的重要意义主要体现在以下五个方面。

(一)有利于学生问题意识的发展

爱因斯坦指出,提出问题比解决问题更重要,是科学进步的标志。综合实践活动主题设计强调问题从学生真实生活中选取,具有现实意义,与传统学科教学中基于知识逻辑虚构问题不同。这一实践过程有助于学生发散思维,关注社会与自然,追求生命意义,同时获取知识。

(二)有利于学生主体意识的发展

人的主体性包括能动性、自主性和创造性等基本属性。综合实践活动主题设计给予学生自主选择的机会,改变了传统教学中学生的被动地位,尊重学生意愿,鼓励学生

自主选择和创造性思考。因此,在设计中小学综合实践活动主题时,应以学生为主体,发挥学生的积极性和自主性,这有助于培养学生的主体意识,促进学生全面发展。

（三）有利于学生个体知识的获得

传统知识观认为知识是对客观事物的反映,具有客观性、确定性、绝对性,独立于人的生活和内心世界,人仅是知识的旁观者。知识被视为理性的产物,不受个体经验、社会文化背景及认知过程的影响。然而,随着时代的发展和人们对生活世界的关注,新的知识观逐渐形成。当代知识观认为,知识不仅是理性对客观世界的反映,还涉及生命实践,并受到个体的情感、态度、价值观的影响。知识是个体与社会生活实践相互作用的产物,个体在这种交互作用中,通过与自然、社会及自我的互动,实现个体知识的获取和完善。

综合实践活动主题设计鼓励学生参与生活实践,与自然、社会及自我交流互动,将自身经验、情感、态度融入其中,建构个体性知识。这一过程不仅有助于增强学生的学习动机,满足学生的表现欲望,拓展学生的学习方式,还有助于实现主题设计的目标。通过主题设计,学生能够表达个人见解,为自身的个性化发展提供了契机。

（四）有利于学生社会意识的培养

学生与自然、社会及自我的关系是综合实践活动主题选择的关键考虑因素。综合实践活动旨在弥补传统分科课程割裂生活整体性的缺陷,让学生回归生活世界。学生需超越学科局限,通过与自然、社会、自我互动,发现问题,选定主题。

（五）有利于教师教学观念的革新和教学方式的转变

与传统的学科教学相比,教师在综合实践活动中从单纯的知识传授者转变为情境创造者和平等交流者。教师需为学生创造发现问题的情境,提供方法指导和资源支持,并与家长、社区进行积极合作。在主题设计过程中,教师应适度指导,保持"平等者中的首席"地位,敏锐捕捉新的探究兴趣和研究动态。这一过程也是教师自我反思和提升的过程。

三、中小学综合实践活动主题设计的理论依据

中小学综合实践活动主题设计的理论依据分为学生学习相关理论、课程设计相关理论、其他相关理论,这些理论为实践活动的设计和实施提供了指导和支持。

（一）学生学习相关理论

1. 多元智能理论

美国心理学家加德纳提出多元智能理论,认为个体的智能结构至少包括语言智能、身体协调和肢体动作智能、人际关系智能、存在智能、数学逻辑智能、音乐智能、自

然观察智能、空间智能、内省智能,如图6-1-1所示。多元智能理论认为,凡是能够帮助个体解决问题、促进个体价值发展的能力都是智能的一部分。智能具有多元化、差异性、创新性等特征。因此,现代课程的核心内容是发展学生的多元智能水平,提升学生的个性特长,促使学生全面发展,落实新课程改革中"以生为本"的教学观。

图6-1-1　多元智能理论

综合实践活动课程将多元智能理论作为主题设计的理论依据,遵循以学生发展为中心的课程理念,体现了新一轮课程改革中的亮点,具体包含以下几个方面。其一,多元智能理论强调人类智力的多元性,不仅仅局限于传统的语言智能、数学逻辑智能,还包括音乐智能、空间智能、身体协调和肢体动作智能等多种形式的智能。这有助于打破传统智力观念的限制,使教育者认识到每个学生都拥有自己独特的智力优势和发展潜能。其二,在多元智能理论的指导下,教育者更加关注每个学生的个体差异,包括兴趣、特长、学习风格等方面,这有助于设计更加符合学生实际需求的综合实践活动主题,从而激发学生的学习兴趣和潜能。其三,多元智能理论提出了多种智能类型,这为综合实践活动主题设计提供了更加丰富的思路。教育者可以根据不同的智能类型,设计不同的主题活动,如文学创作与朗读活动、合唱与乐器演奏活动、手工制作与创意设计活动等。这些活动可以涵盖多个学科领域,有助于提升学生的综合素质和实践能力。其四,在多元智能理论的指导下,综合实践活动主题设计更加注重学生的全面发展。教育者可以通过设计多样化的活动,培养学生多方面的智能,从而促进学生的全面发展。

2.认知发展阶段理论和建构主义学习理论

认知发展阶段理论,亦称"儿童认知发展阶段论",是由瑞士心理学家皮亚杰提出的,旨在解释儿童在不同年龄阶段思考和理解世界的方式,是当代发展心理学极具影响力的理论之一。皮亚杰根据认知结构与环境的相互作用,将个体从出生到成熟的发展过程划分为四个不同质的阶段。中小学阶段主要涉及具体运算阶段和形式运算阶段。皮亚杰认为,知识是个体在与环境交互作用的过程中建构的,学习过程需满足意义建构条件。他提出智慧活动包含图式、同化、顺应和平衡四个基本概念,学习是能动建构新认知图式的过程,学生主动建构的知识才属于自己。他主张提供有利于知识同化、顺应和平衡的学习情境,强调学生在学习过程中的主体地位。

建构主义学习理论起源早、流派多,其核心观点与皮亚杰的认知发展阶段理论高度契合,认为知识的获得源于个体的自主体验与建构。建构包括对新知识的意义识记和对原有知识经验的充实建构。在学习中,新旧观念与知识经验相互作用,帮助学习者形成新假设和推论,重新解码和梳理知识。该理论强调结合问题进行探究学习,倡导"从做中学"。教师在这一过程中是学习情境的构建者和信息提供者,辅助学生检验假设、获得知识、形成自主学习行为。

认知发展阶段理论和建构主义学习理论突出了学生的主体地位,其重视学生主动建构的课程思想在活动主题设计中具有深远的影响。因此,活动主题设计要有基于问题的内容,能够引导学生主动建构知识。学生主动性、积极性和创造性的培养成为重要的环节,通过创设问题情境,培养学生积极探索以及形成新观点的能力,不断激发学生的潜能,促进学生全面发展。

知识活页

皮亚杰认知发展阶段理论

皮亚杰认知发展阶段理论是瑞士儿童心理学家皮亚杰基于发生认识论、运算逻辑和儿童心理学体系所提出的。个体的认知发展可以分为以下四个阶段。

(1)感知运动阶段(出生至2岁)。相当于婴儿期。这是语言和表象产生前的阶段。这一阶段的主要特点是个体只是依靠感知动作适应外部世界,构筑动作格式。处于这一阶段的个体在认知上的主要成就是:主体与客体分化,以及因果联系的形成。

(2)前运算阶段(2—7岁)。较之前一阶段,这一阶段在某些方面产生了质的飞跃,具体表现在:由于信号功能或象征功能的出现,处于这一阶段的个体开始从具体动作中摆脱出来,可以在头脑里进行表象性思维。这一阶段还可进一步细分为前概念或象征思维阶段(2—4岁)与直觉思维阶段(4—7岁)。

（3）具体运算阶段（7—12岁）。处于这一阶段的个体在认知和思想上体现出两个特点：其一是思维开始具有较大的变易性，出现了可逆性（"运算"概念在皮亚杰理论中本身就意味着一种可逆的动作），能解决守恒问题，能凭借具体事物或形象进行分类和理解逻辑关系；其二是能对具体事物进行群集运算，包括组合性运算、逆向性运算、结合性运算、同一性运算、重复性运算或多余性运算等。这一阶段的运算仍脱离不了具体事物或形象的支持，因此，其运算还是零散的、孤立的，难以组成完整的系统。

（4）形式运算阶段（12岁以后），亦称"命题运算阶段"。这一阶段的最大特点在于：个体的思维已能摆脱具体事物的束缚，不受具体事物内容的局限，能把形式与内容分开，进行抽象逻辑思维，即能运用符号进行命题演算，能根据假设进行逻辑推理。在这一阶段中，个体尽管并未意识到某些形式运算结构的存在，但能运用这些结构去解决实际问题。

（资料来源：百度百科。）

（二）课程设计相关理论

1. 布鲁纳螺旋式课程设计理论

布鲁纳的螺旋式课程设计理论提倡将知识结构化和过程化，根据学科的结构组织课程可以厘清一门课程与其他多门课程的关系，阐明初级知识与高级知识是如何联系起来的，使学生能够对课程内容进行重新认识，并探索课程内容中的高级知识。布鲁纳认为课程应该根据每门重点学科的基本概念与结构的相互关系进行组织，对于要掌握这些基本概念与结构的学生来讲，这些基本概念与结构的相互关系应以一种螺旋上升的方式来展开和再展开。由此可见，布鲁纳的螺旋式课程为主题设计提供了一种整体建构的设计思路，同时强调了主题内容的顺序性和连续性。中小学综合实践活动主题设计最明显的特征表现为顺序性、连续性。设计者在考虑顺序性时，应考虑主题的纵向联系，以及主题内容的层次及其是如何进行重复的。连续性涉及对各次主题的纵向处理，要求对某些知识或者技能的反复予以重视，而这些知识或者技能是设计者认为学生应该在主题实施过程中不断扩展和加深认识的。因此，中小学综合实践活动主题内容设计应遵循由简单到复杂的原则，并为学生创设问题情境。

2. 施瓦布实践性课程设计理论

施瓦布的实践性课程设计理论认为传统的课程探究是"理论性"的，体现的是"加工"的特性，学生所处的地位是被动的。施瓦布提出课程应体现出"实践"的特性，认为课程是一个相互作用的"生态系统"，强调教师和学生的主体作用，重视集体审议的课程开发方式。因此，在综合实践活动课程主题设计过程中，学校应转变观念，准确把握课程的"实践"内涵，重视实践性课程的开发，设计开放性强、操作性强的活动主题，加强对教师、学生的实践能力的培养。同时,实践的探究性、开放性以及生成性的特点决定了师生互助的重要性,因此,学校应借鉴集体审议的方式,着力建立课程研讨机制,鼓励师生合作,共同探讨活动主题设计的原理和具体内容,从而挖掘综合实践活动课程背后的深层次教育意义。

(三)其他相关理论

1.人本主义教育理论

人本主义教育理论强调学生的主体性和自我实现,认为教育应该以学生为中心,关注学生的情感、态度和价值观的培养。在综合实践活动设计方面,人本主义教育理论主张尊重学生的兴趣和需求,通过实践活动促进学生全面发展。

2.课程整合理论

课程整合理论强调不同学科之间的内在联系和相互渗透,主张通过跨学科的综合实践活动,培养学生的综合能力和创新精神。这一理论为综合实践活动设计提供了跨学科的视角,有助于打破学科壁垒,实现知识的整合和应用。

综上,中小学综合实践活动主题设计的理论依据是多元的,这些理论相互补充、相互支持。设计者应综合考虑这些理论依据,结合学生的实际情况和需求,制定具有针对性、可操作性和实效性的活动方案。

知识活页

各国综合实践课程

美国各州根据相应的地区情况及目标,设计不同类型且较为具体的综合实践课程,主要包括科学、技术与社会研究、设计学习与社会参与性学习。

日本中小学课程中设置了名为"特别活动"的综合实践课程,"特别活动"的内容包含传统活动、学生活动和班级指导活动三个方面,但"特别活动"的社会性与生活性之间的联系不够紧密。日本文部科学省发布的《学习指导要领》在中小学课程结构中增设了"综合学习时间"。

英国国家课程标准关于综合实践课程的设计主要集中在社会研究和设计学习等方面。

法国提倡"个别化教育",利用多元途径培养学生的创新精神、提高学生的实践能力,在初中二年级开设"研究性学习课程",取得了良好的效果。随后,又在高中开设 TPE(Travaux Personnels Encadrés)课程,即有指导的学生个人实践试验。

(资料来源:百度百科。)

任务二　主题选择原则与方法

任务描述

本任务旨在帮助读者了解中小学综合实践活动课程的内容,掌握选择主题时应当遵循的原则与方法。

任务目标

了解中小学综合实践活动主题开发主体的基本类型,掌握选择主题的原则和方法。

任务重点

掌握选择中小学综合实践活动主题的方法。

任务难点

能够根据中小学综合实践活动目标,设计合适的活动主题和具体内容。

一、中小学综合实践活动课程的内容

《中小学综合实践活动课程指导纲要》指出,学校和教师要根据综合实践活动课程的目标和学生发展的实际需求,设计活动主题和具体内容,并选择相应的活动方式。

(一)内容选择与组织原则

综合实践活动课程的内容选择与组织应遵循如下原则。

1. 自主性

在主题开发与活动内容选择时,要重视学生自身发展需求,尊重学生的自主选择。教师要善于引导学生围绕活动主题,从特定的角度切入,选择具体的活动内容,并自定活动目标任务,提升自主规划和管理能力。同时,要善于捕捉和利用课程实施过程中生成的有价值的问题,指导学生深化活动主题,不断完善活动内容。

2. 实践性

综合实践活动课程强调学生亲身经历各项活动,在"动手做""实验""探究""设计""创作""反思"的过程中进行"体验""体悟""体认",在全身心参与的活动中,发现、分析和解决问题,体验和感受生活,发展实践创新能力。

3. 开放性

综合实践活动课程面向学生的整个生活世界,具体活动内容具有开放性。教师要基于学生已有经验和兴趣专长,打破学科界限,选择综合性活动内容,鼓励学生跨领域、跨学科学习,为学生自主活动留出余地。要引导学生把自己成长的环境作为学习场所,在与家庭、学校、社区的持续互动中,不断拓展活动时空和活动内容,使自己的个性特长、实践能力、服务精神和社会责任感不断获得发展。

4. 整合性

综合实践活动课程的内容组织,要结合学生发展的年龄特点和个性特征,以促进学生的综合素质发展为核心,均衡考虑学生与自然的关系、学生与他人和社会的关系、学生与自我的关系这三个方面的内容。对活动主题的探究和体验,要考虑体现个体与社会、自然之间的内在联系,强化科技、艺术、道德等方面的内在整合。

5. 连续性

综合实践活动课程的内容设计应基于学生可持续发展的要求,设计长短期相结合的主题活动,使活动内容具有递进性。要促使活动内容由简单走向复杂,使活动主题向纵深发展,不断丰富活动内容、拓展活动范围,促进学生综合素质的持续发展。要处理好学期之间、学年之间、学段之间活动内容的有机衔接与联系,构建科学合理的活动主题序列。

（二）活动方式

综合实践活动的主要方式及其关键要素包含以下内容。

1. 考察探究

考察探究是学生基于自身兴趣,在教师的指导下,从自然、社会和学生自身生活中选择和确定研究主题,开展研究性学习,在观察、记录和思考中,主动获取知识,分析并解决问题的过程,如野外考察、社会调查、研学旅行等,它注重运用实地观察、访谈、实验等方法,获取材料,形成理性思维、批判质疑和勇于探究的精神。考察探究的关键要素包括:发现并提出问题;提出假设,选择方法,研制工具;获取证据;提出解释或观念;交流、评价探究成果;反思和改进。

2. 社会服务

社会服务指学生在教师的指导下,走出教室,参与社会活动,以自己的劳动满足社会组织或他人的需要,如公益活动、志愿服务、勤工俭学等,它强调学生在满足被服务者需要的过程中,获得自身发展,促进相关知识技能的学习,提升实践能力,成为履职尽责、敢于担当的人。社会服务的关键要素包括:明确服务对象与需要;制订服务活动计划;开展服务行动;反思服务经历,分享活动经验。

3. 设 计 制 作

设计制作指学生运用各种工具、工艺(包括信息技术)进行设计,并动手操作,将自己的创意、方案付诸现实,转化为物品或作品的过程,如动漫制作、编程、陶艺创作等,它注重提高学生的技术意识、工程思维、动手操作能力等。在活动过程中,鼓励学生手脑并用,灵活掌握、融会贯通各类知识和技巧,提高学生的技术操作水平、知识迁移水平,体验工匠精神等。设计制作的关键要素包括:创意设计;选择活动材料或工具;动手制作;交流展示物品或作品,反思与改进。

4. 职 业 体 验

职业体验指学生在实际工作岗位上或模拟情境中见习、实习,体认职业角色的过程,如军训、学工、学农等,它注重让学生获得对职业生活的真切理解,发现自己的专长,培养职业兴趣,形成正确的劳动观念和人生志向,提升生涯规划能力。职业体验的关键要素包括:选择或设计职业情境;实际岗位演练;总结、反思和交流经历过程;概括提炼经验,行动应用。

综合实践活动除了以上活动方式,还有党团队教育活动、博物馆参观等。综合实践活动方式的划分是相对的。在活动设计时可以有所侧重,以某种方式为主,兼顾其他方式,也可以整合方式实施,使不同活动要素彼此渗透、融会贯通。要充分发挥信息技术对各类活动的支持作用,有效促进问题解决、交流协作、成果展示与分享等。

向学校推荐活动主题,要落实以下两个方面的内容。

一方面,落实《中小学综合实践活动课程指导纲要》的基本要求:使没开课的学校都能开课,开课的学校开得更好。综合实践活动课程是国家设置的必修课程,与学科课程具有同等地位,每所学校都应该按照国家规定开设这门课程,并常态实施。综合实践活动课程自推行以来,取得了不少成绩,积累了不少鲜活的经验,但仍然存在一些不容忽视的问题。调查表明,有不少学校还没有真正开课,有的已开课的学校存在一定程度的不规范的问题,还有不少学校感到活动类课程设计难度较大,不知道该怎么开设。为了更清晰地呈现每种活动方式可以开展的活动主题,《中小学综合实践活动课程指导纲要》的附件中按四种主要活动方式为中小学不同学段的学生推荐了一定的活动主题样例,一共推荐了152个活动主题,并对每个主题的活动内容、活动形式以及达到的活动目标进行了简要说明。这对于学校和教师正确理解《中小学综合实践活动课程指导纲要》的主旨、有效落实《中小学综合实践活动课程指导纲要》的基本要求,使还没有开课的学校都能把课程开设起来、使开课的学校更规范地实施课程起到了示范和引领作用,为地方和学校进一步加强课程实施过程管理、制定具体实施操作规范指明了方向。

另一方面,落实中央有关部门对专题教育(包括班团队活动等)的要求。教育部、全国少工委、共青团中央及其他部委根据国家和社会发展需要,发布了一些要求在中小学开展专题教育的文件,这些专题教育的内容必须先在国家课程中得以体现,才能在学校教育中真正得到落实。为此,《中小学综合实践活动课程指导纲要》研制组对2000年以来中央有关部门发布的100多个专题教育文件进行了系统梳理和研究,把其中可以作为综合实践活动主题的内容进行了提炼和转化,将各类专题教育,如党中央和社会各界十分关注的中华优秀传统文化教育、革命传统教育、国家安全教育、法治教育、环境教育、知识产权保护等,纳入综合实践活动课程,转化成生动活泼的主题形式进行具体呈现,并根据活动的难易程度分别推荐给不同学段的学生,使专题教育真正落地。

二、中小学综合实践活动主题选择的基本原则

《中小学综合实践活动课程指导纲要》为教师提供了多种多样的主题,但是,如何从众多主题中选择适合的,是实施综合实践活动课程首先要解决的问题,也是广大教师颇感棘手的问题。主题选择应遵循以下基本原则。

(一)考虑学生的兴趣

考虑学生的兴趣基于这样一种教育理念:教育是一个主动的过程,这个过程需要学生自身积极主动付出努力。如果学校提供的情境是学生感兴趣的,那么学生就会主动参与其中,从而能高效掌握这些情境的应对方法。俗话说,兴趣是最好的老师,兴趣还是学习的动力。如果学生没有兴趣,学习将会变成枯燥乏味的事情而难以坚持下去,更谈不上获得良好的效果,但是,如果选了合适的课题,学生的参与热情就会空前高涨,综合实践活动将会获得事半功倍的效果。贯彻这个原则的关键在于教师要能够广泛地了解学生的兴趣,但在实践过程中,要想真正地做到这一点并非易事。这是因为,一方面,学生的兴趣具有一定的不稳定性,不同学生的兴趣之间具有很大的差异性,不同的生活环境、受教育经历、成长阶段都会导致学生产生不同的兴趣倾向。因此,教师要想深入了解学生的兴趣就必须扎根于学校的实际情况,甚至需要在更小的范围内开展调查研究,以获得精准的信息。另一方面,教师在研究学生的兴趣时,需要做到细致而敏锐,而真正做到这一点需要教师付出大量的劳动,这种付出是具有巨大价值的,可以把学生不感兴趣的主题一一排除在综合实践活动课程的"大门"之外。

(二)具有实践价值

学生的兴趣是丰富多彩、包罗万象的,但这些兴趣之中也有许多是怪诞离奇甚至是荒诞可笑的。因此,教师在选择综合实践活动主题时,不能仅仅考虑学生的兴趣,应进行一定的分析、判断和引导,使主题具有一定的目标性,具体可以从以下几个方面入手。

其一,选择的主题要有一定的科学性。例如,教师在了解学生的兴趣时,发现以下几种情况:部分学生沉迷于网络游戏,对虚幻世界充满了好奇,想要进行深入研究;有个别学生长期与老人单独生活在一起,思想中带有一定的迷信色彩,想要研究"如何算命";有的学生出于好奇,想去研究星座。这些主题不适合学生进行研究实践,可能会

给学生带来一些消极影响,因此教师必须加以引导。

其二,对学生参与活动所能获得的学习结果进行科学的预测,分析主题所具有的价值。教师可以从认知,技能,情感、态度与价值观三个维度对学习结果进行考察,思考某个主题能让学生理解哪些方面的概念,这些概念是否对学生当前或将来的生活与学习有用,能让学生综合运用哪些技能来解决实际问题,能让学生获得什么样的情感体验或改变哪些认知和态度,能否增强学生的社会责任感等问题。

其三,对学生的兴趣进行分析,发现隐藏在兴趣背后的问题,并设计出有针对性的主题活动。例如,某学校在对五年级的学生进行调查后发现,有约60%的男生沉迷于电脑游戏,这样的结果是否表明学校应立即开展与电脑游戏相关的综合实践活动呢?答案显然是否定的。该校的教师应为学生设计了一些除游戏以外但与计算机相关的主题活动,如编程、网页制作、电子海报设计等,增进学生对计算机功能的了解,拓宽学生的兴趣范围,从而在一定程度上改善学生沉迷于电脑游戏的现象。

(三)适合学生的能力

教师在实施综合实践活动课程时要考虑到学生的实际情况。一方面,不同年龄阶段的学生的思维发展水平不同。低年级的学生以形象思维为主,因此针对这类学生,教师需要考虑到主题的生动性;高年级学生的逻辑思维有了一定的发展,能够对各种自然现象和生活问题的本质进行思考,因此针对这类学生,教师在设计活动主题时可以体现较强的综合性。另一方面,学生原有的知识经验也会对主题学习的效果产生影响。例如,学校在组织实施"鸟,人类共同的朋友"的课题计划时,可以先安排低年级的学生了解鸟的相关概念,帮助学生对鸟的相关理论知识形成一定的认知,之后组织学生参与相关实践活动,深化学生对所学知识的理解。

(四)促进全员参与

根据学校的实际情况(包括学校所拥有的校内资源和校外资源等),由点带面,选择适合教师、学生及其家长等全员参与的实践课题。同时,学校和教师应密切联系家长,获得家长的支持,通过共同讨论和研究,对活动的内容和方式进行适当调整,因地制宜地开展各项活动。学校应在力所能及的情况下,尽可能地创造条件,助力活动顺利开展。

例如,在科普活动"蚂蚁的字典"中,学生结合自己的生活环境,饶有兴趣地观察蚂蚁的生活习性。参与活动的学生分头行动,在观察的基础上进行对比试验(如蚂蚁进食、蚂蚁搬家等),以日记、故事、连环画等形式将学习收获记录下来,并与其他同学进行分享和交流,由此带动全体学生积极参与、体验乐趣。再如,某校围绕"建设环境友好型校园"这一主题,开展了"我做环保大富翁"实践活动,为全校师生分发"我做环保大富翁"活动卡,要求师生利用该活动卡记录下自己在参与活动时所获得的成绩。该实践活动实现了全员参与,引导参与者关注校园环境,提升合作能力,增强保护环境的意识。

(五)紧密联系生活

"教育即生活,生活即教育。"综合实践活动课程,作为一门面向全体学生的以学生自主选择、直接体验、研究探索为基本学习方式的课程,应引导学生在学习中关注自我、自然、社会等,并在这个过程中形成积极的人生态度。这就要求教师能够从自然界、学生生活以及社会生活的角度去审视活动主题。例如:教师可以针对水资源浪费的现象,组织学生开展"水与我们的生活"主题活动;结合城市道路交通事故频繁发生,造成了一定的人员伤亡和财产损失的现象,组织学生开展"造成交通事故的原因"主题活动;结合土地沙漠化现象,引导学生以"植树造林"为主题开展研究活动。

知识活页

学习生活、家庭生活和社会生活

一、校内的学习生活

学校是学生的主要活动空间,也是开展综合实践活动课程的主阵地。学生在校内的学习生活中难免会遇到一些问题,教师需要引导学生进行调查和探究,从而启发学生运用所学知识分析、思考和解决问题。例如,对于学生之间的攀比现象,教师可以引导学生进行一定的调查和分析总结,让学生组织一些以"朴素""节俭"为主题的宣传、实践活动,帮助学生形成艰苦朴素、勤劳节俭的生活作风。这些活动不仅有助于学生树立正确的价值观,还能培养学生良好的生活习惯。

二、校外的家庭生活

家庭是学生成长和生活的重要场所。在家庭生活当中,父母给予孩子的爱是无私而丰厚的,可是这些被家长疼爱的孩子们却有着不同的表现。有些孩子在家里衣来伸手、饭来张口,不理解父母的辛苦,不懂得怎样去爱父母、回馈父母,更别说帮父母做一些力所能及的事情。教师可以针对这一现象,对学生的家庭生活情况进行调查和归纳总结,从而掌握学生的行为习惯,在教导学生应感恩父母、孝敬长辈之后,组织展开"做爱父母的好孩子"主题活动,引导学生通过该活动,学会理解父母,明确自身的责任和义务。

三、社会生活体验

人无法脱离社会,社会生活体验对于每一个人来说都是非常重要的。社会生活的方方面面影响着学生的思想、意识和行为,因此,教师要善于从社会生活中挖掘有意义的选题,组织学生积极参与相关实践活动。例如,针对雾霾现象,教师可引导学生探究雾霾的形成原因和治理措施等,增强学生的环保意识,培养学生健康生活的理念。

(资料来源:百度百科。)

（六）体现学校特色

综合实践活动课程是一门地方、学校、教师等共同参与课程开发和主题选择的国家课程,因此,应充分体现"国家课程校本化"的原则。历史传统、文化背景、地理环境等方面的因素决定了每一所学校在办学思想和风格上与其他学校存在一定的差异,所开展的综合实践活动也应该是各式各样的。不同地区、不同学校对综合实践活动课程应形成自己的理解,选出能够反映学校特色的课题,走出具有鲜明特色的道路。例如,某校自办学以来形成了一定的办学特色,注重引导学生养成良好的习惯。该校通过成立海洋探索小组、航模队、电脑网络小组、科技小组等,提高学生动脑思考、动手操作、团结合作等方面的能力;通过组织非遗传承小组,帮助学生了解当地文化、风俗习惯,增强学生的文化自信。因此,学校可以结合自身办学特色来选择综合实践活动主题,应注重增强学生的归属感和自信心。

三、中小学综合实践活动主题开发类型

中小学综合实践活动主题开发可以分为三种类型,即以教师为主的开发、师生共同开发和学生自主开发。

（一）以教师为主的开发

教师在实施综合实践活动中扮演着至关重要的角色,既决定了课程资源的识别范围,开发和利用的程度以及发挥效益水平,又是这些课程资源的转化者、开发者及设计者,还肩负着引导学生学习、促进学生发展的重任。为了有效实施活动,教师不仅要投入时间进行实践,还需具备敏锐的观察力,善于发掘和利用一切可用的课程资源。

（二）师生共同开发

课程的构建应当植根于师生共享的生活空间,既要紧密贴合学生的日常生活,充分考虑他们的实际需求,又要引导学生将直观感受转化为深刻理解,实现从认识个别事件、个别现象,到能够科学归纳总结出普遍联系和一般规律的跨越。综合实践活动主题源自学生的真实体验,其形成过程大致包括以下四个关键步骤:问题的提出、主题的萌芽与生成、主题的细化分解、具体研究课题的确立。这一过程实质上是将日常问题提炼为研究课题。学生需培养观察与积累的习惯,针对观察到的现象和问题,定期或不定期地展开探讨。教师应从中筛选出大多数学生感兴趣的问题,并将这些问题精炼为活动主题,在各个主题的大框架下细分出若干个小主题,组织学生进行深入探究。

1. 提出问题

（1）联系生活,激发兴趣。

学生对自己感兴趣的事物往往会更加关注、仔细观察并深入思考,进而提出各种问题。因此,在选题之初,教师应当扮演引导者的角色,鼓励学生从日常生活中挖掘自

己真正感兴趣的问题,以此激发学生的好奇心,增强学生解决问题的积极性。例如,六年级的学生即将面临毕业,选择哪所中学成为他们关注的焦点,同时,他们心中也描绘着理想中学的模样。教师可以借此机会开展以"探索家乡中学"为主题的综合实践活动,鼓励学生结合个人兴趣进行实践研究。通过参与活动,学生能够全面而深入地了解家乡各中学的情况,为选择心仪的中学以及迎接即将到来的中学生活做好准备。

（2）创设情境。

教师可以通过创设情境来激发学生的探究兴趣,应鼓励学生积极提出问题。这一策略有助于教师在短时间内调动学生的积极性,使其迅速进入研究状态。例如,教师可以展示一封书信,并利用信件内容创设情境,组织学生探讨零花钱的支配问题。信中提到,家长因担忧孩子缺乏经济意识,不敢轻易给予孩子过多零花钱,而孩子则将其视为缺乏家长关爱的表现。这一情境迅速引发了学生的热烈讨论。部分学生分享了自己类似的经历,有的学生提出了疑问:如何让家长相信自己具备合理支配零花钱的能力? 判断零花钱使用是否恰当的标准是什么? 更有学生提议进行问卷调查,通过这一方式来了解同龄人的零花钱使用情况,同时收集家长对孩子使用零花钱的看法与建议。这一系列举措极大地激发了学生参与实践活动的积极性,其实践成果也对学生的日常生活产生了积极且直接的影响。

（3）问卷调查。

教师可以利用调查表进行问卷调查,并将其作为一种有效的手段来捕捉学生的问题并以此为基础生成研究主题。在综合实践活动主题选择中,问卷调查法的应用主要体现在以下几个方面:其一,主题确定。通过问卷调查结果,教师可以深入了解学生的兴趣所在、学生关注的焦点,以及学生期望通过活动获得的知识或技能,从而确保所选主题贴近学生的需求,提升活动的吸引力和实效性。其二,需求分析。问卷调查结果能够揭示学生对特定主题的既有认知、学生的期望目标以及希望通过活动达成的具体成果。其三,资源评估。问卷调查结果能反映出学生对现有资源(如学校设施、社区资源等)的认知情况,这有助于教师更有效地整合和利用这些资源,为活动的顺利开展提供有力保障。其四,问题识别。通过问卷调查结果,教师可以提前发现学生在特定主题领域可能遇到的难题或挑战,从而提前制定应对策略,确保学生在活动中遇到问题时能够得到及时有效的帮助。其五,效果评估。在活动结束后,教师可以利用调查问卷收集学生对活动的满意度、学生的学习成果以及学生对活动的改进建议。

（4）话题讨论与社会调查访问。

在指导学生选择活动主题的过程中,教师可以通过组织讨论会的形式,给予学生充分的空间,让学生自由表达个人感兴趣的话题。此外,教师还可以组织学生参与社会调查访问活动,让他们更深入地了解社会,在实际现象和实践中发现问题。在参与这些活动的过程中,学生往往会遇到许多引发他们好奇心的不解之谜和令他们感到费解的现象,这种好奇心和探索欲将激发他们的研究兴趣,进而催生出具体的研究问题。

2. 生成主题

将学生提出的问题成功转化为主题,需要经历一个生成过程。学生的问题五花八门,并不是所有的问题都能成为研究主题。在这一阶段,教师要指导学生把好问题筛选关,根据选题原则对众多的问题进行分类、归纳、整合,最后生成主题。问题筛选很重要,教师应引导学生筛去简单、肤浅的问题,合并重复、相似的问题,对于难以操作的问题建议暂时不选。

3. 主题分解

一旦确定好活动的主题,接下来的任务便是引领学生找到深入研究的切入点。此时,教师需要协助学生对大主题进行细致拆分,明确各个学生需要探索的小主题。教师可以安排学生在小组内部进行交流和讨论,让他们围绕收集到的资料及遇到的问题进行深入思考,挑选出自己愿意深入挖掘的小方向。在大主题被全面拆解之后,教师还需教导学生清晰表述自己的小主题。在这一环节中,教师的指导作用尤为关键,教师需要耐心倾听学生表述自己的疑问,并以此为契机,组织学生开展小组讨论,对提出的小主题进行分类整理与综合提升。

4. 确立课题

最后,师生一起进行总结和提炼,规范问题的表述,形成有研究价值的课题。

总之,从某种程度上说,综合实践活动主题由学生的问题发展而来,在主题的发现和确立方面,教师需要灵活运用自身的智慧。具体而言,教师需要留心学生所关心的和感兴趣的,并在活动中引导学生确定合适的主题。

(三) 学生自主开发

当学生有了开发活动资源的意识(能够主动选择活动内容)和一定的能力,发现并积累了一定问题,思维更为开阔,目标更为明确时,可以选择由学生自主开发主题。

自主开发、选择活动主题,不仅赋予学生选择的自由和权利,还有助于他们在这个过程中进行思索、感知和成长。使学生具备自主开发、选择活动主题的能力,这体现了解决"上什么"问题的较高境界。学生的学习方式由被动学习转变为主动学习,在观察、发现、思索中,学生形成学习的动机和需要。自主开发、选择活动主题,有助于学生进入角色,教师只需在学生选择、确定活动主题时用心给予指导,为顺利开展活动做好充分准备。

四、中小学综合实践活动主题选择方法

(一) 问题驱动法

叶圣陶先生曾说过,生活就如泉源,文章犹如溪水,泉源丰盈而不枯竭,溪水自然活泼泼地流个不歇。在学生充满好奇的眼神里,经常可以看到由一个个生活现象而引

拓展案例
▼

罗源湾滩涂渔业工具调查

拓展案例
▼

小昆虫 大世界

拓展案例
▼

教室环境我布置

发的"为什么",这些可贵的"为什么"便是引导学生进行探究性实践活动的源泉。综合实践活动越贴近学生生活、贴近社会现实,学生就越有积极性,越能较好地完成活动。教师可以结合学生生活实际中的问题,发现那些具有生命力的、鲜活的主题,从而有效地拉近学生与生活的距离,充分发挥综合实践活动的育人功能。

（二）兴趣导向法

综合实践活动课程是一门实践性很强的课程,教师的"教"始终要服务于学生的"学",因此,教师要引导学生选好活动主题。人们常说,"兴趣是最好的老师"。学生的兴趣是确定综合实践活动主题最基本的依据。要建构一个更贴近学生真实生活的课程领域,就必须充分关注学生的兴趣与直接生活经验。主题只有符合学生的兴趣,才能激发学生不断探究、积极参与的内在动力。只要是符合学生身心发展需要的、能充分调动学生的积极性和主动性的问题,都可以是教师的选择对象。教师应在此框架内,以学生的兴趣为选择导向,制定出具体的活动细则,从而有效推进综合实践活动的开展。

（三）整合法

主题应符合学校实际和特色,从而使综合实践活动保持可持续发展。巧妙地将学科拓展类,少先队、党团活动类,社会活动类等方面的优质资源与综合实践活动有机整合,对于优化综合实践活动的主题设计具有十分重要的意义。

1. 整合学科拓展类资源

教师可以引导学生综合学科知识并进行延伸、重组,设计出富有创意的活动主题,如整合语文学科知识确立"我爱读书"活动主题,整合体育学科知识确立"传统民间游戏"活动主题。这些活动主题由学生平时感兴趣的话题发展而来,研究需要一定时间和空间,学生可以在教师的有效指导下,通过小组合作的形式有序完成各项任务。将各学科的相关知识与综合实践活动课程的内容有机整合,有助于学生在自主思考、合作探究中获得自己想要的答案。

2. 整合少先队、党团活动类资源

综合实践活动与少先队、党团活动都以提高学生整体素质为主要目标,以促进学生健康发展为基本导向,倡导让学生主动参与、乐于探究,促进学生全面发展,加强学生的实践体验,强调在实践体验中学习知识、掌握技能、培养情感。教师可以充分挖掘少先队、党团活动中的有利资源,引导学生设计综合实践活动主题,如将班务管理中的活动与综合实践活动进行整合,设计"我是小小值日生""班级星秀""我的教室我设计"等活动主题;围绕学校传统节庆活动(如读书节、科技节、体育节等),设计"我爱经典诵读""玩转科技节""欢乐运动会"等活动主题,教师还可以组织学生围绕大主题,选定自己感兴趣的活动小主题,然后分别进行相关研究活动。将综合实践活动与少先队、党

拓展案例

▼

我的姓氏
大揭秘

团活动有效整合,能够使二者相辅相成,既调动起学生参与校园活动的积极性,又增强了学生的综合实践能力,获得一举两得、事半功倍的效果。

3. 整合社会活动类资源

综合实践活动主题可从学生参与的社会活动中选择。学生的所见所闻、所思所想,都可以成为活动主题的来源,如"重阳节'红领巾'送温暖"主题活动就是学校将综合实践活动与敬老院、社区服务资源进行整合开展的活动。在活动中,学生通过了解重阳习俗,接受爱老、敬老的思想教育。此外,还有一些特殊的日子,如3月12日(植树节)、4月22日(世界地球日)、6月6日(全国爱眼日)等,这些都为组织实施综合实践活动提供了丰富的研究主题。在开展综合实践活动的过程中,教师应合理利用社会生活中的丰富资源,并将其转化为切实可行的活动主题,引导学生用自己的眼睛去观察生活,用自己的心灵去感受生活,用自己的方式去体验生活。

除了以上方法,教师在选择活动主题时还可以综合考虑当下社会热点、学校所在地的特色资源和文化等因素,通过实践活动,让学生了解社会、关注社会,培养学生的社会责任感和公民意识。例如,教师可以利用当地的非物质文化遗产或民俗风情资源,设计以"家乡文化探寻""传统手工艺传承"等为主题的综合实践活动。

任务三　主题命名要求

任务描述

本任务旨在引导读者对中小学综合实践活动主题命名要求形成基本认知,掌握主题命名技巧。

任务目标

掌握中小学综合实践活动主题命名依据及命名技巧,能够针对不同活动内容进行主题命名。

任务重点

针对不同的活动内容进行主题命名。

任务难点

理解中小学综合实践活动主题命名的依据。

一、中小学综合实践活动主题命名依据

（一）教育目标

活动主题名称应直接反映其教育目标。中小学综合实践活动以价值体认、责任担当、问题解决和创意物化为教育目标。例如，如果活动的目标是培养学生的社会责任感，那么活动主题名称可以包含"社区""服务"等词汇。活动主题名称应体现活动的主要教育价值，如科学探索、文化传承、社会实践等。

（二）学生特点

活动主题名称应能够引起学生的共鸣，激发他们的参与热情。应考虑学生的年龄、兴趣、认知水平和心理特征，选择学生熟悉和喜爱的元素，使活动主题名称更具亲和力和吸引力。

（三）活动内容

活动主题名称应准确反映活动的主要内容。例如，如果活动涉及环保主题，那么活动主题名称可以包含"绿色""环保"等词汇。活动主题名称应简洁明了，能够让学生迅速了解活动的主要内容和方向。

（四）学校特色

如果学校有自己的特色或传统，可以将这些元素融入活动主题名称，以体现学校的品牌影响力。应结合学校的办学理念、教育特色和文化氛围，选择相适应的活动主题。

（五）创新性

可以尝试使用新颖、独特的词汇和表达方式，使活动主题名称更具创意和吸引力。可以在确保准确传达活动内容和教育目标的前提下，适度发挥想象力和创造力。

（六）文化敏感性

在命名时，注意避免使用可能引起误解或让他人感到冒犯的词汇，确保活动主题名称在不同文化背景下都能被接受和理解。应尊重多元文化，选择具有普遍性和包容性的活动主题名称。

精心选择和设计的活动主题名称，有助于激发学生的参与热情，提升活动的质量和效果。

二、中小学综合实践活动主题命名要求

中小学综合实践活动主题命名是一个重要环节，不仅要能够准确反映活动的核心

内容,还要能够吸引学生的兴趣,激发学生的参与热情。中小学综合实践活动主题命名要求包含以下几个方面。

(一)简洁明了

活动主题名称应该简洁明了,能够直接传达活动的核心内容和目的。应避免使用过于复杂或冗长的词汇,确保能够便于学生理解和记忆。

(二)具有吸引力

活动主题名称应该具有吸引力,可以借助一些生动的词汇或表达方式,以激发学生的兴趣和好奇心。

(三)与活动内容相关

活动主题名称应该与活动内容紧密相关,能够准确反映活动的主题和重点。应避免使用与活动内容无关或过于宽泛的词汇,确保活动主题名称能够准确传达活动的意图。

(四)体现教育意义

中小学综合实践活动侧重于培养学生的综合素质和能力,因此,活动主题名称应该体现一定的教育意义,能够引导学生思考、探索和实践。

(五)易于记忆和传播

活动主题名称应该易于记忆和传播,便于学生在活动中使用。应避免使用过于生僻或难以发音的词汇,确保活动主题名称能够在学生群体中得到广泛传播。

三、中小学综合实践活动主题命名技巧

中小学综合实践活动主题的命名方式多种多样,以下具体介绍主题命名的相关技巧。

(一)直接描述

直接使用描述性词汇来命名,简洁明了地描述活动的主要内容,如"环保小卫士""科学实验乐园"等。

(二)隐喻或象征

使用隐喻或象征性的词汇,赋予主题更深层次的含义。以"绿色生态行"为例,"绿色"象征环保,"生态行"则寓意对自然环境的探索和保护。

(三)情感共鸣

选择能够引起学生情感共鸣的词汇,激发学生的参与热情,如"爱心传递""梦

想启航"等。

（四）尝试创新

尝试创造新的词汇或短语，使活动主题名称更具创意和吸引力，如"我为班级充'植'"等。

（五）结合地域特色

如果活动具有地域特色，可以结合当地的文化、历史或自然景观来命名，如"古都文化之旅""海滨环保行动"等。

（六）引用名言警句或诗词

引用经典的名言警句或诗词，赋予主题一定的文化内涵，如"读万卷书，行万里路"或"书香行万里"等。

（七）结合时事热点

如果活动与时事热点相关，可以结合当前的社会热点来命名，如"垃圾分类我先行""抗疫小卫士"等。

（八）使用数字或序号

可以使用数字或序号来命名，使活动主题名称更加简洁、易于记忆，如"四季环保行动""五年级科学探索营"等。

（九）提问或启发式命名

以提问或启发式的方式来命名，可以激发学生的好奇心和探索欲，如"为什么天空是蓝色的？"或"探索蓝色天空之谜"等。

（十）结合学生作品命名

如果活动中涉及学生的创意作品展示，可以结合学生的作品来命名，如"小小发明家作品展""手绘校园美景"等。

这些命名技巧可以根据具体的活动内容和教育目标进行选择，结合学校的特色和文化背景，创造出既符合活动要求又具有吸引力的主题名称。

在对中小学综合实践活动进行主题命名时，还需要注意以下几点。

第一，避免过于复杂或晦涩。活动主题名称应该简洁明了，易于理解。避免使用过于复杂、专业性强或学生难以理解的词汇。以"熵增探索"活动主题为例，对于中小学生来说，"熵增"是一个过于专业和生僻的词，可能会让他们感到困惑和产生挫败感。

第二，避免过于笼统。确保活动主题名称能够准确反映活动的核心内容和目标。避免使用过于宽泛的词汇，如"全面发展""综合素质""实践探索"等，这些词汇虽然涵盖面广，但不够具体。

第三,避免带有歧义。确保活动主题名称不会引起误解。在选择词汇时,要考虑到其在不同语境下的含义,避免使用可能引起混淆的词汇。

第四,避免使用敏感或争议性词汇。在进行活动主题命名时,应避免使用敏感或可能引起争议的词汇,这些词汇可能会分散学生的注意力,甚至引发不必要的纠纷。

第五,避免因为过分追求创新而失去意义。虽然创新是吸引学生的重要因素,但活动主题名称的创新不应以牺牲其意义为代价,应确保活动主题名称能够清晰传达活动的目的和价值。

避免上述错误表述,为中小学综合实践活动选择一个恰当、明确、有吸引力的主题名称,将有助于激发学生对活动的兴趣,提升学生的参与度和活动效果。

任务四 研学旅行课程主题设计

任务描述

本任务旨在帮助读者了解中小学综合实践活动课程主题设计与研学旅行课程主题设计之间的联系与区别,掌握研学旅行课程主题设计的方法。

任务目标

掌握研学旅行课程主题的选择方法和命名要求,理解中小学综合实践活动课程与研学旅行课程之间的关系。

任务重点

具备设计研学旅行课程主题的能力。

任务难点

理解中小学综合实践活动课程主题设计与研学旅行课程主题设计之间的差异性。

一、中小学综合实践活动课程主题设计与研学旅行课程主题设计

中小学综合实践活动课程与研学旅行课程在主题设计上具有紧密的联系。其一,教育目标的一致性。二者都旨在通过实践活动促进学生全面发展,增强学生的社会实践能力、创新精神和团队协作能力。其二,强调实践性。二者都强调学生通过亲身经历和实际操作来学习,鼓励学生走出课堂,走进真实的社会生活和自然环境。其三,课

程内容的综合性。二者都不仅仅局限于某一门学科的知识,而是跨学科的综合教育,涉及自然、历史、地理、科技等多个领域。其四,政策支持。二者都得到了教育部的推广和支持,如近几年发布的《关于推进中小学生研学旅行的意见》《中小学综合实践活动课程指导纲要》等政策文件。

二者之间也存在着区别。其一,在实施主体和形式方面,中小学综合实践活动课程通常由学校组织实施,是学校教育的一部分,形式和内容更加多样化,包含社区服务、劳动技术、社会调查等;研学旅行课程涉及更广泛的社会资源,更强调校外教育资源的整合,侧重于通过旅行的方式进行学习和体验,内容多与旅行目的地的文化、历史、自然景观等有关。其二,在时间和空间方面,中小学综合实践活动课程可能在校内或学校周边社区组织实施;研学旅行课程则需要离开学校到更远的地方组织实施,涉及的旅行元素更多。其三,在安全和组织管理方面,相对于中小学综合实践活动课程而言,研学旅行课程由于涉及外出旅行,对安全保障的要求更高,需要更严格的组织管理和严密的应急预案。其四,在课程性质方面,中小学综合实践活动是国家义务教育课程方案和普通高中课程方案规定的必修课程;研学旅行是一种校外教育活动,是综合实践活动课程的组成部分。其五,在课程实施方面,中小学综合实践活动课程实施注重学生主动实践和开放生成,鼓励学生从自身成长需要出发,选择活动主题,主动参与实践;研学旅行课程则是通过集体旅行、集中食宿方式开展的研究性学习和旅行体验相结合的校外教育活动。

二、研学旅行课程主题的选择方法

(一)整合学科资源

综合实践活动课程通过整合不同学科资源来更有效地激发学生的探究兴趣,促进学生综合素养的提升和全面发展。研学旅行课程作为一种综合实践活动课程,通过确定一个核心主题,将各学科中提升学生素养的相关内容串联起来,并围绕核心主题精心策划和设计活动内容。

(二)融合学校活动

2017年,教育部印发《中小学德育工作指南》,强调"要精心设计、组织开展主题明确、内容丰富、形式多样、吸引力强的教育活动","开展节日纪念日活动",利用重要纪念日、主题日设计开展相关主题教育活动。研学旅行课程可以与这些校园德育主题相结合,这不仅丰富了学校德育工作的路径,也为研学旅行课程提供了丰富的素材和主题,有助于进一步完善和发展学校德育工作。

(三)以教育目标为导向

立德树人、发展学生的核心素养等是对我国当前教育目标的精炼表述。核心素养涉及人文、科学、生活、实践等多个方面。无论是课堂教学还是社会实践活动,都需要围绕教育目标来设定主题,如通过参观文化景点来提升学生的文化素养、弘扬爱国主义精神等。

(四)充分利用社区资源

社区属于学生的日常生活场所,但学生往往对社区资源缺乏全面、系统的了解。研学旅行指导师可以充分利用这些资源,结合社区特点来设计研学旅行课程主题,通过融入区域特色文化,让学生在活动中感受文化魅力、提升人文素养。

(五)结合社会热点

研学旅行课程可以让学生感受祖国的大好河山和科技的飞速发展,从而增强学生的国家认同感。高速铁路、节能环保、高科技农业等方面的社会热点都可以成为研学旅行课程的主题。通过了解社会热点和时代发展的最新进展,学生可以更好地了解时代、社会对人才的需求。

(六)转化生活体验与职业体验

生活丰富多彩,职业类型多样。可以结合中小学职业生涯规划课程设置,将生活中的问题和职业体验转化为研学旅行课题,并选定适合的主题开展活动。这种方式有助于学生更好地了解生活和职业,为未来的职业生涯做好准备。

(七)提炼研学旅行指导师的个人经验和兴趣特长

研学旅行指导师在设计研学旅行课程主题时,可以结合自身经验和兴趣特长进行选择,这不仅有助于研学旅行指导师熟悉活动内容,还能更好地激发学生的兴趣,确保活动顺利开展。同时,从研学旅行指导师的兴趣出发设计活动主题,也有利于发挥研学旅行指导师的特长和潜力,提升活动效果。

(八)学生自主选题

在研学旅行课程主题设计过程中,学生可先独立自主地发现问题,然后师生共同筛选问题,并将其转化为课程主题。教师可以通过创设情境来激发学生的创造性思维,引导学生从多方面发现和寻找研究课题,并将问题及时记录下来,转化为研学旅行课程的主题。这种方法能够极大地提升学生的参与积极性和活动效果。

综上,中小学综合实践活动课程与研学旅行课程在主题设计上既相互关联又各有特点,选题方法虽多种多样,但二者都旨在更好地促进学生全面发展。

教学互动

随着经济的发展和消费水平的不断提升,人们对于零食的需求日益增加,这一趋势进而推动了零食种类的不断丰富,学生吃零食的现象也变得十分普遍。健康的零食行为可以在正餐之余为学生提供一定的营养补充;不健康的零食行为则会影响学生正常生长和发育,导致肥胖、龋齿和营养缺乏。随着现代科学技术的不断发展,人们的购物环境发生变化,支付形式也更加智能化,而大部分学生的社会实践能力较弱,为了使学生在数学学科上学习的对"元、角、分"的认识,以及在语文学科上学习的口语交际能力得到实际性的锻炼,现特在小学低年段开展以"小小采购员"为主题的综合实践活动,旨在了解学生的零食行为现状及存在的问题,引导学生形成健康的零食行为,巩固学生所学知识,帮助学生积累一定的社会经验,满足学生的"小主人翁"意识。

请结合材料中综合实践活动的开展背景与主题,分析"小小采购员"主题是依据哪一种方法得出的? 针对此背景,还可以设计哪些综合实践活动主题?

⛵ 项目小结

本项目详细阐述了中小学综合实践活动主题设计的概念,对主题设计的理论依据进行了详细阐述,介绍了选择中小学综合实践活动主题的基本原则和具体方法,以及主题的命名依据和技巧等。

⛵ 能力训练

知识训练
▼

项目六

上合示范区强势崛起,蓄势待发,这一独特优势要求教育更加开放,文化更加多元。上合示范区实验小学乘此东风,积极创建开放、创新、生态、活力的现代化优质教育品牌,使学校成为上合示范区的一张名片、一座桥梁、一种范式,同时也让每一个走进上合示范区实验小学的孩子都能从这里迈好走向世界的第一步,这也体现了学校的责任感。

2023年6月1日,上合示范区实验小学举行"同一个上合 同样的梦想"庆"六一"暨中外人文交流特色活动,来自上合示范区实验小学与巴基斯坦雄鹰国际学校的师生们采取视频会议的形式展开连线,共庆国际儿童节。

上合示范区实验小学校长于霞用流利的英语与巴基斯坦雄鹰国际学校的负责人互相介绍了各自学校的概况并送上了节日祝福。随后来自中巴两国的孩子共同演唱了巴基斯坦民歌《美丽的国土》,优美的音乐将两国孩子的心紧紧连在一起。

上合示范区实验小学的孩子们献上两首中国古诗合唱并展示了精彩的秧歌表演,巴基斯坦雄鹰国际学校的孩子们展现了具有浓郁民族风格的舞蹈。在中国石油大学就读的几位巴基斯坦留学生用本民族语言祝上合示范区实验小学和巴基斯坦雄鹰国际学校的同学们儿童节快乐。

Note

上合示范区实验小学入选首批教育部中外人文交流教育实验区(青岛)中外人文交流特色学校,近年来在中外人文交流方面积极探索创新,与上合成员国学校结成友好姊妹学校,以国际理解教育课程为主线,以丰富多彩的文化活动为载体,加强对学生的国际理解教育,帮助学生树立人类命运共同体意识,培养德智体美劳全面发展且具有国际视野的新时代少年。

请学生以小组为单位,查阅相关资料,结合上合示范区实验小学的地理优势与办校特色,为上合示范区实验小学综合实践活动进行主题设计,并说明主题的选择理由。各小组以 PPT 的形式进行汇报和展示。

项目七
中小学综合实践活动课程资源开发

项目描述

    本项目详细介绍了课程资源的相关概念,以及综合实践活动课程资源的类别和特点,探讨了综合实践活动课程及研学旅行课程资源的开发与利用策略。

项目引入
▼

项目七

项目目标

知识目标

(1) 了解课程资源的相关概念内涵,以及综合实践活动课程资源的类别和特点。
(2) 理解综合实践活动课程资源开发的意义和原则。
(3) 掌握校内资源和校外资源的利用策略。
(4) 掌握研学旅行课程资源的开发与利用策略。

能力目标

(1) 初步具备开发与利用综合实践活动课程资源的能力。
(2) 尝试进行综合实践活动课程资源的开发与利用。
(3) 尝试进行研学旅行课程资源的开发与利用。

素养目标

(1) 能够认识课程资源的重要价值。
(2) 培养问题意识、合作意识和动手实践能力。

知识导图

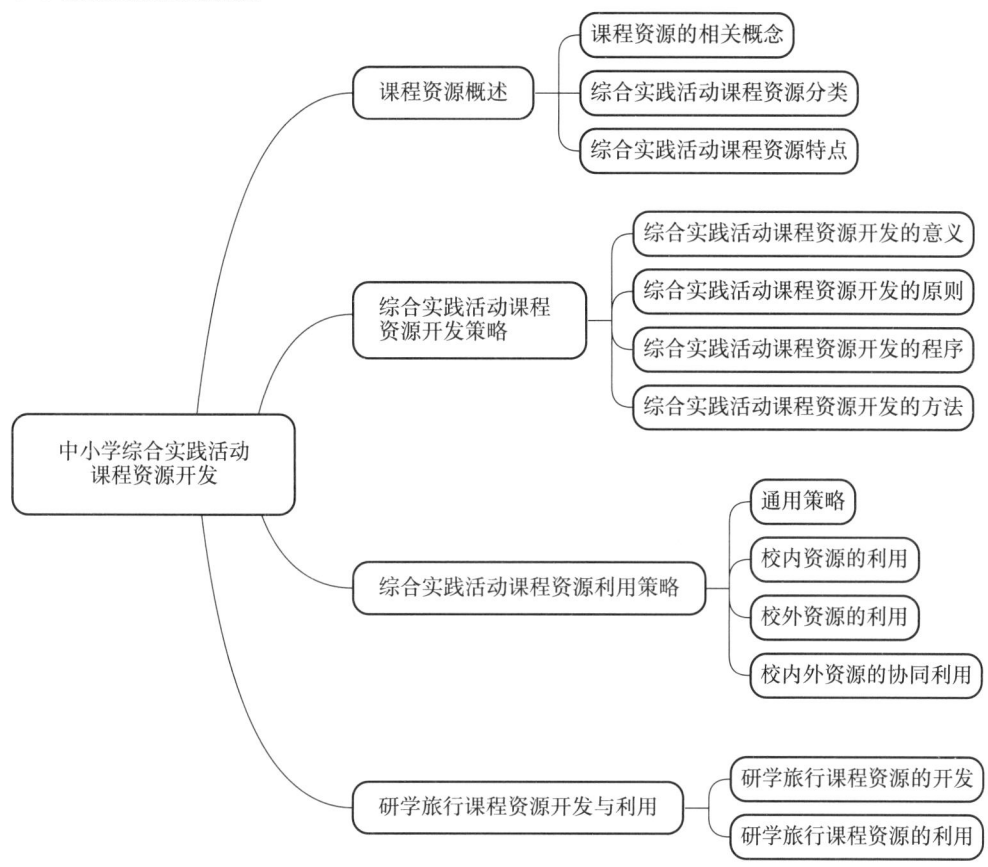

中小学综合实践活动课程资源开发
- 课程资源概述
  - 课程资源的相关概念
  - 综合实践活动课程资源分类
  - 综合实践活动课程资源特点
- 综合实践活动课程资源开发策略
  - 综合实践活动课程资源开发的意义
  - 综合实践活动课程资源开发的原则
  - 综合实践活动课程资源开发的程序
  - 综合实践活动课程资源开发的方法
- 综合实践活动课程资源利用策略
  - 通用策略
  - 校内资源的利用
  - 校外资源的利用
  - 校内外资源的协同利用
- 研学旅行课程资源开发与利用
  - 研学旅行课程资源的开发
  - 研学旅行课程资源的利用

 # 任务一 课程资源概述

任务描述

本任务对课程资源的相关概念内涵,以及综合实践活动课程的类别、特点等进行介绍。

任务目标

能够辨析资源、课程资源、综合实践活动课程资源等概念,掌握综合实践活动课程资源的类别和特点。

任务重点

掌握综合实践活动课程资源的分类方式。

Note

任务难点

掌握综合实践活动课程资源的特点。

一、课程资源的相关概念

（一）资源

资源，是对一国或一定地区内拥有的物力、财力、人力等的总称，可分为自然资源和社会资源两大类，前者如阳光、空气、水、土地、森林、草原、动物、矿藏等，后者包括人力资源、信息资源以及通过劳动创造的各种物质财富等。

知识活页

　　马克思认为，"劳动和土地，是财富两个原始的形成要素"（《资本论》，人民出版社，2018年版）。恩格斯认为，"其实，劳动和自然界在一起它才是一切财富的源泉，自然界为劳动提供材料，劳动把材料转变为财富"（《马克思恩格斯选集》，人民出版社，1995年版）。马克思和恩格斯的上述论断，既指出了自然资源的客观存在，又把人的因素（包括劳动力、技术等）视为财富的另一不可或缺的来源。

　　可见，资源既包含自然资源，又包含人类劳动的社会、经济、技术等方面的因素。由此可知，所谓"资源"，是对一切可被人类开发和利用的物质、能量和信息的总称，其广泛地存在于自然界和人类社会中，是一种自然存在物或能够给人类带来财富的财富。或者说，资源就是指自然界和人类社会中一种可以用以创造物质财富和精神财富的具有一定量的积累的客观存在形态，如土地资源、矿产资源、森林资源、海洋资源、石油资源、人力资源、信息资源等。

　　（资料来源：百度百科。）

（二）课程资源

课程资源是指形成课程的基本要素以及实施课程所必需的各种条件和资源，它涵盖了课程设计、实施和评价过程中可以利用的所有物力、人力以及自然资源。这些资源既包括显性的教材、教学设备等，也包括隐性的校园文化、师生关系等。课程资源对于丰富课程内容、优化课程结构、提升教学效果以及促进学生全面发展具有重要作用。在教育教学实践中，应该充分开发和利用各种课程资源，以满足不同学生的学习需求，提高教育教学质量。

（三）综合实践活动课程资源

综合实践活动课程资源是指在综合实践活动课程体系中,能够有效促进课程目标达成、推动课程实施以及服务于教育教学活动的各种因素与条件。

相对于一般课程,综合实践活动课程资源更具明确性和针对性,可直接转化为综合实践活动课程内容,或者为课程实施提供有利条件。本质上,综合实践活动课程资源服务于教育,旨在促进综合实践活动课程的顺利开展及课程目标的达成。

二、综合实践活动课程资源分类

（一）按照空间分布划分

按照空间分布,可以将综合实践活动课程资源划分为校内课程资源和校外课程资源。

1. 校内课程资源

校内课程资源指的是学校内部可利用的各类资源,包括物质资源与设施、人文资源、活动资源等。物质资源与设施主要包括校内图书馆、实验室、专用教室、动植物标本、矿物标本、教学挂图、模型等;人文资源主要包括校内教师、学生、班级组织、学生社团以及校园文化环境等;活动资源主要包括学校组织的运动会、音乐节、话剧节、科技展览等各类活动。

2. 校外课程资源

校外课程资源涵盖家庭资源、社区资源、社会资源、自然资源等。家庭资源包括家长的职业技能、家庭藏书及家族历史等;社区资源包括人力资源、文化地标、地方特色、风俗习惯和公共设施等;社会资源涉及社会事件、热点话题和典型社会现象等;自然资源包括自然环境、自然现象、天文现象和自然物产等,这些是生存的基础资源,也是重要的课程资源。

（二）按照存在形态划分

按照存在形态,可以将综合实践活动课程资源划分为物力资源和人力资源。

1. 物力资源

物力资源是以物质形态存在的课程资源,包括课程教材、参考书籍、教学设备、实验器材、教学场所等。这些资源为综合实践活动课程的开展提供了必要的物质基础和条件支持,能够直接或间接地转化为课程内容,丰富教学形式,拓展教学空间。

2. 人力资源

人力资源是以人为载体存在的资源,包括学科专家、教师、学生以及家长等。学科专家可以为课程的设计、实施提供专业的指导和建议,帮助优化课程内容和教学方法;

教师是综合实践活动课程的主要组织者和引导者,其专业素养、教学经验和教育理念直接影响课程的实施效果;学生作为课程的主体,其兴趣、需求、经验和能力也是重要的课程资源,教师可以根据学生的实际情况灵活调整课程内容和教学策略;家长则可以为课程的实施提供支持,如参与组织实践活动、提供相关资源等,从而形成家校共育的良好氛围。

（三）按照功能划分

按照功能,可将综合实践活动课程资源划分为素材性课程资源和条件性课程资源。素材性课程资源主要为综合实践活动课程提供素材,是学生学习与收获的对象,包括知识、技能、经验、活动方式与方法、情感态度和价值观以及培养目标等方面的因素。条件性课程资源虽对综合实践活动有影响,但并非课程的直接来源,包括直接决定课程实施范围和水平的人力、物力和财力,如时间、场地、媒介、设备、设施和环境等因素。

综合实践活动课程资源开发包含以下几个方面。

（1）学生活动资源包。教师或学校在开发学生活动资源包时,需依据课程目标、学生兴趣和认知水平,精心筛选资料,创新设计活动形式。此外,教师应充分考虑区域及学校活动领域目标,精选具有关联性、典型性、教育性及趣味性的知识、图片等资源,整合文本、图像、音视频等多元载体,可以有机融入地方名人轶事、非遗技艺、民俗典故等。

（2）学生活动工具包。教师在开发学生活动工具包时,需整合校内外资源,丰富活动内容;设计多样化的活动形式,如项目式学习、小组合作等;提供活动手册、工具模板等,帮助学生顺利完成活动任务;建立过程性评价机制,记录学生表现,根据反馈及时调整工具包内容,如观察计划表、调查计划表、活动反思卡等。

（3）教师指导手册。为了帮助教师精准把握课程理念与实施要点,提供丰富的教学案例与方法指导,助力教师高效组织活动,学校可以开发一些有利于提升教师认知的文本资料,如教师指导用书、案例集或资源包等。

（四）按照物理特性和呈现方式

1. 文字资源

文字资源包括书籍、期刊等,为学生提供理论知识和背景信息,帮助学生构建知识体系,是开展实践活动的重要基础。

2. 实物资源

实物资源涵盖实验器材、工具、材料等,为学生提供了动手操作和实践探究的物质基础,有助于培养学生的动手能力和解决实际问题的能力。实物形式的课程资源具有直观、形象、具体的特点,是常用的课程资源。

3. 活动资源

活动资源如学校组织的各类实践活动、社团活动、社区服务等,为学生提供了丰富的实践场景和体验机会,有助于学生在真实情境中应用知识、提升能力。

4. 信息化资源

信息化资源包括网络平台、多媒体课件、在线课程等,能够为学生提供丰富的学习资源和便捷的学习方式,拓宽学生的学习视野,提升学生的学习效率和效果。

综合实践活动课程资源分类标准的多样性,证实了综合实践活动课程资源存在不同的类别与存在形式,体现了综合实践活动课程资源的丰富性以及开发、利用的灵活性和多元性。

三、综合实践活动课程资源特点

(一)多样性

综合实践活动课程资源是极为多样且丰富的。它并不局限于教材和校园内部,而是广泛存在于学生的学习和生活环境中,任何有助于课程实施和教育目标达成的资源都可以被视为综合实践活动课程资源。尽管不同地区间的发展存在差异,导致部分区域或学校面临资源匮乏的问题,但素材性课程资源依然十分充裕。这些资源涉及饮食、健康、自然、教育、风俗习惯、社区文化生活、历史传统以及社会热点等多个方面。

(二)整合性

综合实践活动课程资源的整合性强调将不同类型、来源和形式的资源进行有机组合与系统化管理,以最大限度地实现教学目标。教师需根据教学内容和学生需求,将文字资源、实物资源、活动资源以及信息化资源等进行整合,这不仅可以避免资源的重复和浪费,还能使各资源之间相互补充、相互促进,形成协同效应,为学生提供全面、连贯的学习体验,提升教学效果。

(三)动态性

综合实践活动课程资源的动态性显著地体现在其区域性与变迁性两个方面。区域性意味着综合实践活动课程资源因地理位置、文化背景的不同而各具特色,不同区域的资源差异为教育者提供了多样化的素材。变迁性则表明综合实践活动课程资源并非一成不变,它们会随着时间的推移、社会的发展以及科技的进步而不断更新和演变,为教育活动注入新的活力。

(四)开放性

综合实践活动课程资源的开放性意味着资源的获取和使用不受限于特定的场所或时间。综合实践活动课程资源不仅来源于学校内部,还可以来自家庭、社区、社会。

例如,博物馆、科技馆等都可以转化为学生的学习场所。开放性的综合实践活动课程资源能够拓宽学生的学习空间,使学生接触到更加多元的知识和文化,培养学生的社会参与意识和全球视野。

任务二　综合实践活动课程资源开发策略

任务描述

本任务主要介绍综合实践活动课程资源开发的意义、原则、程序、方法等。

任务目标

了解综合实践活动课程资源开发的意义及原则,掌握综合实践活动课程资源开发的程序和方法。

任务重点

掌握综合实践活动课程资源开发的程序。

任务难点

掌握综合实践活动课程资源开发的方法。

一、综合实践活动课程资源开发的意义

(一)为综合实践活动实施提供必要条件

综合实践活动课程资源的开发为综合实践活动的顺利开展奠定基础。通过整合校内外的文字、实物、活动和信息化资源,教师能够为学生设计出多样化的实践活动,确保每个活动都有足够的资源支持。例如,实验器材、工具等实物资源为学生的动手操作提供了可能,而网络平台和多媒体课件等信息化资源则为学生提供了便捷的学习途径,拓宽了学习空间。

(二)满足学生多样化学习需求

多样的综合实践活动课程资源能够满足学生的个性化需求。丰富的文字资源为学生提供了理论知识,实物资源为学生提供了实践操作的机会,活动资源为学生提供了体验和交流的平台,信息化资源则为学生提供了更广泛的学习选择。

（三）促进教师专业发展

综合实践活动课程资源开发不仅为学生提供了学习支持，也为教师的专业成长提供了契机。教师在开发和整合课程资源的过程中，需要不断学习新的知识和技能，提升自身的课程设计能力和教学水平。通过参与课程资源开发，教师能够更好地理解综合实践活动的课程理念和实施方法，从而更有效地指导学生开展实践活动，提升教学质量。

（四）推动课程改革与创新

综合实践活动课程资源开发是推动综合实践活动课程改革的重要手段。通过整合和优化各类课程资源，教师可以设计出更具创新性和实效性的教学活动，丰富课程内容，优化教学方式。这种创新不仅有助于提升课程的吸引力和教育效果，还能为学校的课程改革提供新的思路和方法，推动教育教学的整体发展。

二、综合实践活动课程资源开发的原则

（一）目标导向原则

资源开发需明确目标，避免盲目性，使资源服务于学生的全面发展。综合实践活动课程资源开发应紧密围绕综合实践活动课程目标，确保资源的选取与整合能够有效支持教学目标的达成。

（二）系统性原则

综合实践活动课程资源开发并非简单的引进与照搬，开发者要依据地域特色、学校条件、学生特征、教师能力及教学主题等多维度差异，采取因地制宜、因时制宜、因人制宜的策略，实现资源的精准选择与有效整合。在开发过程中，开发者需全面考量学生的情况，既要关注普遍性需求，也要重视个别学生的特殊性，如知识水平、技能掌握情况和个人素质背景等方面。同时，开发者应充分考虑教师的专业知识优势、个性特点及教学专长，确保所选资源与教师的教学风格及能力相匹配，从而提升教学效果。

（三）因地制宜原则

综合实践活动课程资源开发要注意体现地方课程资源的独特性和丰富性，并注意对区域内课程资源进行整合，凸显区域教育特色。同时，要结合学校现有的条件进行课程资源开发，分阶段、有步骤地加以建设。在主题内容的开发上，要结合当地、学校以及学生的实际，开发出学生熟悉和感兴趣的课题，提升学生的参与兴趣和课程实施的可能性。

（四）主体性原则

综合实践活动课程以学生为中心，开发者应充分考虑学生的兴趣、需求和认知水

平,开发符合学生特点的课程资源。课程资源应具有趣味性和挑战性,能够激发学生的学习积极性,促进学生主动参与实践活动。

(五)经济性原则

开发者在开发综合实践活动课程资源时,应根据学校的实际,合理地配置时间、场所、资金以及人员,对人力和财力进行统一管理,优先选择成本低、效益高的课程资源。

三、综合实践活动课程资源开发的程序

综合实践活动课程资源开发的基本程序具体包括以下几个方面。

(一)组建课程资源开发小组

课程资源开发小组通常由学校管理层、教师代表及学生代表等组成。小组主要任务是全面规划课程资源开发的蓝图,确保开发工作能够有序进行。小组成员共同拟订课程资源开发计划,编制课程指导书,明确开发的目标、内容、方法以及时间表,为开发工作提供清晰的指导。

(二)调研分析及资源整合

对学生的身心发展特点、知识背景、兴趣倾向、能力及需求,教师的专业知识、技能储备与教学经验,考察学校内部设施、图书资料、教材资源等,以及校外可利用的自然资源、社区资源等。根据需求分析的结果,选择与教学目标相符、适合学生特点的资源。

(三)拟订课程资源开发计划

制定课程资源开发的总体方案,包括指导思想、时间安排、活动模式、组织架构与实施策略等方面的内容。组织师生申报课程资源,并对申报的课程资源进行筛选和评估,确保资源的可行性和有效性。

(四)构建并优化课程资源库

主要包括设计架构、登记管理与评估调整。首先,设计课程资源库的整体架构,包括资源的分类、存储方式以及检索系统等。其次,建立课程资源登记表,详细记录课程资源的类型、权属、获取途径、开发进展及使用须知等信息,实施分类存储和统一管理。最后,对课程资源进行定期评估和调整,确保课程资源的时效性、实用性和安全性。

(五)高效利用课程资源

全面把握本校课程资源的基本情况,熟悉课程资源库的建设现状。结合本校学生的独特性、当前社会发展趋势及选题导向,深入挖掘并精选符合主题需求的课程资源。

Note

（六）课程资源开发的评估与反馈

对课程资源开发的效果进行评估，包括课程资源的适用性、有效性、学生满意度等。对课程资源进行持续优化和更新，以提高课程资源的质量和利用率。

四、综合实践活动课程资源开发的方法

（一）调查收集法

调查收集法是综合实践活动课程资源开发的重要方法，是指通过问卷调查、访谈、观察等方式，从调查对象处获取课程资源开发所需信息。学生通过调查收集过程，能有效提升信息收集与处理能力、沟通交流能力、合作创新能力等多方面的能力。例如，在"社区生态环境调研"主题活动中，学生可以实地观察社区的绿化情况、垃圾处理方式，与社区居民进行交流，了解他们对环境问题的看法，从而收集第一手资料，为开发高质量的课程资源奠定基础。

（二）资源整合法

资源整合法是指将现有的文字资源、实物资源、活动资源和信息化资源进行有机整合，形成系统化的课程资源体系。资源整合可以避免资源的重复和浪费，提高资源的利用效率。例如，将教材内容与实验器材、实践活动相结合，以此为基础设计教学活动。

（三）外部引入法

外部引入法是指邀请校外专业人员走进校园，参与综合实践活动课程的组织与实施。开发者在使用该方法时，需要做好以下工作。

1.详细梳理外部人员信息

全面了解本社区相关专业人员的专长、成就、联系方式等信息，并做好详细记录。同时，对引入的课程资源进行系统登记，包括课程资源的名称、形式、类型、特点、用途、使用效果、现状，以及提供者的相关信息，以便课程资源的后续管理和调用。

2.分类管理外部人力资源

根据课程主题，对校外专业人员进行分类，确定校外指导教师人选，邀请他们参与课程资源开发和活动指导。应建立完善的课程资源保管制度，即开发者应将课程资源素材及相关说明交给专门的保管人员，由其分类整理、登记造册、编制索引。使用者借阅时须遵守相关规定，妥善使用，使用完毕后及时归还，如有损坏或丢失应及时做好补救措施。例如，"校园科技节"主题活动邀请了当地科技工作者进校指导学生开展科技创新项目，以提升主题活动的专业性和科学性。

（四）借鉴转化法

借鉴转化法是指借助科学研究成果和社会活动资源，开发适合作为综合实践活动课程资源的方法，主要包括直接应用、间接应用与综合应用。

1. 直接应用

直接应用是指将自然、社会和人文领域的资源直接运用到综合实践活动中。例如，组织学生参加社区文化节，让学生、教师、家长和社会各界人士共同参与，体验不同角色，或者将某件艺术作品直接用于艺术鉴赏活动，让学生直观感受艺术的魅力。

2. 间接应用

间接应用指的是借助现有的课程资源，开发新的可用资源，包括一次间接应用和多次间接应用。

（1）一次间接应用，指利用某种课程资源开发新的课程资源，并应用于实践活动。例如，在开展"历史文化探秘"主题活动时，教师难以直接获取某些珍贵史料，但得知某学生的家长与相关研究人员有所来往，便巧妙利用学生家长的人脉资源获取了所需的史料。

（2）多次间接应用，指通过多次借助现有课程资源开发新的课程资源，不断丰富课程资源库。例如，在"交通安全宣传"主题活动中，教师了解到某学生的家长是交警，通过学生说服家长、家长又邀请了优秀交警进校指导，为主题活动提供了专业支持。

3. 综合应用

综合应用指的是根据活动的整体规划，对多种课程资源进行整合、改造和创新，形成新的课程资源。例如，在设计"校园运动会"主题活动方案时，教师先让多个小组分别设计初步方案，然后选取其中一个较好的方案作为基础，融入其他方案的优点，最终形成一个完善的活动方案。

任务三　综合实践活动课程资源利用策略

🔘 任务描述

本任务主要介绍了综合实践活动课程校内资源与校外资源的利用策略等方面的内容。

任务目标

能够识别校内资源与校外资源,掌握校内资源利用、校外资源利用以及校内外资源的协同利用策略,具备设计综合实践活动课程的能力。

任务重点

掌握校内资源与校外资源的利用策略。

任务难点

基于校内外资源进行综合实践活动课程设计。

在综合实践活动课程的实施过程中,合理利用课程资源是确保课程效果的关键。有效的资源利用策略不仅能丰富学生的学习体验,还能提升教学效果,促进学生全面发展。

一、通用策略

(一)整合资源,形成体系

无论是校内资源还是校外资源,都应进行系统整合,形成完整的课程资源体系。例如,可以将图书馆的图书资源与实验室的实验项目相结合,设计"理论与实践相结合"主题活动;可以将社区文化资源与自然环境资源相结合,开展"文化与自然的融合"主题活动。

(二)动态更新,保持时效性

社会在不断发展,科技也在逐渐进步,因此,课程资源也需要不断更新。教师应关注最新的教育理念和科技动态,及时引入新的课程资源。例如,可以结合最新的科技成果,更新实验室的实验项目;可以利用网络平台,引入在线课程和多媒体资源,丰富教学内容。

(三)注重学生参与,激发学生学习兴趣

在课程资源开发与利用的过程中,应充分考虑学生的兴趣和需求,鼓励学生参与课程资源的开发和利用。例如,可以让学生参与设计"校园文化节"主题活动方案,提出自己的创意和想法;可以组织学生参与社区调研,撰写调研报告,提出自己的见解和建议。

（四）加强合作，提升资源利用效率

学校应加强与家庭、社区、企业等的合作，共同开发和利用课程资源。例如，学校可以与家长合作，开展亲子实践活动；可以与社区组织合作，开展社区服务项目；可以与企业合作，开展职业体验活动。通过多方合作，提升资源利用效率，为学生提供更丰富的学习体验。

二、校内资源的利用

校内资源是综合实践活动的基础，包括图书馆、实验室、校园文化等。这些资源便于学生获取和使用，能够为学生提供丰富的学习支持。校内资源一览表如表7-3-1所示。

表7-3-1　校内资源一览表

序号	资源类型	具体资源名称	资源位置	资源数量	资源所属部门	负责人	负责人联系方式	备注
1	学校图书馆资源							
2	实验室资源							
3	校园文化资源							
4	信息中心资源							
5	其他							

学校图书馆是知识的宝库，丰富的图书、期刊、电子资源等可以为综合实践活动提供坚实的理论支持。教师可以引导学生利用学校图书馆资源开展主题研究，如开展"家乡的历史变迁""科技与生活"等主题研究，通过查阅资料、撰写报告，培养学生的信息素养和研究能力。

实验室是学生进行科学探究的重要场所。教师可以结合课程目标，设计实验项目，如"植物的生长与环境""化学反应的探究"等，让学生在动手操作中理解科学原理，培养科学思维和实践能力。

校园文化资源包括校史、校训、校园景观等，这些资源蕴含着丰富的教育价值。例如，可以通过讲述校史故事，引导学生了解学校的发展历程，增强学生的归属感和责任感；可以利用校园景观开展"校园植物种类调查""校园建筑美学"等主题活动，让学生在校园中发现美、创造美。

信息中心的多媒体资源、网络平台等为学生提供了丰富的学习材料和便捷的学习方式。教师可以利用这些资源开展在线学习、多媒体制作等活动，拓宽学生的学习视野，提升学生的学习效率。

三、校外资源的利用

校外资源能够为学生提供更广阔的学习空间,增强课程的实践性和社会性。校外资源包括社区资源、自然环境资源、企业和社会组织资源等。校外资源一览表如表7-3-2所示。

表7-3-2　校外资源一览表

序号	资源类型	具体资源名称	资源位置	资源数量	资源所属部门	负责人	负责人联系方式	备注
1	社区资源							
2	自然环境资源							
3	企业和社会组织资源							
4	其他							

社区是学生生活的重要场所,蕴含着丰富的教育资源。例如,社区的博物馆、图书馆、科技馆等文化场所,可以为学生提供丰富的学习体验。教师可以组织学生参观博物馆,开展"历史文物背后的故事"主题活动;可以利用社区图书馆的资源,开展"社区阅读分享会"主题活动,拓宽学生的知识面。

自然环境资源是综合实践活动的重要资源之一。学校可以组织学生开展"自然观察""生态调研"等主题活动,如在公园观察植物的生长周期、在河边调查水质情况等。这些主题活动不仅能让学生亲近自然,还能培养他们的环保意识和科学探究精神。

企业和社会组织是社会经济活动的重要参与者,也是综合实践活动的重要资源。学校可以与当地企业合作,开展"职业体验""企业调研"等主题活动,让学生了解不同职业的特点和要求,增强学生的职业规划意识。同时,学校可以与社会组织合作,开展"社区服务""公益项目"等主题活动,培养学生的社会责任感和公民意识。

四、校内外资源的协同利用

综合实践活动课程资源的有效利用,关键在于突破校内外资源的割裂状态,通过系统性策略实现二者的深度协同与动态增值。校内资源是课程的"根基",校外资源是课程的"活水",二者互补共生,共同构建真实、开放、可持续的实践生态。以下从立体化整合、动态优化、技术赋能等方面阐述校内外资源的协同利用策略。

(一)立体化整合策略:构建"双循环"资源网络

1.校内资源的精细化开发

校内资源的精细化开发主要包括学科资源转化与空间功能重构。

学科资源转化指将学科知识转化为实践工具。例如,可以将物理实验室用于校园声光污染监测,将语文课程与校园广播剧创作相结合等。某中学利用生物实验室开展"校园微生物图谱"项目,引导学生采集不同场所的样本并进行分类研究,并将研究成果纳入校本课程资源库。

空间功能重构指通过重新规划、设计或赋予传统物理空间新功能,将其转化为支持综合实践活动的教育场景。空间功能重构的核心是打破空间固有用途的局限,挖掘空间的潜在教育价值,并使之成为学生实践探究、协作创新的载体。空间功能重构如表7-3-3所示。

表7-3-3 空间功能重构

校内空间	传统用途	实践功能拓展	校外联动示例
教学楼走廊	通行	布置学生作品展、社会议题宣传栏	联合社区举办楼道文化设计比赛等
学校食堂	就餐	开展"食物浪费调研""营养配餐实验"主题活动	邀请营养师开设健康饮食主题讲座

2. 校外资源的场景化嵌入

校外资源的场景化嵌入主要包括社区资源的深度利用以及对企业资源与自然资源的课程化改造。

社区资源的深度利用指学校与社区从单向资源借用转向双向价值共创,通过共解实际问题(如老旧小区改造、公共健康调研等),让资源转化为学生实践能力和社区发展能力的双重驱动力。例如,学校可以联合社区卫生服务中心开展"青少年心理健康调研与干预"主题活动;学校可以组织学生参与社区老旧小区改造,尝试提出公共空间微更新方案,这种合作模式将单向"参观访问"升级为"问题共解"。

对企业资源与自然资源的课程化改造指将生产场景或自然场景转化为结构化课程项目(如工厂生产线分析、农业生态链探究等),通过任务驱动引导学生解决实际问题,实现教育资源与产业价值、生态价值的双向转化。例如,可以将农场研学中的采摘体验升级为农业经济链探究(种植—加工—销售);可以在工厂研学中,引导学生分析生产线流程,尝试设计智能质检优化方案。校内外资源协同利用模型如表7-3-4所示。

表7-3-4 校内外资源协同利用模型

实践主题	校内资源	校外资源	协同形式	成果输出
城市垃圾分类优化	化学实验室(成分分析)	环卫部门(参观垃圾处理厂)	数据分析+实地调研+方案设计	《校园垃圾分类智能管理系统》
乡村非遗活化	美术教室(设计工具)	非遗工坊(邀请非遗传承人进行指导)	传统技艺学习+现代文创产品开发	非遗元素文创市集

（二）动态优化策略：资源迭代的双向反馈机制

1. 校内资源的弹性更新

校内资源的弹性更新指学校根据学生的实践反馈与课程需求的变化，动态调整资源供给（如设备升级、空间功能转换等），以灵活适配多样化、生成性的教学活动。例如，可以设计"校内资源使用效能评估表"，定期优化资源配置。校内资源使用效能评估表如表7-3-5所示。

表7-3-5　校内资源使用效能评估表

资源类型	使用频率	学生满意度	创新性应用案例	优化建议
3D打印实验室	高	较为满意	制作古建筑模型并应用于历史课学习	增设开源设计资源库
校园气象站	低	一般满意	仅用于辅助数据记录	可以与主题活动相关联，如结合校园气象站资源设计"气候变化辩论赛"等主题活动，以提高校园气象站的使用频率

2. 校外资源的可持续合作

校外资源的可持续合作主要包括学校与校外机构间制定契约化合作和动态退出机制。契约化合作机制指的是学校与校外机构签订长期协议，明确权责（如企业提供实践基地、学校输出研究成果等）。动态退出机制指的是对于利用率低、反馈差的资源方（如缺乏互动性的博物馆等），学校应及时调整与资源方的合作形式或替换合作伙伴。

（三）技术赋能策略：数字化工具的跨界融合

1. 校内资源的虚拟延伸

校内资源的虚拟延伸指通过数字化技术（如VR/AR、3D建模、云端平台等）将实体校园资源（如实验室、图书馆、生态园等）转化为可交互、可拓展的虚拟场景，打破时空限制，支持学生沉浸式探究与跨地域协作，实现"物理空间＋数字空间＋学习体验"的深度融合。例如，学校可以创设虚拟实验室，通过VR模拟高风险实验（如化学爆炸应急演练等）。

2. 校外资源的云端整合

校外资源的云端整合指通过云计算、大数据等技术，将分散的校外实体资源（如博物馆、科研机构、实践基地等）进行数字化集成与智能管理，构建可共享、可协作的虚拟资源网络,突破时空限制,支持师生远程调用、实时交互等。例如,学校可以邀请企业工程师在线指导校内学生进行工业机器人编程实践。

任务四　研学旅行课程资源开发与利用

任务描述

本任务主要对研学旅行课程资源的多维开发与综合利用等进行介绍。

任务目标

掌握研学旅行课程资源的开发及综合利用策略,具备设计研学旅行课程的能力。

任务重点

掌握研学旅行课程资源的开发与利用策略。

任务难点

能够合理利用研学旅行课程资源。

一、研学旅行课程资源的开发

(一)创建多元开放的研学旅行资源环境

在构建多元开放的研学旅行资源环境方面,首要任务是整合各类教育资源,打破传统教育模式的局限。这包括将学校教育资源与社会教育资源有机融合,如博物馆、科技馆、历史文化遗址等,都可以成为学生研学旅行的生动教学场所。通过组织参观、体验等活动,学生能够在真实的社会环境中学习,拓宽视野,增长见识。同时,这种资源的整合也促进了教育公平,使得更多学生有机会接触到优质的教育资源,享受到研学旅行带来的乐趣和收获。

要想营造更加开放的研学旅行氛围,需要加强校际、区域乃至国际的交流与合作。学生可以通过参与跨校、跨区域的研学旅行活动,体验到不同地域的文化特色,增进对多元文化的理解和尊重。此外,还可以积极引进国际先进的研学旅行理念和项目,借鉴其成功经验,不断提升我国研学旅行的发展水平。这种开放性的交流与合作,不仅有助于培养学生的国际视野和跨文化交流能力,还能推动我国教育事业的国际化进程。

在创建多元开放的研学旅行资源环境过程中,还需要注重信息技术的融合应用。可以利用大数据、云计算、人工智能等现代信息技术手段,构建智能化的研学旅行服务平台,为师生提供更加便捷、高效的服务。此外,还可以通过虚拟现实(VR)、增强现实(AR)等先进技术,模拟各种场景,让学生在安全的环境中体验和学习。这种技术与教育的深度融合,不仅丰富了研学旅行的内容和形式,还提高了教育的趣味性和互动性,能够有效激发学生的学习兴趣和动力。

(二)开发融入研学旅行理念的课程资源

在开发融入研学旅行理念的课程资源时,应注重将理论与实践相结合,设计出既富有教育意义又充满趣味性的课程。这类课程应以培养学生的核心素养和综合能力为导向,结合研学旅行的特点,将知识学习与实践探索紧密结合。例如,可以开发以历史文化、自然科学、社会实践等为主题的研学旅行课程,通过实地考察、互动体验等方式,让学生在亲身体验中学习知识,提升解决实际问题的能力。这样的课程资源不仅能够增强学生的学习兴趣,还能培养他们的创新精神和实践能力。

为了确保课程资源的质量与效果,需要建立一套完善的课程评估与反馈机制。这包括对课程内容的科学性、实用性、趣味性进行评估,以及对学生的学习成果进行定期检查和反馈。可以通过收集和分析学生的反馈意见,不断优化课程资源,使其更加符合学生的需求和兴趣。同时,还可以邀请行业专家、教育学者等参与课程评估,提供专业性的指导和建议,确保课程资源的专业性和权威性。

在开发课程资源的过程中,还应注重培养学生的自主学习能力和团队协作能力。可以设计项目式学习、小组合作等学习方式,让学生在研学旅行中自主探究、合作交流,共同完成任务。这样的课程设计不仅能够培养学生的独立思考能力和解决问题的能力,还能增强他们的团队意识和合作精神。此外,还可以利用现代信息技术手段,如在线学习平台、虚拟实验室等,为学生提供更加丰富多样的学习资源和学习方式,进一步提升课程资源的教学效果。

(三)开发研学旅行实践教育基地资源

在开发研学旅行实践教育基地资源的过程中,首要任务是挖掘和整合各类具有教育价值的资源,包括但不限于自然保护区、历史文化名城、科技园区、现代农业示范区等。这些基地不仅拥有丰富的自然和人文景观,还能够为学生提供实践探索、科学研究和文化传承的广阔舞台。通过参与在这些基地开展的研学旅行活动,学生可以实际应用所学知识,加深对所学内容的理解和记忆。同时,这些基地也是培养学生社会责任感、创新意识和实践能力的重要平台。

为了确保研学旅行实践教育基地资源的有效利用和持续发展,需要建立一套完善的管理和运营机制。这包括制定科学合理的基地规划、建立健全安全管理制度、提供专业的培训和指导等。科学的规划能够保障基地资源得到合理配置和高效利用;安全管理能够保障学生在研学旅行过程中的安全;专业培训和指导有助于提升基地工作人员的教育教学能力和服务质量。此外,还可以积极引入市场机制,通过与企业、社会组织合作,共同推动研学旅行实践教育基地的可持续发展。

在开发研学旅行实践教育基地资源时,还应注重基地的多样性和特色性。不同地域、不同类型的基地具有各自独特的教育价值和资源特点。因此,在进行开发和建设的过程中,应充分考虑地域特色、文化背景和学生需求,打造具有地方特色和时代特征的研学旅行实践教育基地。这不仅可以丰富研学旅行的内容和形式,还能够提升基地的吸引力和影响力,促进研学旅行事业繁荣发展。同时,还可以通过定期举办各类研学活动、文化交流活动等,增强基地的知名度和影响力,吸引更多的学生参与研学旅行,共同推动教育事业的发展。

(四)构建学校、社会、基地协同的师资团队

在构建学校、社会、基地协同的师资团队这一关键环节,需深刻认识到,师资力量的整合与提升是研学旅行活动达到预期教育效果的重要保障。学校作为教育的主体,应发挥其主导作用,选拔并培养一批具备深厚专业知识、良好实践能力和高度责任感的校内指导教师。他们不仅需精通课程设计与教学的方法,还需熟悉研学旅行的各个环节,做到既确保旅途中学生的学习效果,又保障学生的安全。

社会资源的引入,为师资团队增添了更为丰富的色彩。可以邀请来自各行各业的专业人士,如历史学家、科学家、艺术家等,担任研学旅行的客座讲师或顾问。这些专业人员可以凭借自身的专业背景和实战经验,为学生提供更为生动、深入的学习体验。同时,应鼓励家长志愿者参与其中,这样不仅能增强家校合作,还能让家长成为孩子研学路上的同行者和支持者,见证孩子的成长与变化。

基地是研学旅行活动的重要载体,基地专业导师和工作人员的加入,无疑为师资团队注入了新鲜血液。他们熟悉基地的每一个角落,了解每一处资源的教育价值,能够为学生提供精准而深入的指导。

总而言之,应加强学校、社会与基地的紧密合作,构建一个跨学科、跨领域的师资团队,团队成员各司其职,各展所长,共同为研学旅行活动的顺利开展保驾护航。这一协同机制的建立,不仅能够提升教学质量,还有助于教育资源的优化配置,从而为培养具有创新精神和实践能力的新时代人才奠定坚实的基础。

二、研学旅行课程资源的利用

(一)中华优秀传统文化资源利用

在研学旅行中,中华优秀传统文化资源的利用是传承与弘扬民族文化的重要途径。可以组织学生参观历史博物馆、文化遗址、古建筑群等,通过实地考察,让学生直

观感受中国文化的博大精深,增强文化自信;可以结合传统节日、民俗活动,开展体验式学习,如参与端午节龙舟竞渡、中秋节月饼制作等,让学生在实践中体会中华优秀传统文化的魅力;可以邀请非遗传承人进行现场教学,如组织书法、剪纸、陶艺等技艺的学习活动,让学生亲手"触摸"历史,传承文化精髓。

（二）革命传统教育资源利用

革命传统教育资源在研学旅行中扮演着重要的角色,是培养学生爱国情怀和革命精神的关键。可以组织学生前往革命老区、纪念馆、烈士陵园等地,通过实地缅怀先烈,了解革命历史,激发学生的爱国情感和奋斗精神;可以开展红色故事会、英雄事迹宣讲等活动,让学生在聆听中感悟革命精神,树立正确的世界观、人生观和价值观;可以通过模拟革命战争场景、角色扮演等互动体验,让学生在参与中深刻理解革命的不易,增强珍惜和平、奋发图强的意识。

（三）国情教育资源利用

国情教育资源是研学旅行中不可或缺的一部分,它有助于学生了解国家发展现状,增强社会责任感。可以组织学生参观国家重大工程、现代农业示范区、高科技产业园区等,通过实地考察,让学生直观感受国家发展的成就;可以邀请行业专家学者等举办讲座,介绍国家政策、经济发展趋势等,增强学生的国家意识和时代责任感;可以结合社会热点问题,围绕环保、扶贫等主题开展调研活动,让学生在实践中思考社会问题,提出解决方案,培养公民意识和社会责任感。

（四）国防科工资源利用

国防科工资源在研学旅行中的利用,有助于培养学生的国防意识和科技素养。可以组织学生参观军事博物馆、国防教育基地、航空航天中心等,通过实物展示、模拟体验等方式,让学生了解国防科技的发展历程和前沿动态,增强国防观念;可以开展国防科技知识竞赛、创新设计大赛等活动,激发学生的科技兴趣,提升学生的创新能力,为培养未来的国防科技人才奠定基础;可以邀请国防科工领域的专家进行科普讲座,普及国防科工知识,提升学生的科学素养和国防意识。

（五）自然生态资源利用

自然生态资源是研学旅行中的宝贵自然资源,它有助于学生了解自然规律,培养环保意识。可以组织学生前往自然保护区、湿地公园、地质公园等地,进行生态考察或接受环境保护教育,让学生了解生态系统的脆弱性和保护生态系统的重要性;可以开展生态体验活动,如观察鸟类、识别植物、进行野外生存训练等,让学生在亲近自然的过程中,学习生态知识,提升生存技能;可以围绕环保主题,开展志愿服务活动,如清理垃圾、植树造林等,让学生在实践中践行环保理念,培养社会责任感。

（六）劳动教育资源利用

在研学旅行中有效利用劳动教育资源，是培养学生劳动观念和实践能力的重要途径。可以组织学生前往农场、工厂、社区等，参与农业生产、手工制作、社区服务等活动，让学生通过实践体验劳动的艰辛与乐趣，树立正确的劳动观念；可以开展烹饪、木工、园艺等方面的劳动技能培训和劳动成果展示活动，提升学生的劳动技能和创造力；可以结合劳动教育，开展职业生涯规划讲座，引导学生树立正确的职业观和就业观。

 **项目小结**

本项目首先介绍了课程资源的基本概念及内涵，阐述了综合实践活动课程资源的类别，在此基础上论述了综合实践活动课程资源的特点，继而根据不同类型的资源，阐述了各种资源开发的方法及注意事项，最后引出研学旅行课程资源的有效开发与利用策略。

能力训练

1. 请结合学校特色资源和特色文化，设计一个在学校分年级、分学段实施的综合实践活动主题课程。

2. 某市教育局计划开发一套以"城市历史与文化"为主题的研学旅行课程资源，旨在通过实地考察和研究学习，增进学生对本地历史文化的认识，增强学生保护本地历史文化资源的意识。该市拥有丰富的历史文化资源，包括历史建筑、博物馆、文化遗址等，市教育局希望研学旅行课程的内容能够覆盖历史、地理、艺术等多个学科领域，在开发课程资源时，需要考虑到学生的安全，以及交通、时间等方面的因素。此外，课程资源的开发预算有限，需要合理规划和利用现有资源。请根据以上信息，设计一个研学旅行课程资源开发与利用的方案。

知识训练

▼

项目七

项目八
中小学综合实践活动设计与实施

 项目描述

本项目主要介绍了中小学综合实践活动设计的目标和内容,提供了中小学综合实践活动设计的典型案例,旨在引导读者将理论知识与实践相结合,在设计、实施、评价中小学综合实践活动中提升解决实际问题的能力。

项目引入
▼

项目八

 **项目目标**

知识目标

(1) 理解中小学综合实践活动设计的目标。
(2) 了解中小学综合实践活动设计与实施的基本内容。
(3) 掌握中小学综合实践活动的评价维度。

能力目标

(1) 能够举一反三,设计出符合目标要求的中小学综合实践活动。
(2) 能够灵活组织实施中小学综合实践活动。
(3) 能够对中小学综合实践活动进行有效评价和反馈。

素养目标

(1) 提高自主创新意识和实践能力。
(2) 能够进行独立思考,独立解决现实问题。
(3) 增强社会责任感和终身学习的意识。

知识导图

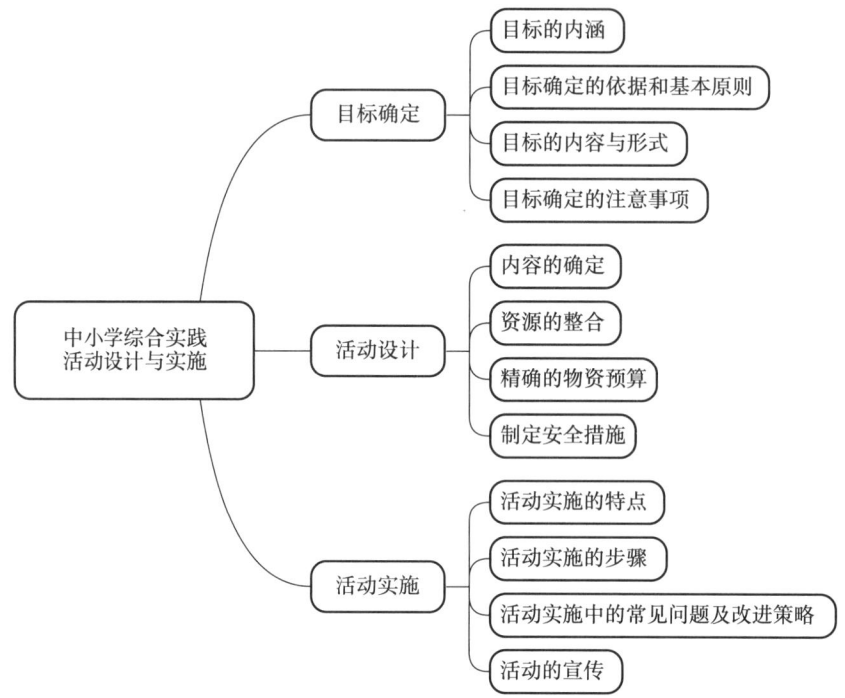

中小学综合实践活动设计与实施
- 目标确定
  - 目标的内涵
  - 目标确定的依据和基本原则
  - 目标的内容与形式
  - 目标确定的注意事项
- 活动设计
  - 内容的确定
  - 资源的整合
  - 精确的物资预算
  - 制定安全措施
- 活动实施
  - 活动实施的特点
  - 活动实施的步骤
  - 活动实施中的常见问题及改进策略
  - 活动的宣传

任务一　目标确定

任务描述

中小学综合实践活动目标分为课程目标和教学目标。课程目标为整个课程实施设定了总体方向,明确了不同学段应达成的目标;教学目标则更加具体,为每一个主题的综合实践活动课程提供了根本性的指导。

本任务从课程目标与教学目标的概念入手,探讨了中小学综合实践活动目标的基本内涵,在此基础上,阐述了中小学综合实践活动目标确定的依据和基本原则,以及中小学综合实践活动目标的内容与形式,讨论了中小学阶段在设定综合实践活动目标时应注意的事项。

任务目标

(1)深入了解课程目标与教学目标的含义和类别。

（2）掌握中小学综合实践活动目标的具体内容和要求,明确中小学综合实践活动目标在课程设计、实施和评价中的重要作用,理解活动目标背后的教育理念和教学要求。

（3）能够在实际教学活动中,根据学生的实际情况和教学需求,合理设定活动目标,确保活动目标具有明确性、可衡量性和可实现性。

任务重点

深入理解并准确把握中小学综合实践活动的目标体系,掌握设定科学、具体、可操作的活动目标的方法和技巧。

任务难点

将理论知识与实践相结合,将活动目标灵活应用于实际教学活动中,并不断进行反思和调整,以优化教学效果。

中小学综合实践活动目标不仅关注学生对知识的掌握情况,还强调对学生的实践能力、创新精神和社会责任感的培养,这些共同构成了提升学生综合素质的核心要素。

一、目标的内涵

中小学综合实践活动目标主要涉及课程目标和教学目标两部分。课程目标更加宏观,关注整个课程结束后学生应达到的标准;教学目标则更加具体,关注某一特定教学过程或活动结束后学生应达成的学习结果。

（一）中小学综合实践活动的课程目标

中小学综合实践活动的课程目标,指该课程本身要实现的具体目标和意图。它规定了学生在完成该课程后应达到的知识、能力与素质的基本标准与要求,旨在提升学生的生活理解力、创造力以及解决问题的能力等,注重学生的全面发展。这些目标是指导课程编制的关键,是确定课程内容、教学方法的基础。

《中小学综合实践活动课程指导纲要》中对课程目标进行了分层阐述,不仅确立了总体目标,还细化了小学、初中、高中各学段的目标。其中,总体目标是对学生从小学一年级至高中三年级完成该课程后应达成的学习成果的总体规划与概述,它的划分标准为国家或地区的教育方针、教育目的以及学生全面发展的需求,涵盖知识、技能、情感态度和价值观等多个方面,旨在培养学生的综合素养和终身学习能力。具体而言,指学生能从个体生活、社会生活及与大自然的接触中获得丰富的实践经验,形成并逐步提升对自然、社会和自我之内在联系的整体认识,具有价值体认、责任担当、问题解决、创意物化等方面的意识和能力。

《中小学综合实践活动课程指导纲要》中对学段目标的划分标准主要基于学生的

年龄特征、认知发展水平、学科知识结构以及教育阶段的特点。学段目标是对总体目标的进一步细化和具体化,旨在确保学生在每个学习阶段都能达到相应的知识、技能和情感态度与价值观等方面的要求。它的设定通常遵循循序渐进、由易到难的原则,以确保学生能够逐步掌握学科知识和技能,为后续学习和发展奠定基础。具体而言,小学阶段目标侧重于引导学生初步形成对自然、社会的认识,培养基本的生活自理能力和服务意识,鼓励学生在实践中发现问题、提出问题,并尝试通过简单的操作与设计解决问题,激发其创新意识和实践能力。中学阶段目标侧重于引导学生形成国家认同和文化自信,围绕家庭、学校、社区的需要开展服务活动,增强服务社会的意识等。

（二）中小学综合实践活动的教学目标

中小学综合实践活动的教学目标,是指在该课程教学中教师对学生学习结果的预期,即教学目的和要求。它专指通过一个特定教学过程(如一节课、一个综合实践主题活动过程或综合实践主题活动课程中的一个具体课时活动等)所要实现的学生学习结果。与课程目标相比,教学目标较为具体,是对一个特定教学过程的明确要求。在中小学综合实践活动课程中,教学目标通常包括学生形成或获得的知识、技能、观念、态度等。这些目标是教学过程中教与学的互动目标,具有可操作性和细化的特点,能够指导教学活动顺利进行,是评价学生学习成果的依据。

通过比较可以发现,课程目标与教学目标虽然在指导对象和范围、具体程度、实施主体、灵活程度等方面均存在不同,但是在本质上二者是相互关联的。教学目标是课程目标的分解和细化,是课程目标的具体组成部分。课程目标为教学目标的制定提供了宏观的指导和依据,而教学目标的实现则是课程目标达成的具体体现。无论是课程目标还是教学目标,都旨在促进学生全面发展,提升学生的综合素质。

基于此,下文在进行相关论述时,不会将课程目标与教学目标进行过度细分和割裂,而是会统筹考虑课程目标与教学目标,讨论目标确定的依据和基本原则、目标的内容和形式、目标确定的注意事项等。

二、目标确定的依据和基本原则

在中小学综合实践活动的设计与实施流程中,明确目标不仅为整个活动提供了明确的指引方向,也是评估活动效果的主要标尺。在设定活动目标时,须明确依据,并严格遵守既定的原则,以确保活动能够顺利进行并达到预期的效果。

（一）目标确定的依据

在设定中小学综合实践活动目标时,教师应该深入研究相关的教育政策与课程标准,确保所设定的活动目标与国家教育目标的一致性。目标的设定还需要考虑学生的需求与能力水平,教师可以通过问卷调查、访谈、课堂观察等多种方式,全面了解学生的兴趣、知识基础和能力水平,以设计出既能激发学生兴趣又符合其实际水平的活动。

此外,目标的设定还需要考虑社会发展需求和科学技术发展水平。

1.遵循教育政策与课程标准

教师需深入钻研教育政策与课程标准的相关内容,以保证所制定的活动目标与国家的整体教育目标紧密契合,实现教育方向的准确性和一致性。

2.符合学生需求与能力水平

中小学综合实践活动的目标应以学生为中心,致力于满足其现实生活与终身发展的需求。在制定过程中,需充分考虑学生的兴趣、爱好及年龄特征,这样才能真正体现课程价值,回归教育本质。具体而言,教师需要借助问卷调查、深度访谈、课堂观察等多种手段,全面且深入地掌握学生的兴趣所在、知识积累情况以及能力现状,从而设计出既能有效点燃学生学习热情,又能精准匹配其实际水平的教育活动。

3.符合社会发展需求和科学技术发展水平

社会发展需求和科学技术发展水平直接影响着学生的学习生活,在确定目标时,需综合社会发展需求和科学技术发展水平,确保课程目标的科学性、合理性和前瞻性。

(二)目标确定的基本原则

1.全面性原则

所设计的综合实践活动目标要具有全面性,包括知识、能力、情感等的全面性。这种全面性体现在学生问题解决能力的培养上,包括独立思考和操作能力、研究和探索能力、创新和创造能力等关键能力。同时,还要重视情感维度目标的全面性,包括学生的求知欲、社会责任感、合作意识、创新精神等。

2.具体性原则

所设计的综合实践活动目标要避免过于高度概括和虚化,要将其具体化、个别化和情境化。具体化的目标能够让学生在活动中明确自己的任务和方向,也便于教师在评价中对学生的表现进行准确的评估。

3.可操作性原则

所设计的综合实践活动目标要具有可操作性,即目标应该是可以通过学生的实践活动来实现的。这就要求教师在设计目标时,充分考虑学生的实际情况和认知水平,确保目标既不过于简单也不过于复杂。

4.具有挑战性原则

所设计的综合实践活动目标应具有适度的挑战性,能够激励学生积极参与并全力以赴。例如,可以设计并实施一个有益于改善校园环境的环保项目。这样的目标不仅能够激发学生的参与热情,还能促进学生发挥其创意与实践能力,在实践中学习、成长,将所学知识应用于解决实际问题中。

三、目标的内容与形式

（一）目标的三个维度

目标的三个维度相互关联且相互支持。例如，若活动主题为环保，则知识目标可能是让学生了解垃圾分类的相关知识，能力目标可能是培养学生进行环保调查和宣传的能力，情感目标则可能是增强学生的环保意识和社会责任感。

1. 知识目标

知识目标明确学生通过活动应掌握的具体知识点，如城市绿化的生态意义、植物的生长习性等。

2. 能力目标

能力目标指学生需培养的技能，如团队合作能力、问题解决能力等。教师应根据学生的年龄和认知水平，将能力目标分层，如基础观察力、进阶实验操作能力、高级问题解决技巧等。

3. 情感目标

情感目标涉及学生的价值观、态度和情感体验。若活动主题为环保，那么活动设计应旨在培养学生的环保意识、团队合作精神和社会责任感，这些目标应贯穿活动始终。

（二）目标的具体化

为了使活动目标能在实施过程中真正发挥作用，目标的设计还需实现情境化。这意味着目标不应脱离具体的教学情境和主题背景，而应紧密结合实际，使目标与实践活动紧密结合。此外，教师在设计活动目标时，应充分考虑学生的主体性，即对学生的兴趣、特点、能力进行全面分析。针对不同学生群体，应设计差异化的活动目标。虽然综合实践活动常以小组形式进行，但同样鼓励学生个体独立参与。对于独立参与活动的学生，教师应给予指导，并允许他们根据自身情况独立设定目标，这体现了活动目标的个性化特点。

（三）陈述目标的形式

综合实践活动的目标取向具有多样性，包括行为目标取向、生成性目标取向和表现性目标取向。这些目标取向共同构成了综合实践活动目标体系的完整框架，为其实施和评价提供了有力的支持。

1. 行为目标取向

行为目标取向侧重于通过具体、可观察的行为来表述课程目标。这些目标具有明确的导向、控制、激励和评价功能，适用于表述对基础知识和技能的掌握。在综合实践活动课程中,行为目标不仅关注学科知识的运用和延伸,还强调通过实践活动获取对自然、社会与自我的认识。这些经验性的知识,虽然不同于书本上的知识,但同样可以通过行为目标进行表述。例如,一个关于校园环保的综合实践活动,可以设定具体行为目标,如"学生能够设计并实施一个减少校园垃圾的方案",这样的目标既具体又便于操作和评价。

2. 生成性目标取向

与行为目标不同,生成性目标是在教育过程中随着情境的变化而自然生成的。它关注的是学习活动的过程,而非仅仅关注结果。在综合实践活动课程中,生成性目标尤为重要。教师在实施综合实践活动课程时,应鼓励学生从自身成长需要出发来选择活动主题,并主动参与实践过程。随着活动的深入,学生可根据实际情况对活动目标、内容、组织方式等进行动态调整,使活动不断深化。这种目标取向体现了综合实践活动课程的主动实践和开放生成特点。

3. 表现性目标取向

表现性目标关注的是学生在面对各种教育情境时的个性化、创造性表现。它旨在培养学生的创造精神和批判思维,具有多元性和开放性。在综合实践活动课程中,表现性目标尤为重要。课程设计从学生的真实需要和成长发展需求出发,面向整体生活世界,培养学生的综合素质,特别是实践能力、创新精神和社会责任感。这些目标不是事先规定的外部目标,而是在活动过程中产生的,有助于学生的个性发展和创造性精神的养成。例如,一个关于社区服务的综合实践活动,可以设定表现性目标,如"学生能够展现出对社区问题的敏锐洞察力,设计解决问题的创造性方案",这样的目标能够激发学生的创造性和批判性思维。

四、目标确定的注意事项

在确定综合实践活动目标时,需综合考虑预调研方式、评估调整机制等,以确保活动能够达到预期的教育效果。

(一)重视预调研的方式

通过调查问卷、小组讨论等方式,收集学生对综合实践活动的兴趣点以及建议。

(二)注意目标的层次性和整体性

基于调研结果,制定与国家教育目标一致且符合学生实际水平的教育目标。一方面,需要注意目标的层次性。设计活动目标时,应注意层次性,以适应有着不同知识基础、能力水平和兴趣的学生。应分层次设定目标,以"绿化"主题为例,针对小学生,可以将目标设定为"具备识别本地植物及其基本生长条件的能力";针对初中生,可以将目标设定为"了解植物在改善城市环境方面的作用";针对高中生,可以将目标设定为

"能够设计简单的绿化方案并理解生态系统角色"。另一方面,需要强调目标的整体性。确保各目标之间相互联系、协同作用,共同服务于立德树人这一根本任务。此外,还要突出重点目标,并在各分目标的权重分配上向重点目标倾斜,以确保教育活动的重点目标能够得以实现。

(三)根据实际情况适时调整目标

一方面,应重视评估调整机制。通过观察学生表现、收集反馈、分析成果等方式,定期评估并调整活动目标,确保活动能够获得预期的教育效果。另一方面,应鼓励学生主动生成新的活动目标,不断深化活动主题,增强学生学习的主动性,激发学生学习的创造性。

任务二　活动设计

🔵 任务描述

本任务从内容确定、资源整合、物资预算、安全措施制定等方面对中小学综合实践活动设计进行了介绍。

🔵 任务目标

(1)熟练掌握中小学综合实践活动设计的基本内容和注意事项。
(2)能够全面且合理地设计中小学综合实践活动方案。
(3)能够根据实际情况优化中小学综合实践活动方案。

🔵 任务重点

掌握设计中小学综合实践活动的基本流程和方法。

🔵 任务难点

将理论知识与实践相结合,对中小学综合实践活动方案进行优化。

一、内容的确定

一般来说,活动内容的确定需基于学生的兴趣、爱好、特长以及实际生活经验。学校和教师需结合学生的需求、学校资源以及社会环境等因素,从学生生活中提炼出令学生感兴趣的问题或主题,避免形式化和表面化。首先,教师可以引领学生们走进自然,走访邻近的社区、工厂等场所,进行实地探访与学习,引导学生细致观察,广泛收集资料,并从中挖掘出值得探讨的课题。随后,根据活动主题进行成因的探究。教师应指导学生围绕既定主题,开展多元化的研究活动,如问卷调查、深度访谈、科学实验等,全面收集信息与数据,对问题本质进行分析,并构思解决问题的策略与途径。其次,运用技术手段尝试破解难题。教师应鼓励学生充分利用信息技术与劳动技能,进行信息检索、交流讨论、创新构思,制定问题解决方案,或是通过设计并制作相关的模型、工具及装置来应对问题。最后,将研究成果转化为社会服务行动。学生可以将考察探究所得应用于实践,面向社区乃至全社会提供服务,以充分发挥研究成果的实际价值。

(一)根据目标确定主题

在确定活动主题时,需要考虑教育目标,关注具体的学情,同时也要注意与社会的紧密联系。具体而言,应该考虑以下几个方面。

1.精准匹配教育目标

活动主题需与既定的教育目标无缝对接,确保活动框架与教学大纲、预期学习成果紧密联系,共同构筑起知识与实践的桥梁。

2.深度洞察学生需求

应细致分析学生的年龄特征、兴趣偏好及认知水平,精选那些能够触动学生心灵、激发学生探索欲望的主题,让每个学生都能在活动中获得归属感与成就感。

3.强化社会联结

应选取与学生日常生活紧密交织、反映时代发展脉搏的主题,这不仅能够增强活动的现实针对性,还能够增进学生对社会现象的理解与反思,提升活动的社会价值。

(二)活动内容的设置特点及注意事项

1.活动内容的设置特点

(1)创新性。

一是设计新颖的活动形式,包括:组织互动式学习活动,如通过模拟联合国会议让学生探讨全球性问题,或者通过模拟法庭活动让学生了解法律程序;利用技术手段增强学习体验,如使用平板电脑进行现场数据收集,或者通过在线协作平台开展团队项目。二是引入创新的教学工具,包括:利用最新的教育技术工具,如编程机器人、3D打印机等来激发学生的创造力,提高学生解决问题的能力;结合流行文化元素,如利用流行的环保主题游戏或虚拟现实体验,来提高学生对活动主题的兴趣。

(2)实践性。

一是安排实地考察或实验操作,包括:组织学生参观相关场所,如污水处理厂、自然保护区等,直观了解理论知识在现实中的应用;设计实验操作环节,让学生通过科学实验,验证理论知识,如通过水质检测实验了解水污染的影响。二是设计项目式学习任务,包括:制定以解决实际问题为导向的项目任务,如制订社区环境改善计划,让学生在实践中学习如何规划和执行项目;鼓励学生在项目中担任不同角色,如研究员、规划师、执行者等,以培养他们的责任感和团队合作能力。

（3）互动性。

一是组织小组讨论和设计团队合作任务,包括:分配小组讨论主题,确保每个学生都有发言的机会,如讨论环保议题的不同解决方案等;设计团队合作任务,如共同完成某个项目报告或实验设计,以提升学生的协作能力和沟通技巧。二是设计角色扮演和模拟决策活动,包括:设计角色扮演活动,以增强学生的同理心和社会交际能力,如通过模拟不同利益相关者在环保议题上的讨论,让学生理解不同的视角和需求;创设情境,让学生进行决策和解决问题,如模拟城市规划者决定如何合理利用土地资源等。

2. 注意事项

在确定主题后,教师需要设计具体的活动流程和任务。在设计活动流程时,要遵循一定的原则,讲究逻辑性和连贯性。所谓"逻辑性",指活动的下一个环节是对上一个环节的自然延伸。所谓"连贯性",指学生能够顺畅地从一个任务过渡到下一个任务。此外,活动流程应该清晰、合理,能够引导学生逐步深入探索主题。

所设置的活动任务要具备一定的挑战性,能够鼓励学生积极思考和实践。同时,在设计任务时还应该考虑到学生的不同能力和水平,确保每个学生都能在活动中找到适合自己的位置,实现任务分层,坚持实践导向。所谓"任务分层",指设计不同难度的任务,以适应不同能力和水平的学生。所谓"实践导向",指确保任务具有实践性,让学生通过实际操作来学习和应用知识。

在设计活动形式时,要考虑多样化。为了提高活动的趣味性,教师可以采用多种活动形式,如角色扮演、模拟实验、户外探索等。这些形式能够让学生在参与活动的过程中体验到乐趣,从而提高他们的参与度。同时,教师还可以利用多媒体技术、游戏化教学方法,增加活动的互动性和趣味性。

在设计活动时应整体考虑现实可操作性。这意味着活动的设计应该考虑到实际的条件,如时间、地点、资源等。教师需要确保活动能够在有限的条件下顺利进行,同时也要考虑到活动的安全性。

此外,教师还应该在活动设计中融入反思与总结的环节。这可以帮助学生在活动结束后,对活动过程和结果进行思考,从而加深对活动主题的理解。

（三）附录的内容

1. 参考资料的汇编

附录中提供的参考资料为活动的设计和实施提供了额外的支持。

（1）专业书籍:列出与活动主题相关的书籍,为教师和学生提供理论支持和深入学习的材料。

（2）学术文章：提供相关学术文章或研究报告，帮助教师和学生了解领域的最新研究进展。

（3）网址链接：汇编相关的在线资源和网址，为远程学习和资料查询提供便利。

2. 注意事项的提醒

附录中还应包括活动中需特别注意的事项，以确保活动的顺利进行。

（1）特殊需求的照顾：应注意学生可能存在的特殊需求，如学习障碍、身体残疾等，并提供相应的支持。

（2）活动材料的环保性：在活动材料的选择上应考虑环保因素，减少浪费，提倡可持续发展的理念。

（3）数据保护和隐私：在收集和使用学生数据时，应注意保护学生的隐私，遵守数据安全相关法律法规。

3. 联系方式的提供

提供活动负责人和关键参与者的联系方式，便于沟通和协作。

（1）活动负责人联系信息：列出活动负责人的姓名、电话和电子邮件等联系信息，以便在需要时能够迅速与其取得联系。

（2）团队成员联系表：提供参与活动的所有教师和志愿者的联系表，方便团队内部的沟通和协作。

（3）紧急联系人信息：列出紧急情况下的联系人的信息，包括校医、安全负责人的信息以及紧急服务电话等。

二、资源的整合

（一）资源内容构成

资源是综合实践活动顺利实施的基础。教师在设计活动时，需要对所需的资源进行全面的评估和整合，包括物质资源、人力资源和文化资源等多个方面。

1. 物质资源

主要涉及自然资源、社会资源等。自然资源包括自然因素与自然条件；社会资源包括各种社会因素、社会条件，如交通设施、地方图书馆、历史遗迹等。

2. 人力资源

主要包括校内的校长、师生，校外的家长、社区人员、专家等。

3. 文化资源

既包括文化知识，又包括传统文化遗产、现代信息资源等。

（二）资源整合注意事项

1.资源优化配置

教师需要注意资源的优化配置，包括合理分配资源、提高资源使用效率、寻找替代资源等。例如，教师可以通过与社区合作，共享社区的资源，或者通过众筹等方式筹集资金，解决资源不足的问题。

2.资源可持续使用

在资源的使用和管理中，教师需要注意到环境保护、资源节约等方面的问题，确保资源的长期可用性。

3.资源动态管理

在活动实施过程中，教师还需要注意对资源进行动态管理，包括对资源的使用情况进行监控、对资源的分配进行调整、对资源的获取进行优化等。通过有效的资源管理，教师可以确保活动的顺利进行，提升活动的效果和质量。社区资源利用和合作内容记录表见表8-2-1，综合实践活动资源表见表8-2-2。

表8-2-1　社区资源利用和合作内容记录表

社区资源名称	资源类型	可用性	使用计划	合作机构	合作内容

表8-2-2　综合实践活动资源表

类型	资源名称	校内/校外	当前状态	整合计划
物质资源				
人力资源				
文化资源				
其他				

（三）家校社合作机制建设

家社资源是综合实践活动的重要资源，有必要从机制建设方面进行专门的探讨，以便最大限度整合活动资源。

具体而言，教师需要与家长、社会人员（这里主要指社区人员）建立良好的沟通和合作关系，共同支持学生的综合实践活动。这包括定期与家长、社区人员沟通，分享学生的学习进展和活动情况，以及邀请家长、社区人员参与活动的设计和实施。教师可以通过家长会、家访、社区教育宣讲等方式与家长、社区人员保持沟通,确保家长、社区人员了解活动的目的和意义,并获取家长、社区人员的支持和反馈。

1. 沟通渠道的建立与维护

家校社合作是活动成功的关键,这一合作机制能够为活动提供更多的支持。在建设家校社合作机制时,教师需要考虑合作的方式和内容,包括建立有效的沟通渠道,如家长会、微信群等,以促进学校与家长、社区人员之间的信息交流和意见反馈。例如,教师可以定期组织家长会和政策宣讲会,向家长、社区人员介绍活动的进展和成果,听取家长、社区人员的意见和建议。这种互动不仅有助于家长、社区人员了解活动的细节,还能提升他们对活动的认同感和参与度。

2. 家社参与的鼓励与支持

教师可以邀请家长、社区人员参与活动的设计和实施,如提供建议、协助组织、保障安全等。此外,教师还应该考虑如何提高家长、社区人员的参与度和满意度,确保家校社合作能够持续有效地进行。家校社合作机制建设还包括对家长、社区人员的培训和指导,帮助他们了解活动的意义和方法,提高他们的参与能力和教育水平。教师可以提供一些教育资料,如活动指南、教育文章等,或者组织教育讲座和研讨会,分享家庭教育的经验和策略。

3. 家校社合作内容

(1)鼓励家长、社区人员积极参与。教师可以鼓励家长、社区人员作为活动的志愿者参与活动的策划和实施,并为他们提供必要的支持。

(2)家校互动。教师可以建立家校沟通的常态化机制,如定期的家校联络会议,鼓励家长参与活动。

(3)利用社区资源。教师可以与社区组织和企业合作,共同设计和实施活动。教师可以邀请社区人员参与活动的策划和组织,有效利用社区的资源,如图书馆、公园、体育馆等,并将这些资源转化为活动的场地。

(4)结合社区服务。教师可以通过组织活动为社区提供服务,增强学生的社会责任感。可以设计一些与社区紧密相关的活动内容,如社区服务、社区调研等,以吸引社区人员参与,获得他们的支持。

三、精确的物资预算

(一)成本预估与预算计划制订

成本预算控制是确保活动顺利进行的重要环节。有效的成本管理不仅可以保障活动的顺利实施,还可以提高资源的使用效率,确保活动的可持续性和高效性。

1. 成本预估的全面性

成本包括:物质资源的成本,如场地租赁费、材料购买费、设备使用费等;人力资源的成本,如教师、志愿者、专家的劳务费,以及其他可能产生的费用,如交通费、餐饮费、保险费等。在预估成本时,教师应该考虑到所有可能的支出,并进行较为准确的估算。

2.预算额度的明确化

在成本预估的基础上,教师需要制订详细的预算计划。预算计划中应该明确每项支出的预算额度,并根据成本的优先级进行合理分配。例如,对于活动至关重要的支出,如安全设备和材料,应该给予足够的预算保障;对于不那么关键的支出,在预算上则可以考虑适当节省。

3.预算计划的灵活性

预算计划应具有一定的灵活性,以应对可能出现的意外情况。

(二)成本控制与策略实施

1.成本使用的监控

在预算执行过程中,教师需要进行严格的成本控制,包括定期监控成本的使用情况,确保各项支出都在预算范围内,对于超出预算的支出,要及时分析原因,并采取措施进行调整。此外,教师还可以通过采购性价比高的资源、合理安排活动流程、提高资源使用效率等方式,进一步降低成本。

2.成本降低策略的运用

为了提升成本控制的效果,教师还可以采取一些策略,如提前预订场地和设备以获取优惠、充分利用学校现有资源、寻求社区或企业的赞助等。这些策略不仅可以降低成本,还可以增强活动的社会联系和支持。

3.成本总结与评估的实施

包括分析成本使用的效果、评估预算计划的合理性、总结成本控制的经验教训等。教师可以通过实施总结与评估,不断优化成本管理策略,提高活动预算控制能力。

通过有效的成本预算控制,教师不仅可以确保活动的顺利进行,还可以培养学生的财务管理意识和能力,让他们在实践中学会合理规划和使用资源。

(三)成本预算控制的注意事项

1.注意预算计划的严格执行

严格执行预算计划,对所有支出进行严格审核,确保将成本控制在预算范围内。

2.注意资金来源渠道的多元化

探索多种资金来源渠道,包括学校拨款、社会捐助、家长筹款等,降低单一资金来源的风险。

3.注意成本效益的评估

定期评估使用成本的效果,确保资金的有效利用,并提高资金使用效率。

四、制定安全措施

（一）安全风险的识别与评估

安全是综合实践活动的前提,教师必须进行全面的安全规划,确保学生的安全,对活动流程中可能出现的安全风险进行识别和评估。

1. 安全风险识别

系统地识别活动中可能存在的安全隐患,包括场地风险、材料风险和流程风险等。

2. 安全风险评估

对识别出的安全风险进行评估,确定安全风险等级,并根据安全风险等级制定相应的预防措施。安全风险评估表见表8-2-3。

表8-2-3　安全风险评估表

安全风险描述	安全风险等级	预防措施

（二）安全规则制定与安全培训实施

1. 安全规则制定

在进行安全风险评估后,教师需要制定详细的安全规则和操作程序。这些规则和程序应该涵盖活动的各个方面,如场地使用规则、设备操作规程、紧急情况处理流程等。在场地使用规则方面,应明确活动场地的使用规范,确保场地安全。在设备操作规程方面,应制定设备操作标准化流程,防止操作失误导致安全事故。在紧急情况处理流程方面,应设计紧急情况下的快速响应流程,确保应急处理及时有效。

2. 安全培训实施

教师还需要对参与活动的所有人员进行安全培训,确保他们了解并遵守这些规则和程序。为了提高学生的安全意识,教师可以在活动前对学生进行安全教育,这可以通过讲解安全知识、演示安全操作、进行安全演练等方式进行。在安全知识教育方面,应对参与活动的所有人员进行安全知识教育,提高他们的安全意识。在安全操作演示方面,应通过实际操作演示,确保每个人都能正确使用设备和工具。在安全演练方面,应定期进行安全演练,检验应急预案的有效性和参与人员的应急能力。学生可以通过这些安全教育活动,提高安全意识,掌握必要的安全技能。

（三）应急预案

教师需要制定应急预案,以便在紧急情况下迅速采取行动,包括确定紧急联系人、规划疏散路线、准备急救设备等。在活动实施过程中,教师和相关工作人员应全程监督和提供指导,确保学生遵守安全规则,及时发现并处理安全隐患。

1. 确定紧急联系人

明确紧急情况下的联系人和联系方式。

2. 规划疏散路线

制定详细的疏散路线,确保在紧急情况下人员能够迅速疏散。

3. 准备急救设备

准备必要的急救设备,并确保所有人员知晓其位置和使用方法。

应急预案表见表8-2-4。

表8-2-4　应急预案表

风险类型	应急措施	责任人	联系方式

任务三　活动实施

📖 任务描述

中小学综合实践活动的实施具有多重特点,包括影响因素的广泛性、实践周期的长期性、涉及场所的多样性、实施方式的丰富性、学生自主性的显著体现、对安全的高标准需求以及管理上的复杂性等。当前,中小学综合实践活动课程实施面临一系列挑战,如管理缺乏严谨性、主观随意性较大、师资力量薄弱且教师专业能力不足、资源开发不充分、评价体系不够科学合理,以及家庭与社区等外部支持力量不足等。要想解决这些问题,需要从简化过程、强化资源开发、优化评价体系等方面进行改进。

本任务主要围绕中小学综合实践活动实施的特点、步骤、存在的问题和改进策略、宣传等方面进行讲解。

任务目标

(1) 了解中小学综合实践活动实施的特点。

(2) 熟练掌握中小学综合实践活动实施的步骤和基本宣传策略。

(3) 能够自主优化实施步骤,有效传达活动信息。

任务重点

熟练掌握中小学综合实践活动实施的步骤和基本宣传策略。

任务难点

将理论知识与实践相结合,能够自主优化实施步骤。

一、活动实施的特点

(一) 安全性要求高

1. 学生自我保护意识与能力相对较弱

中小学生由于年龄和经验的限制,自我保护意识和能力相对较弱,容易在实践活动中发生意外。

2. 活动场所与活动方式多样

综合实践活动往往涉及多种活动场所(如校外实践基地、社区等)和活动方式(如实地考察、社会服务、设计制作等),这些都对安全保障提出了更高要求。

3. 安全事故频发

在现实生活中,溺水、火灾、交通事故等因素造成中小学生伤亡的事件时有发生,这凸显了在综合实践活动课程中强化安全教育的重要性。

(二) 开发实施灵活

1. 自主性高

学校需自主开发并实施校本课程,这赋予了学校很大的自主权。

2. 内容多样

学校可以根据学生的兴趣和认知水平开发内容,包括考察探究、社会服务、职业体验、设计制作等多种类型。

3. 适应性强

综合实践活动能够灵活适应不同地区、不同学校、不同学生的实际情况,满足多样化的教育需求。

（三）注重过程与实践

1. 强调过程体验

综合实践活动课程注重学生在活动过程中的体验和感悟,通过亲身经历和直接参与来获取知识和习得技能。

2. 实践操作性强

很多综合实践活动要求学生进行实际操作,如设计制作、社会服务等,这有助于培养学生的实践能力。

3. 注重培养问题解决能力

学生在综合实践活动中需要面对并解决各种问题,这有助于培养他们的问题解决能力和创新思维。

4. 注重培养情感态度和价值观

综合实践活动有助于培养学生积极的情感态度和价值观,如责任感、合作精神、环保意识等。

（四）评价体系多元化

1. 评价主体多元

综合实践活动课程的评价不仅涉及教师对学生的评价,还包括学生自评、互评,以及家长评价和社会评价等。

2. 评价方式多样

评价方式包括质性评价和量化评价,注重过程性评价与终结性评价的结合。

3. 评价内容全面

评价内容不仅关注学生对知识和技能的掌握情况,还关注学生的情感态度、实践能力、创新精神和个性品质等方面的发展。

4. 促进课程发展

评价体系旨在促进课程的规范化、科学化和持续发展,同时帮助学生明确努力方向,提升学生的综合素质。

（五）强调团队合作与协调

1. 师生合作

在综合实践活动中,教师需要发挥主导作用,引导学生积极参与活动,同时学生也需要发挥主体作用,主动探究和解决问题。

2. 生生合作

学生之间需要相互合作、相互支持,共同完成活动任务。这有助于培养学生的团队合作精神和沟通能力。

3. 家校合作

综合实践活动课程需要家长的支持和参与,家长可以成为活动的资源提供者、监督者和评价者。

4. 社区协调

很多综合实践活动需要在社区进行,因此学校需要与社区进行良好的协调和沟通,确保活动顺利进行。

二、活动实施的步骤

(一)准备工作

在活动实施前,进行细致的准备工作是确保活动顺利进行的关键,具体包含以下几个方面的内容。

1. 物资筹备

教师应确保所有必需的教学材料、设备及工具均已妥善配备。对于户外教学活动而言,所需物资可能涵盖教学用具、安全防护装备以及急救箱等。教师需预先编制物资清单,并在活动前逐一核对,防止出现任何遗漏。

2. 人员配置

教师应明确活动负责人、指导教师、协助人员及学生等的责任与任务。此举有助于每个参与者明确自身角色与期望,进而提升活动效率。教师应事先与所有相关人员沟通,确保他们充分理解自己的职责范围。

3. 场地规划

教师应提前对活动场地进行布置,确保其安全性、适宜性并满足开展活动的相关要求。这可能涉及教室、实验室、操场或社区等多个场所。

4. 安全检查

教师需对场地设施设备等的安全性进行全面检查,涉及消防设施、安全疏散通道以及电源线路等方面,并制定相应的安全预案,这是预防安全事故的关键措施。同时,教师应确保所有参与者均掌握基本的安全知识,如急救技巧、自我保护方法等,以确保活动顺利进行。

(二)实施步骤

在活动实施的过程中,教师需要确保每个环节都能顺利进行。

1.活动引导

教师应引导学生理解活动目标和要求,确保学生明确自己的任务要求。这可以通过活动前的简短介绍或工作坊的实践操作来实现,以帮助学生快速进入学习状态。

2.活动监督

教师应监督活动进度,及时发现并解决问题。教师可能需要在活动过程中进行定期的检查和调整,以确保活动按计划进行。

3.必要支持

教师应为活动提供必要的支持和指导,帮助学生克服活动过程遇到的困难和挑战。这可能包括提供额外的资源、解释复杂的概念或提供个性化的反馈等。

4.记录和文档化

教师应记录活动过程中的关键事件和学生的学习进展,为后续的评价和反馈提供依据。记录形式可以是照片、视频或文字等,须确保内容详细且准确。

(三)评价和反馈

1.综合实践活动设计与实施评价标准的制定

(1)评价标准的明确化。

为了确保评价的客观性,教师需要制定明确、具体的评价标准。这些标准应该与活动目标相一致,能够较为客观地反映学生的表现,减少主观性影响。同时,应及时向学生反馈评价结果,这有助于学生及时调整和改进。此外,教师还应该设计具有激励性的评价方式,如设置奖励机制、提供正面反馈、鼓励学生自我挑战等,帮助学生不断进步。

(2)制定评价标准的注意事项。

中小学综合实践活动课程的学生评价是一个复杂而细致的过程,需要教师充分考虑评价时间、活动选择及评价信息的运用等方面的问题。科学合理的评价可以激发学生的学习兴趣,提升学生的综合素养,为学生的全面发展奠定坚实基础。

① 评价的前瞻性与引导性。教师需在活动前考虑评价的具体方向和线索,以引导学生开展主体性活动,并在活动过程中考虑如何进一步提升学生的思考深度与行为广度。

② 评价标准的灵活性与包容性。评价标准不应拘泥于所谓的"正确性"和"标准化",而应更加重视和理解学生,鼓励学生具有创造性的表现。

③ 评价方式的多元性与主体性。重视对学生兴趣、态度、行为的评价,充分发挥学生的主体作用,鼓励其进行自我评价,并建立评价者与被评价者之间的"交互立体"关系。

④ 评价过程的动态性与长期性。对学生的评价不应局限于短时间内的过程评价,还应重视对学生发展过程的长期观察,体现评价的动态性和过程性。

2.综合实践活动设计与实施反馈的收集与应用

（1）反馈收集。

教师可以通过问卷调查、小组讨论等方式收集学生的反馈,了解他们对活动的看法和建议。这有助于教师了解活动的亮点和需要改进的地方,为后续组织相关活动提供改进的依据。

① 观察学生表现:观察并记录学生在活动中的表现。

② 收集学生作品:收集学生的作品,评价学生作品的创造性和技能应用情况。

③ 记录学生进步:记录学生的进步,关注个体差异。

（2）反馈应用。

教师应根据收集到的反馈调整教学策略和活动计划,以提高后续活动的质量。教师应认真考虑学生的反馈,并将其作为改进活动的重要参考。

（四）总结和展示的安排

活动结束后的总结和展示同样重要,这有助于巩固学生的学习成果。

1.成果总结

教师应组织学生对活动成果进行总结,反思学习过程,体悟活动的意义。这可以通过班级讨论、书面报告或个人展示来完成,有助于深化学生对活动主题的理解。

2.成果展示

教师应安排学生通过展览、演出、研讨会等形式展示他们的学习成果。这不仅有助于提高学生的自信心和公开演讲能力,还能通过扩大成果展示的范围,让家长和社区人员更全面地了解学生的学习成果。

3.经验分享

教师应鼓励学生分享他们的学习经验和收获,促进知识共享和同伴学习。这可以通过社交媒体平台、学校官方网站或社区活动等渠道来实现,从而扩大活动的影响范围。

4.后续行动

教师应根据活动结果和反馈,规划后续的行动和改进措施。这可能涉及对活动计划的修改、对新活动的策划或对教学方法的改进,以确保活动能够持续地促进学生的学习和发展。

三、活动实施中的常见问题及改进策略

（一）存在的问题

1.积极性不高

部分教师的综合实践活动课程意识比较淡漠,积极性不高。这主要是因为这些教师没有经过专业培训,备课压力大,同时还要承担教学和教研的多重任务。此外,综合实践活动课程要求组织和管理好学生,一旦出现意外事件,容易被视为教学事故,因此教师对开展综合实践活动课程有所顾虑。

2. 管理难度大

综合实践活动课程的影响因素多、时间跨度长、活动场所和方式多样,这增加了课程实施的复杂性。同时,综合实践活动课程无统一教材,学校需自主开发并实施校本课程,导致管理难度加大。学校对课程和课程教师的管理相对自由,缺乏教材、课程标准和课程资源等问题,提升了课程实施和管理的难度。

3. 课程资源开发不足、利用不充分

综合实践活动课程资源包括物质资源和人力资源等,但很多学校对课程资源开发不足,利用不充分,这导致大量课程资源,特别是素材性课程资源被埋没,已开发的课程资源没有得到及时加工和充分转化也造成许多有价值的课程资源的浪费与闲置。

4. 评价缺乏系统性

综合实践活动的评价体系不健全。在教师评价方面,缺乏完善的评价体系,导致教师参与指导的积极性不高。在学生评价方面,很多学校未将综合实践活动列入学生素质报告单或成长记录卡,即使列入了也主要采用质性评价,评价内容单一,缺乏过程性材料。

5. 家庭及社区等外部力量支持力度不够

家长对综合实践活动课程的价值认同度不高,得不到家长的充分理解与全力支持也使得教师在开展综合实践课程时有所顾虑。同时,作为该课程校外实施的重要场地的社区以及一些文化场所的支持力度也不够,这在一定程度上影响了课程的深入开展。

6. 安全保障问题突出

活动场所和活动方式的多样性使得综合实践活动课程对实施过程中的安全保障提出了更高的要求。中小学生自我保护能力和意识都较弱,因此安全保障问题成为制约课程实施的重要因素之一,很多学校因为安全保障问题得不到妥善解决而对开展综合实践活动持观望态度。

(二)改进的策略

中小学综合实践活动课程在实施中面临着多方面的问题和挑战。要想解决这些问题,需要从简化实施过程、强化资源开发与利用、建立科学的评价体系等方面进行改进。

1. 简化实施过程

开发适合中小学生的综合实践活动课程教材,制定课程标准,为学校提供明确的

指导。建立课程实施的管理体系,包括课程规划、教师管理、资源管理等,确保课程有序进行。定期对课程实施情况进行监督和评价,及时发现问题并采取措施进行改进。

2. 强化资源开发与利用

深入挖掘学校内外的课程资源,包括物质资源和人力资源,为课程实施提供丰富素材。建立课程资源库,对课程资源进行分类、整理和存储,方便教师查找和使用。鼓励学校之间、教师之间共享课程资源,提高资源的利用效率。

3. 建立科学的评价体系

建立教师参与课程指导的评价体系,包括教学质量、学生参与度、课程创新等方面,鼓励教师积极参与课程实施。将学生综合实践活动课程的表现计入学生素质报告单或成长记录卡,采用多元化评价方式,包括质性评价和过程性评价,全面反映学生的综合素质。

4. 加强外部力量的支持

通过组织家长会、发放宣传册等方式,向家长介绍综合实践活动课程的价值和意义,提高他们的认同度。建立家校合作机制,邀请家长参与课程实施,共同促进学生的全面发展。与社区、文化场所等建立合作关系,争取他们对综合实践活动课程的支持和配合。

5. 加强安全保障措施

建立安全保障体系,包括制定安全预案、加强安全教育、提供安全设施等,确保学生在课程实施过程中的安全。安全教育课程和活动有助于提高学生的自我保护能力和意识。

四、活动的宣传

（一）活动宣传的基本策略

宣传是提高活动影响力的重要手段。在进行活动宣传时,教师需要考虑如何有效地传达活动信息,吸引更多的参与者和关注者。

1. 宣传渠道的选择

通过社交媒体平台、学校官方网站、社区公告板等多种渠道发布包括活动预告、活动进展、活动成果等方面的信息,吸引公众的关注。

2. 宣传内容的策划

策划宣传内容,包括活动预告、进展更新、成果展示等,以提升活动的透明度和吸引力。

3. 宣传材料的制作

设计和制作宣传海报、传单、视频等材料,确保其具有吸引力并能够准确传达活动信息。

（二）多渠道宣传合作

1. 新闻发布会的组织

召开新闻发布会,邀请媒体参与活动的开幕式和成果展示会,让媒体了解活动的情况并进行报道,以增加活动的媒体曝光度。

2. 合作伙伴的协同宣传

与社区、企业等合作伙伴共同宣传,利用合作伙伴的资源和渠道扩大宣传范围。

3. 校园媒体的利用

通过校园广播、校报、电子大屏幕等校园媒体平台定期发布活动信息,提升校园内的宣传效果,让校园内的师生及时了解活动的情况。

（三）宣传的注意事项

1. 注意宣传策略的针对性

根据活动的特点和目标受众,制定有针对性的宣传策略。

2. 注意家校沟通的有效性

通过家长会等形式,加强与家长的沟通,让家长了解活动的意义和进展。

3. 注意宣传投入的有效性

定期评价宣传效果,根据反馈调整宣传策略,确保宣传效果最大化。

项目小结

本项目详细介绍了中小学综合实践活动的设计和实施过程,强调了活动设计的重要性,并对活动设计的方法和工具以及活动实施的关键点进行了阐述。

能力训练

知识训练
▼

项目八

请以小组为单位,以"环保意识培养"为主题设计一个综合实践活动方案。要求包括活动设计要素、设计格式、预期成果和评价方式等,确保方案具有可操作性,能够直接用于教学实践。

项目九
中小学综合实践活动评价

项目描述

　　本项目详细介绍了中小学综合实践活动的评价依据、评价内容和评价方法，旨在帮助读者对中小学综合实践活动评价形成初步认知。

项目引入
▼

项目九

项目目标

知识目标

（1）了解中小学综合实践活动评价的目标和重要作用。

（2）掌握中小学综合实践活动评价的主要依据、评价内容。

（3）掌握中小学综合实践活动评价的方法及其要求。

（4）掌握中小学综合实践活动评价的应用场景及价值。

能力目标

（1）能够根据具体的活动确定评价的目标。

（2）能够正确选择评价方法并制定评价方案和评价表。

（3）能够依据评价结果进行正确的反馈。

素养目标

（1）提升对评价工作重要性的认知，培养良好的职业道德，增强职业认同感。

（2）培养创新思维和正确的教育观、价值观。

（3）培养积极主动的工作态度。

知识导图

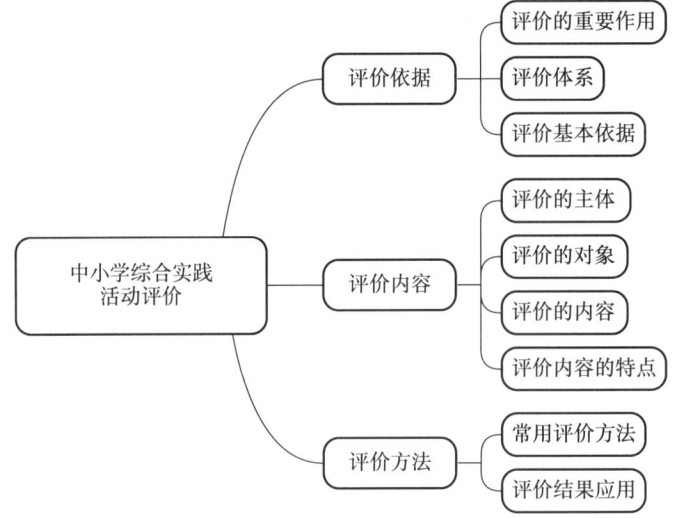

任务一　评价依据

任务描述

本任务旨在帮助读者对中小学综合实践活动的评价依据形成基本的认知。

任务目标

了解中小学综合实践活动评价的重要作用和具体要求。

任务重点

掌握中小学综合实践活动的评价依据。

任务难点

根据不同的活动主题确定评价的依据。

一、评价的重要作用

中小学综合实践活动评价是检验、提升活动效果和质量的重要方式和手段。应充分发挥评价的诊断、激励和改善功能,促进学生全面发展,改进中小学综合实践活动的设计、组织和实施过程。

二、评价体系

中小学综合实践活动课程评价体系通过多种方式促进学生全面发展。这种评价体系强调学生的自我评价能力,鼓励学生对自己的学习活动进行计划、检查、评价和反馈,从而提高学生的自我规划能力,促进学生创造性发展。此外,综合实践活动课程注重实践性学习,如操作、制作、参观等,这不仅有助于学生应用学科知识,还可以培养学生的实践能力和创新精神。

综合实践活动课程强调以学生为中心的教学策略,让学生在教学活动中通过主动探索和自主思维来学习知识和解决问题,这有助于学生成为学习过程中的主体。同时,教育部也强调了德智体美劳全面育人的重要性,旨在为学生的成长奠定基础。

在具体实施方面,《中小学综合实践活动课程指导纲要》提出了以培养学生综合素质为导向的课程目标,强调课程开发应面向学生的个体生活和社会生活,注重学生的主动实践和开放生成,以及主张以多元评价和综合考察的方式进行课程评价。这种评价体系不仅关注学生对知识和技能的掌握,还重视学生的情感、态度和价值观的发展。

总之,中小学综合实践活动课程评价体系通过强化学生的自我评价能力、促进学生的实践性学习、实施以学生为中心的教学策略以及采用多元化的评价方法,有效地促进了学生的全面发展。这些措施不仅能够提升学生的学术能力,还有助于培养他们的社会责任感和终身学习能力,为学生未来的成长和发展奠定坚实的基础。

三、评价基本依据

(一)相关政策文件

在进行中小学综合实践活动课程评价之前,应熟悉并能够运用国家的相关指导文件,了解中小学综合实践活动课程的目的和意义,从而对学生的教育目标达成度进行正确、合理、科学的评价。教育部印发的《中小学综合实践活动课程指导纲要》《中小学德育工作指南实施手册》《义务教育劳动课程标准(2022年版)》《义务教育道德与法治课程标准(2022年版)》等相关政策文件,是客观、正确进行中小学综合实践活动课程评价的政策依据。

(二)学生的表现和活动成果

《中小学综合实践活动课程指导纲要》中明确提出,本课程要求突出评价对学生的发展价值,充分肯定学生活动方式和问题解决策略的多样性,鼓励学生自我评价与同伴间的合作交流和经验分享。提倡多采用质性评价方式,避免将评价简化为分数或等级。要将学生在综合实践活动中的各种表现和活动成果作为分析考察课程实施状况与学生发展状况的重要依据,对学生的活动过程和结果进行综合评价。因此,学生在综合实践活动中的各种表现和活动成果是分析考查课程实施状况与学生发展状况的重要依据。这意味着评价不仅关注学生的最终成果,还关注他们在活动过程中的表现。

(三)多元评价方法

教育部强调了过程性评价与表现性评价的重要性,这表明评价方法应该多样化,例如,可以采用讨论法、思维导图法、日记法等评价方法。

知识活页

多 元 评 价

教育学术语,是指对学生的学习评价应该是多方面的。学习者的能力是多方面的,每个学习者都有各自优势。学生在意义建构过程中所表现出来的能力不是单一维度的数值反映,而是多维度的综合能力的体现,因此对学生的学习评价应该是多方面的。多元评价理论体现了主体多元化、内容多维化、方法多样化,以促进学生的全面发展。

(资料来源:百度百科。)

(四)科学评价原则

评价必须建立在科学的基础上,有充分的科学依据,利用科学方法,以正确的教育思想和教学理论为指导。这确保了评价的公正性和有效性。

(五)教育评价改革

随着教育评价改革的深入,新的评价体系正在被构建,这包括探索多元评价、构建协同配合的科学评价方法等。这些改革旨在提高教育质量,促进学生全面发展。

中小学综合实践活动课程的评价依据是多方面的,涵盖了相关政策文件、学生的表现和活动成果、多元评价方法、科学评价原则等。这些依据共同作用,旨在全面评估学生在综合实践活动中的表现和成长,从而更好地促进学生的个人发展和学业进步。

知识活页

教 育 评 价

教育评价是指在一定教育价值观的指导下,依据确立的教育目标,通过使用一定的技术和方法,对所实施的各种教育活动、教育过程和教育结果进行科学判定的过程。纵观教育评价理论与实践的历史发展,一般认为大致经历了古代的传统考试、近现代的科学测试和当代的科学评价三个不同时期。因此,教育评价最早是古代学校用来对学生的学力进行检验的,但是,教育评价系统的理论和方法的形成则直接来源于20世纪初兴起的一种以追求考查教育效果的客观性为目的的教育测验运动。

2019年2月,教育部发布2019年工作要点,明确推进信息技术与教育教学深度融合、大力加强劳动教育、推进学前普惠教育发展、切实减轻中小学生过重课外负担、深化教育评价体系改革、系统推进教育督导体制机制改革等34项重点。

教育评价事关教育发展方向,有什么样的评价指挥棒,就有什么样的办学导向。为加快推进教育现代化、建设教育强国、办好人民满意的教育,2020年10月,中共中央、国务院印发了《深化新时代教育评价改革总体方案》。

(资料来源:百度百科。)

诊断性、形成性与总结性评价

诊断性评价指对评价对象的现实状况及存在的问题、产生的原因进行的价值判断。在教学活动过程中进行的诊断性评价,其主要目的是分析原因,以便采取相应的改进手段。良好的诊断评价有助于教师把学生适当地分置在教学顺序中,正确找出妨碍学生学习的原因,从而保证教与学的成功。

形成性评价指对正在进行的教育活动做出的价值判断,也称"过程性评价",其特点是通过及时揭示问题、及时反馈以促进工作的改进。形成性评价一般以反馈调控和改进完善为主要目的。例如,对教学过程开展形成性评价,往往是指诊断教学方案、计划、过程、进展情况和存在的问题,并及时反馈,及时改进、调控、校正,以达到提高教学质量的目的。我国将形成性评价的运用扩展到整个学校教育领域,把控学习工作过程,定期检查学校各项计划的执行情况,分析工作中的问题,及时加以改进。

总结性评价指对评价对象一定时期内的全面状况进行的价值判断,也称"终结性评价"。总结性评价旨在对教育活动做出总结性的结论,甄别优劣,鉴定分等,为各级决策人员提供参考依据。这种评价注重对教育活动的结果进行总体分析,提供描述性信息,注重对效率的陈述。其特点是在学习或教学活动后,针对学习或教学的效率,对学生、教师或课程编制者做出价值判断。评价者一般应独立于计划实施者及协助者,以保证对评价对象持客观态度,得出可靠的结论。

(资料来源:百度百科。)

任务二 评价内容

任务描述

本任务旨在帮助读者对中小学综合实践活动评价的内容形成基本认知。

任务目标

掌握中小学综合实践活动评价的对象、内容、特点等。

任务重点

掌握中小学综合实践活动评价的内容。

任务难点

根据不同的主题活动内容,确定具体的评价内容。

一、评价的主体

在进行中小学综合实践活动课程评价时,首先要明确评价的主体,再确定评价的具体内容。《中小学综合实践活动课程指导纲要》中明确提出,中小学综合实践活动课程评价要采取多元评价。

(一)教师

教师是综合实践活动课程的主要组织者和指导者,同时也是评价的重要主体。教师可以通过观察学生的活动表现、检查学生的活动成果等方式,对学生的参与程度、实践能力、情感态度等进行评价。

(二)学生

学生是综合实践活动课程的直接参与者,他们的自评和互评是评价的重要组成部分。学生可以通过自我反思、小组互评等方式,对自己的学习过程和成果进行评价,同时也可以对同学的学习表现进行评价。

(三)家长

家长作为孩子的监护人,也是综合实践活动课程评价的重要参与者。家长可以通过观察孩子的活动表现、与孩子交流等方式,对孩子的参与程度、情感态度等进行评价,同时也可以向学校反馈自己的意见和建议。

（四）学校领导

学校领导是学校的决策者和管理者,他们需要对综合实践活动课程的实施效果进行整体评价。学校领导可以通过检查教师的课程设计、听课评课、查看学生的活动成果等方式,对课程的实施质量进行评价。

（五）教育专家

教育专家是综合实践活动课程评价的专业人员,他们具有丰富的理论知识和实践经验。教育专家可以通过观摩、指导课程等方式,对课程的科学性、合理性和有效性进行评价,同时也可以为课程的改进和发展提供建议。

在评价过程中,这些评价主体应该共同参与、相互协作,形成一个多元化、多角度的评价体系,以便更全面地反映学生的学习情况和课程的实施效果。同时,在评价过程中,应该遵循公平、公正、公开的原则,以确保评价结果的客观性和准确性。

二、评价的对象

中小学综合实践活动的主要评价对象是参与活动的学生。学生是综合实践活动课程的主体,学生对活动的兴趣、态度,以及学生自身的特长、能力等将直接影响课程实施的成效。

具体来说,评价内容可包括学生对活动目标的理解、参与活动的态度与程度、独立意识与合作精神、个人体验的整理与分析、成果的表达与展示,以及客观性资料的收集与使用等方面。同时,为了更全面地评价学生的表现,还可以根据具体情况将评价内容细分为一级、二级、三级指标,并确定评价等级及其标准。

评价应注重过程,关注学生在活动过程中的表现,采取多元评价方式,鼓励学生富有个性的自我表达方式,如演讲、绘画、写作、表演等。同时,也要发挥评价的指导功能,引导学生反思自己的实践活动,达到自我改进的目的。

除了学生,综合实践活动的评价对象还包括指导教师,主要评价指导教师在活动中的指导能力、继续学习和指导效果等方面。此外,还可以评价综合实践活动的课程方案设计和实施过程。对综合实践活动的课程方案设计和实施过程进行评价,有助于反思与改进,从而获得最佳的育人效果。

三、评价的内容

（一）参与态度

评价学生是否认真参与每一次活动,是否努力完成自己承担的任务,能否主动提出活动设想、建议,并在活动中展现出不怕困难的勇气和合作精神等。

(二)实践能力和创新精神

考查学生在活动中从发现问题、分析问题到解决问题的全过程中所显示出来的探究精神和实践操作能力。同时,也关注学生是否能在实践中提出新思路、新方法和新观点,以及对问题的独立思考和解决能力。

(三)学习方法和研究方法

评价学生是否掌握查阅资料、实地观察记录、调查研究、整理材料、处理数据、操作运用工具、交往与表达等方面的技能和方法,以及这些技能和方法在实际活动中的应用水平。

(四)成果产出质量

评价学生的活动成果,包括报告、作品等。成果产出质量可以反映学生在活动中的实际应用能力和综合素质。

(五)反思和总结能力

评价学生在活动结束后的反思和总结能力,包括对自己在活动中的表现和成长的认识,以及对活动的反思和建议。这有助于学生形成自我评价和持续改进的习惯。

对于指导教师而言,评价内容可能包括参与态度、指导能力、继续学习、指导效果等方面。具体而言,包括是否主动、热情地做好活动前准备工作,是否善于发现学生的问题和困难并为其提供有价值的建议和意见,是否主动学习课程的前沿知识以提升指导水平,以及是否引导学生进行总结和反思并进行有效的成果展示等。

请注意,以上评价内容并非一成不变,可以根据具体的实践活动、学生的特点和目标的要求进行具体的评价指标和评价方式的设计。

四、评价内容的特点

(一)过程评价

评价应该重视学生的参与过程和活动体验,而不仅仅是结果。这种评价方式强调对学生的态度、能力的培养以及创新思维的激发。

(二)多元评价

评价应采用多种方法和工具,评价主体多元,包括自我评价、同伴评价、教师评价等,以全面反映学生的学习情况和成果。

(三)发展性原则

评价应关注学生的全面发展,不仅是对学科知识的掌握,还包括身心素质的提升和个性的发展。

（四）指导性和反馈性

评价结果应用于指导学生的进一步学习和发展，同时提供具体的反馈，帮助学生了解自己的优势和需要改进的地方。

（五）科学性和系统性

评价体系应具有科学性和系统性，确保评价标准明确、操作性强，并能够有效地评估学生的综合素质。

（六）正面性和激励性

评价应具有正面的激励作用，通过肯定学生的努力和成就，提升学生的学习动力和参与度。

（七）整体性和连续性

评价应贯穿整个综合实践活动的实施过程，从前期准备到活动执行，再到后期总结，都应该有相应的评价环节，从而形成一个连续的评价体系。

这些评价内容和原则旨在促进学生综合素质的持续发展，使综合实践活动成为促进学生全面发展的重要途径。

任务三　评价方法

🔗 任务描述

本任务旨在引导读者对中小学综合实践活动的评价方法形成基本认知。

🔗 任务目标

掌握中小学综合实践活动评价的主要方法，具备在实际活动策划中选择适合的方法进行合理、有效的评价的能力。

🔗 任务重点

掌握中小学综合实践活动评价的主要方法。

🔗 任务难点

根据不同主题的中小学综合实践活动，选择适合的方法进行合理、有效的评价。

一、常用评价方法

综合实践活动评价可采用多样的评价方法,这些评价方法各有特点,适用于不同的教学场景和学生需求。在实际应用中,可以根据具体的课程内容和学生特点选择合适的评价方法,以促进学生全面发展。在综合实践活动评价中常用的评价方法,可以从评价功能、评价主体、评价工具等不同维度进行划分。

(一)按评价功能划分

1. 过程性评价

关注学生在综合实践活动过程中的表现,包括参与态度、合作精神、探究精神等。可以通过观察、记录、访谈等方式进行,以便及时了解学生的学习进展和困难,并给予相应的指导和帮助。

在评价过程中做好写实记录。教师应指导学生客观记录参与活动的具体情况,包括活动主题、持续时间、所承担的角色、任务分工及完成情况等,及时填写活动记录单,并收集相关事实材料,如活动现场照片、作品、研究报告、实践单位证明等。活动记录、事实材料要真实、有据可查。

2. 成果性评价

对学生的实践成果进行评价,包括作品、报告等。在评价时,应注重成果的质量、创意性和实用性,同时也要关注学生在成果制作过程中所体现的技能、方法和态度。可以通过小组或个人展示的形式,展示学生的学习成果,这种方法不仅能检验学生的学习成果,还能增强学生的表达和沟通能力。

(二)按评价主体划分

1. 学生自评

鼓励学生进行自评,让学生反思自己的学习过程和成果,发现问题并提出改进意见。自我评价有助于学生形成自我认知和培养自我管理能力,同时也能增强学生的学习动力和自信心。

2. 学生互评

组织学生进行互评,让他们评价彼此的学习过程和成果。学生互评有助于学生了解他人的优点和不足,找到学习的方向和方法,从而增进了解、相互学习、共同进步。

3. 教师评价

教师评价是指教师根据学生的学习过程、成果和表现进行评价,给出具体的评价意见和建议。教师评价应该客观、公正、具体,能够帮助学生了解自己的优点和不足,明确改进方向。

（三）按评价工具划分

1.量化评价法

量化评价法,是指通过制定评价标准和指标,对学生的学习过程和成果进行量化评分,以便更直观地了解学生的学习情况。

知识活页

量化教学评价

量化教学评价是指在评价过程中采用测验的方式收集与某一教学相关的学生实际表现或学生所取得的进步的资料,并在对所获得的资料进行数量化分析后,对教学效果做出评价。运用常模参照评价与标准参照评价以及标准化学业测验和教师自编测验所进行的评价,均属于量化教学评价。这种评价方式更多地用于对教师的教学和学生的学习结果进行评价,而不是对过程进行评价,较多使用于传统教学中。

量化教学评价在学习和教学过程中发挥着重要作用,一般可以概括为以下三方面:其一,评价的结果为教师检验与改进教学提供依据;其二,评价的结果为学生在学习上的进步提供反馈;其三,评价的结果为学生家长了解子女在校学习情况提供参考。

（资料来源:百度百科。）

2.质性评价法

质性评价是指对学生的学习过程和成果进行描述性评价,注重对学生的情感体验、学习态度、合作精神等方面的评价。

知识活页

质 性 评 价

质性评价源于解释主义哲学。主体与客体这二者之间是互为主体、相互渗透的。知识是主体通过不断建构和检验所形成的。在20世纪60年代之前,人们十分重视量化评价,认为只有量化分析才是科学的。随着社会批判思潮的兴起,人们认识到评价不是一个单纯技术问题,纯粹价值中立的描述是不存在的,因此,评价要对评价对象的价值或特点做出判断,价值问题由此在评价领域中凸显出来,人们评价的重点转向了价值观。20世纪70年代以后,量化评价逐步被质性评价所取代,质性课程评价也日益兴盛起来。

质性评价认为,资料是对评价者价值观的反映。在评价开始之前,人们不知道他们需要揭示的东西是什么。随着对资料的收集和分析的逐步深入，所需要的方法将不断显现。不同的调查主题需要采用不同的方法，具体有参与观察、行动研究等。与量化评价的精确定义、精心设计、预设程序和工具等相反，质性评价中的工具和方法是逐渐显露出来的。在学校和课堂，在不同的课程规划阶段，评价者会在评价中不断更新或改进相关的评价程序、工具和变量。

在评价者的角色方面，质性评价主张不要对外部评价者与内部评价者进行严格区分。课程评价是一个包括所有参与课程检验并了解课程评价过程的个体（如教师、学生、家长、督导员、专家等）在内的共同参与的、连续性的过程。评价者充当了促进者，鼓励参与者对有关课程的内容进行提问、讨论，同时进行设计和资料收集、分析、解释，并澄清一些观念，如教育目标、知识的本质、教与学、特定情境和教育环境的含义等。评价者会考虑到参与者对当前课程的看法以及当前课程的发展方向，并借鉴其他参与者的观点。评价者也充当着学者和教师的角色，通过对话和合作性活动指导所有参与者，提升了参与者的评价思维过程和技能，并解决他们的困惑。评价者不一定中立，可以在合作性的对话中发表自己的见解。

（资料来源：百度百科。）

（四）综合评价法

此处主要介绍档案袋评价法。建立学生学习过程档案，收集学生的作品、反思、评价等方面的材料，以全面反映学生的学习过程和成果。档案袋作为记录学生自我评价、同伴互评和教师评价的工具，是评价学生的重要参考，有助于全面了解学生的学习情况和个人发展。

在活动过程中，教师要指导学生分类整理、遴选具有代表性的重要活动记录、典型事实材料以及其他有关资料，并进行编排、汇总、归档，形成学生个人的综合实践活动档案袋，并作为学生综合素质档案的重要组成部分。档案袋是学生自我评价、同伴互评、教师评价的重要依据，也是招生录取时进行综合评价的重要参考。

🔍 知识活页

档案袋评价

档案袋评价（Portfolio Assessment），又称"学习档案评价"或"学生成长记录袋评价"，是以档案袋为依据对评价对象进行的客观、综合的评价，它是20世纪90年代伴随着西方教育评价改革运动而出现的一种新型质性教育教学评价工具。档案袋是指依据一定目的收集的反映学生学习过程以及最终产品的一整套资料。档案袋的制作过程涵盖了一项任务从起始阶段到完成阶段的整个跨度,目的是展示学生的学习和进步状况。

1.档案袋评价的类型

(1)教学型(课堂型):教师根据本年度的课程和教学计划,对学生的学习情况和学业成绩进行综合性评价。材料构成包括教师本年度的课程和教学计划、教师对学生表现的总结、教师给学生的评语等。

(2)评价型:由教师按一定标准建立的学生作品集。

(3)展示型:由学生自己选出来的最好的或最喜欢的作品。作品虽幼稚,但能真实展示学生成长中的快乐和烦恼。

(4)文件型:包括学生平时的作品和形成性检查表格(行为检查和观察记录),对学生的评价更客观与全面。

(5)理想型:一种比较理想化的档案袋评价类型。鼓励学生自我反思,对于被选入的作品的优劣加以评价。

(6)资料型:主要保存学生的基本资料,如党团组织资料、证明资料等。

2.档案袋的组成部分

(1)封面:一般体现为对档案袋的介绍。

(2)目录。

(3)内容(主体部分):包括作品、文章阅读心得体会、课堂表现的录音、调查问卷等。

(4)总结:对于一学期内整个学习过程的自我小结。

3.档案袋评价法的特点

(1)促进评价与教学相结合。

档案袋评价的作品不是简单的作品,而是精选的作品,是有一定的标准的,体现了这一学期内所关注的问题。档案袋评价的作品主要是课堂学习的成果,与课堂教学活动密不可分,真实地反映了学生的学习过程。

(2)全面深入地展示了学生的学习能力。

档案袋的内容不局限于考试成绩。一场考试受时间、考试内容及其他一些不确定因素的影响,而档案袋真实地记录了学生的学习过程,展现了学生在不同阶段的不同作品,体现了学生多方面的技能,如写作能力、口头表达能力、图形表达能力、社会技能和文化意识等,教育者可以通过前后比较看到学生的成长轨迹。

(3)促进学生主动学习。

①学生需要对放入档案袋中的内容进行判断和选择,设定一定的学习目标,把控学习进程。

②在目标的指引下,学生可以反思自身的进步和作品的质量。

③学生依据自身水平完成学习任务,展示自己的学习风格和表达方式。

(资料来源:百度百科。)

总之,中小学综合实践活动课程的评价方法应该多样化、全面化,以充分反映学生的学习过程和成果,同时也要注重培养学生对自我的认知和自我管理能力,促进学生全面发展。

二、评价结果应用

中小学综合实践活动评价结果的应用是教育过程中的重要环节,它不仅能够反映学生的学习成果,还能为教师和学校提供改进教学的依据。

(一)反馈学生学习情况

评价结果是学生学习情况的直观反映,教师和家长可以根据评价结果了解学生在活动中的参与度,以及学生的实践能力、创新思维等方面的表现,从而为学生提供有针对性的指导和帮助。

(二)指导教师教学

评价结果可以作为教师教学的参考。通过分析评价结果,教师可以了解自己在组织活动、引导学生、提供资源等方面的优点和不足,从而调整教学策略,提升教学效果。

(三)优化课程设计

评价结果可以为课程设计的优化提供依据。学校可以根据评价结果,分析课程目标的达成情况、课程内容的合理性、课程实施的有效性等方面的问题,从而调整课程设计,使其更符合学生成长的需求和学生的兴趣。

(四)促进学生发展

评价结果的应用可以促进学生的发展。学生可以通过了解自己在活动中的表现,认识到自己的优点和不足,从而激发自我改进的动力。同时,评价结果也可以作为学生自我评价的依据,帮助学生建立自信心,提升自我认知。评价的首要功能是让学生及时获得关于学习过程的反馈,改进后续活动。要杜绝评价过程中只重结果、不重过程的现象。要对学生作品进行深入分析和研究,挖掘其背后蕴藏的学生的思想、创意和体验,杜绝对学生的作品随意打分和简单排名等功利主义做法。要坚持学生成长导向,通过对学生成长过程的观察、记录、分析,促进学校和教师把握学生的成长规律,了解学生的个性与特长,因材施教,不断激发学生的潜能,为更好地促进学生成长提供依据。

(五)助力学校改进

评价结果还可以为学校提供改进的依据。学校可以通过分析评价结果,了解学校在综合实践活动课程方面的整体情况,发现存在的问题和不足,从而制定改进措施,优化教学方案,提升教师教学能力,提高课程质量。

中小学综合实践活动评价结果的应用是多方面的,它不仅可以促进学生的学习和发展,还可以为教师和学校提供改进的依据,推动综合实践活动课程的不断完善和发展。

教学互动

某校以"探索绿色生活,培养环保意识"为主题开展了综合实践活动课程,旨在通过实践活动,引导学生了解环保知识,提升环保意识,形成绿色生活方式。课程为期四周,面向小学五年级学生。

本次综合实践活动课程的目标包括:①知识与技能目标,了解环保基础知识,如垃圾分类、节约用水、节能减排等;②过程与方法目标,通过参与实践活动,学会观察、调查、分析和解决问题的方法;③情感态度与价值观目标,培养环保意识,形成绿色生活习惯,激发对大自然的热爱之情。

本次综合实践活动课程的内容主要包括:①环保知识讲座,邀请环保专家为学生讲解环保知识,引导学生认识环保的重要性;②垃圾分类实践,组织学生分组进行校园垃圾分类实践,了解不同垃圾的处理方法;③节约用水调查,组织学生调查家庭和学校用水情况,提出节约用水建议并付诸实践;④节能减排体验,引导学生了解节能灯、节能电器等节能产品的相关知识,理解节能减排的意义。

如果你是本次课程的组织者,请结合以上材料内容,针对该课程设计一个评价方案。

项目小结

本项目详细阐述了中小学综合实践活动的评价依据、评价内容、评价方法,以及评价结果的应用等方面的内容,旨在帮助读者形成对中小学综合实践活动课程评价的基本认知,提升设计和实施中小学综合实践活动课程评价方案的能力。

能力训练

请以小组为单位,结合"教学互动"模块中"探索绿色生活,培养环保意识"综合实践活动课程案例,制定并完成量化评价的评价表。

知识训练

项目九

项目十
中小学综合实践活动实例

 项目描述

　　本项目结合具体实例详细介绍了四种类型的中小学综合实践活动,即考察探究活动、社会服务活动、设计制作活动、职业体验活动的内容和特点,旨在进一步指导读者系统、科学、有效地设计与实施中小学综合实践活动。

项目引入
▼

项目十

 项目目标

知识目标

(1)掌握考察探究活动的设计与实施。
(2)掌握社会服务活动的设计与实施。
(3)掌握设计制作活动的设计与实施。
(4)掌握职业体验活动的设计与实施。

能力目标

(1)能够系统、科学、有效地设计中小学综合实践活动。
(2)能够系统、科学、有效地实施中小学综合实践活动。

素养目标

(1)深入理解和践行社会主义核心价值观。
(2)提升社会责任感、创新意识和实践能力。

知识导图

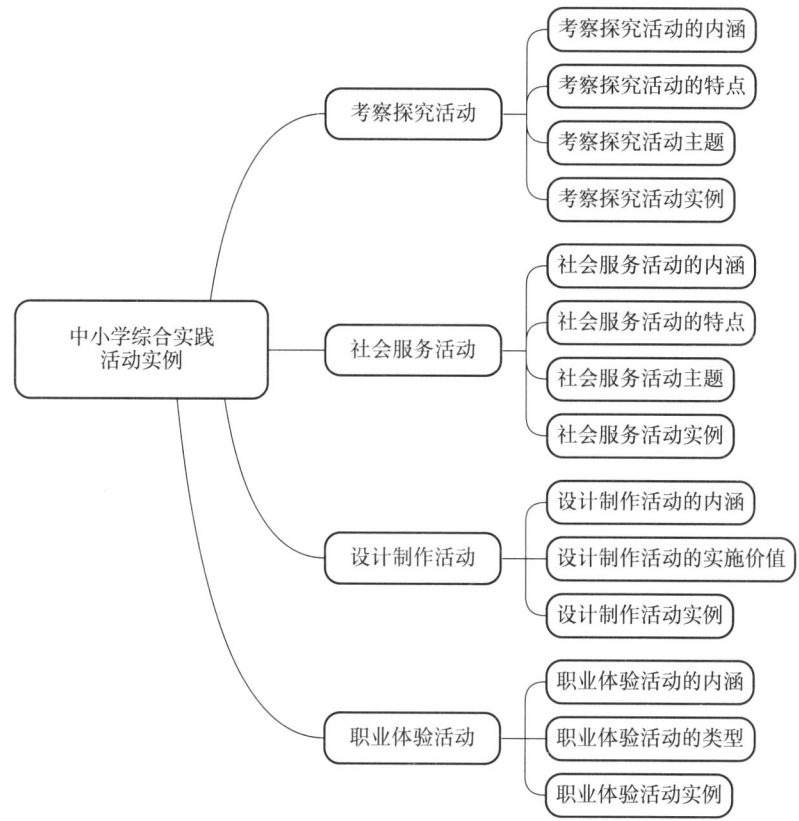

中小学综合实践活动实例

- 考察探究活动
  - 考察探究活动的内涵
  - 考察探究活动的特点
  - 考察探究活动主题
  - 考察探究活动实例
- 社会服务活动
  - 社会服务活动的内涵
  - 社会服务活动的特点
  - 社会服务活动主题
  - 社会服务活动实例
- 设计制作活动
  - 设计制作活动的内涵
  - 设计制作活动的实施价值
  - 设计制作活动实例
- 职业体验活动
  - 职业体验活动的内涵
  - 职业体验活动的类型
  - 职业体验活动实例

任务一 考察探究活动

任务描述

本任务结合实例对考察探究活动的内涵、特点等进行了讲解。

任务目标

掌握考察探究活动的特点,能够系统、科学、有效地设计与实施考察探究活动。

任务重点

联系实际设计与实施考察探究活动。

Note

任务难点

掌握考察探究活动的特点。

一、考察探究活动的内涵

考察探究活动是综合实践活动课程中较为重要的一种活动形式,鼓励学生根据自身兴趣,在教师的悉心指导下,从自然、社会及自身生活中选取并确定研究课题,进行研究性学习。通过这一过程,学生能够综合运用各学科知识及多种方法,深入分析并解决问题,进而提升主动获取新知、分析解决难题的能力,同时,亲身体验研究过程也有助于培养学生的科学素养和探究精神。

"考察探究"这一概念,融合了"考察"与"探究"两个部分。一方面,强调为学生构建一个开放的实践平台,包括校园内外的各类场馆、社区服务项目、野外实地考察等,旨在极大地拓宽学生的学习视野,让他们在实践中体验、感知世界,从而丰富他们的知识结构和人生阅历。另一方面,倡导学生运用多样化的科学方法,如实地观察、访谈调查、实验操作等,深入挖掘实践活动的内涵与价值。将实践活动与深度探究紧密结合,不仅能够提升学生的动手能力,更重要的是还能够激发他们的批判性思维,培养他们勇于探索未知、敢于质疑权威的求知精神。

二、考察探究活动的特点

考察探究活动的特点具体体现为以下三个方面。

(一)生活性

考察探究活动的主题紧密围绕学生的日常生活和社会实践,这不仅使学生能够将所学知识应用于解决实际问题,还能激发他们对生活的热爱之情。通过参与这些活动,学生能够更深入地理解自己所处的生活情境,培养对生活的热爱之情与对社会的责任感。此外,生活性还体现在活动的实施过程中,学生需要在真实的生活情境中观察、体验和思考,从而增强实践能力和解决问题的能力。

(二)自主性

自主性是考察探究活动的核心特征之一。学生在活动中拥有充分的自主权,可以自主选择研究主题、制订研究计划、选择研究方法等。这种自主性不仅有助于培养学生的独立思考能力和创新精神,还能激发他们对学习的兴趣和热情。同时,自主性也要求学生在活动中学会合作与交流,与同伴共同解决问题,形成共同的研究成果。

知识活页

同 伴 文 化

同伴文化是指儿童在与同伴互动过程中创造并共享的一系列相对稳定的活动或常规、产品、价值及利益关切。这种文化包括儿童创造和分享的日常活动,以及由此创生出的价值观念及思想等,具有公共性、集体性和行为表述性。同伴文化是由儿童在与同伴互动中形成的,同时也会反过来影响儿童的社交和行为方式。

同伴文化的形成与儿童的自我身份确立和社会交往行为及方式的选择紧密相关。在同伴文化中,儿童通过游戏、分享等活动形成价值观念及思想,从而塑造和确立自己的社会身份。例如,儿童可能会形成稳定的小团体,通过共同的游戏和活动来确认自己的身份。

同伴文化还受到多种因素的影响,包括性别意识、阶层意识、社会情境和成人干预等。不同年龄的儿童创造同伴文化的方式和呈现的具体面貌会有所不同。例如,年龄较小的儿童可能更多地参与物质游戏,而年龄较大的儿童则可能参与更复杂的社交活动。

总的来说,同伴文化是儿童成长过程中的一个重要方面,它有助于儿童的社会化,能够促进儿童之间的交流和理解,同时也为儿童提供了一个学习和实践社交技能的平台。

(资料来源:百度知道。)

(三)研究性

考察探究活动的主题通常源于学生对周围世界的观察和思考,这要求学生具备一定的研究能力和方法。在活动中,学生需要运用所学知识进行实地考察、数据收集和分析,以及提出解决方案等。这些过程不仅锻炼了学生的科学研究能力,还培养了他们的批判性思维和解决问题的能力。

三、考察探究活动主题

《考察探究活动推荐主题及其说明》按照1—2年级、3—6年级、7—9年级、10—12年级四个学段划分了相应的活动主题。整体而言,这四个学段的推荐主题均围绕自然、社会和自身生活三大领域选定活动内容。在活动难度的设置上,充分考虑了学生年龄特征、知识水平、心理特征与思维发展,精心设计了适合各学段的活动主题,旨在帮助学生逐步掌握研究方法,不断拓展探究的深度和广度。

在内容选择方面,自然领域的主题侧重于引领学生亲身体验自然、深刻感悟自然之美,并鼓励他们积极探索自然的奥秘,学生通过对身边的自然资源、生态环境,以及能源的合理利用、科技与自然和谐共生发展等问题展开研究,增强对自然的敬畏之心,同时在实践中培养爱护环境、保护自然的意识。社会领域的主题侧重于引导学生关注社会热点,深入探究社会发展的脉搏,学生将深入理解社会运作的规律,学会批判性地看待社会现象,反思社会问题,从而增强社会责任感和使命感,成长为有担当、有见地的社会公民。学生自身生活领域的主题则更加贴近学生的实际需求和心理特点,教师可以通过引导学生进行自我反思、自我认知及自我发展,帮助学生应对现实生活中的困扰和挑战,这也有助于学生学会分析问题,积极探索有效的解决方案。

四、考察探究活动实例

实例一:"我与水果结奇缘"

【主题分析】

随着时代的进步与生活品质的提升,人们的饮食理念正悄然转变,从单一的味觉追求迈向了健康养生的新高度。水果,作为日常膳食的重要组成,其凭借丰富的营养价值,越发成为大众的心头好。本活动旨在搭建学生与水果之间的桥梁,引领他们深入探索水果世界,包括水果的种类、特性、生长养护以及营养价值,从而培养学生的观察能力、实践能力、创新能力,提升学生的健康生活意识。

【学情分析】

1—2年级的学生求知欲旺盛,对周围事物充满探索欲望,在成人的陪伴下,他们完全有能力踏入果园、水果市场,开展初步的调查与研究活动。

【活动目标】

(1)知识目标:掌握一些常见水果的种植或养护方法,认识市场上的各种水果,了解水果的营养价值,在种植或养护水果的过程中初步学会观察和记录。

(2)能力目标:提升生活观察力,激发实践参与热情,提升在实践中收集信息、处理数据的能力,以及进行社会调查、动手操作、创新思考和团队协作的能力。

(3)情感态度目标:通过认识和探究水果,初步形成科学食用水果的观念,领悟"科学无处不在"的真谛。同时,通过亲身体验水果的种植或养护过程,感受劳动的艰辛与收获的喜悦,进而学会尊重劳动、珍惜劳动成果,培养勤劳节俭的美德。

【活动准备】

1.学生准备

(1)准备水果相关的图片或实物。

(2)设计调查问卷。

（3）准备相关调查研究设备。

2.教师准备

（1）学习水果的种类、营养成分等方面的知识。

（2）掌握组织小学生开展调查、研究活动的方法。

（3）与果园、图书馆等取得联系，争取家长的配合。

【活动计划】

（1）调查名称：水果。

（2）调查人员：1—2年级学生。

（3）调查地点：果园、水果市场等。

（4）调查方式。

① 访谈：与父母、水果市场的商家等进行面对面的交谈。

② 观察：观察常见的水果。

③ 问卷调查：设计调查问卷。

④ 随机访谈：开展不定时采访活动。

（5）时间安排：具体见表10-1-1。

表10-1-1　时间安排表

阶段	时间	任务	阶段目标	教师指导
第一阶段	××月××日	（1）接受培训。（2）分组、选组长。（3）查找资料、制作量表	（1）明确任务内容，树立信心。（2）活动准备	（1）做好学生的安全教育工作。（2）指导学生分组，确定组长。（3）指导学生制作量表
第二阶段	××月××日	（1）联系采访对象。（2）实地调查。（3）小组讨论、交流	（1）收集第一手材料。（2）讨论，分类	（1）动员家长配合学生开展活动。（2）指导学生解决在实际活动中出现的问题和困难
第三阶段	××月××日	（1）整理材料，办手抄报。（2）展示成果	（1）合作学习。（2）总结提高	指导学生有计划、有目的、有条理地进行成果汇报

【指导策略及活动流程】

1.指导重点

（1）指导学生制作量表、收集与整理调查材料。

（2）组织学生开展讨论，分享心得体会，办好手抄报。

2.指导难点

指导学生撰写调查心得体会，鼓励学生表达真实感受，形成新颖的观点。

3.活动流程

(1)活动准备(确定课题)。

① 对学生进行分组,以小组为单位,对组内成员进行问卷调查,了解组内成员对水果的认识。教师对各组调查结果进行分析和总结,初步设计活动实施方案(见表10-1-2)。

表10-1-2　活动实施方案

组长	
小组成员	
活动主题	
活动地点	
活动方式	
时间安排	
小组成员分工	

② 每组推选2—3名学生作为本组的代表,参与本班活动实施方案的设计、策划以及活动准备工作等,广泛征求其他同学的意见,并及时反馈给教师。教师根据学生的反馈情况,确定主题内容,并对活动实施方案做进一步修改。

③ 学生依据所选择的研究主题,自由组成研究性学习小组。

④ 学校的综合实践活动评价小组对综合实践活动实施方案的可行性进行评价。

⑤ 动员学生、家长、教师积极参与活动,制作宣传海报。邀请热心学校教育的家长作为学生活动指导教师,为学校综合实践活动的开展提供支持。

(2)各小组制订研究计划。

① 指导教师根据自己的特长及学科特点,有针对性地指导各小组的研究活动。

② 各组根据本组的特点制订研究计划,包括研究方法、成果展示等方面的内容。

(3)调查研究。

① 组织学生分组联系采访的对象,每组要求采访3—5人。组员找到采访对象后,应先向课题组长报告,统筹采访对象。

② 组织学生采用问卷、采访、参观等方式进行调查,可以选择学生及其家长、教师、商家等作为采访对象,从新鲜程度、价格、产地等方面来了解水果,目的在于通过调查了解更多关于水果的常识。

③ 帮助学生解决在调查中遇到的困难,适时给予学生鼓励。

④ 为学生提供查阅资料的途径和方法。

⑤ 及时了解各组的调查情况,引导学生将获得的材料进行系统的筛选、归纳、整合。

⑥ 引导学生先在组内汇报所收集的材料,并对材料进行分类整理。

(4) 活动总结与反思。

各组在实地调查结束后,结合收集的资料,围绕在活动中的收获与体验展开讨论。讨论结束后,每个学生均须上交一份手抄报,要求手抄报的形式生动活泼,内容丰富多彩,能够展现个人的心得体会。在分享成果与反思的过程中,教师应引导学生审视个人得失,不断优化行动方案。

【活动评价】

(1) 以自我评价为主。引导学生审视自身在活动过程中面对困难时的态度、解决问题的方法、与人交往的技巧、团队合作的默契度、成果展示的创新性等,并对这些方面进行自我评价。此外,通过同伴之间的互评,学生可以获得多角度的反馈,从而实现对自身表现的全面评估。

(2) 注重过程性评价。强调过程性评价的重要性,关注学生在活动过程中的具体表现以及所获得的种种体验。评价应涵盖学生从发现问题、分析问题到解决问题的全过程,同时考查学生的行为表现、参与态度、努力程度等多个维度,以全面、客观地评估学生的学习与成长。

实例二:"我是非遗小传人之剪纸艺术"

【主题分析】

剪纸艺术遗产是国家级非遗,深受人们喜爱。将剪纸艺术融入教育内容,有助于通过创作让青少年释放探索未知的热情,不断获得成就感。这不仅对青少年的情感滋养和健康成长至关重要,还对他们的终身发展具有深远的影响。

【学情分析】

3—6年级的学生已具备对新事物进行思考与探索的能力,他们渴望拓宽视野、深化认知。教师应通过多种方式,激发学生的思维活力,帮助学生发现并理解新事物,使学生在探索中不断成长。

【活动目标】

(1) 知识目标:学习非遗与剪纸文化的相关知识,了解剪纸的表现形式、艺术特点及文化背景,拓宽知识面与文化视野。

(2) 能力目标:能够设计并制作简单的剪纸作品,提升动手实践与创新能力。

(3) 情感态度目标:培养爱国情怀,坚定成为非遗小传人的决心。同时,通过体验剪纸艺术的创作过程,深刻感受劳动的艰辛与光荣,从而树立尊重劳动、珍视劳动成果的正确观念。

【活动准备】

1.教师准备

(1)为学生准备一些简单但具有代表性的剪纸作品,以及有关剪纸文化的宣传片。

(2)掌握小学生开展调查、研究和组织活动的特点与方法。争取家长的配合,为学生实地访问和查阅资料做好相应的准备工作。

2.学生准备

(1)准备剪纸相关的图片或实物和工具。

(2)设计调查访问的提纲。

(3)准备其他设备(如相机等)。

【活动过程】

1.第一阶段:活动主题确定阶段

(1)目标:能够提出关于剪纸的问题并能够对问题进行筛选、归纳,形成适合研究的子课题。

教师可以通过谈话,引导学生提出关于剪纸的问题,如"同学们,你们知道剪纸的种类有哪些吗?""你们了解剪纸的制作过程吗?""对于剪纸艺术,你们有哪些想要了解的呢?"等。最终确定研究主题——"我是非遗小传人之剪纸艺术"。

(2)指导要点。

① 对学生进行分组,以小组为单位,对组内成员进行问卷调查,了解组内成员对剪纸艺术的认识。教师对各组调查结果进行分析和总结,初步设计活动实施方案。

② 每组推选2—3名学生作为本组的代表,参与本班活动实施方案的设计、策划以及活动准备工作等,广泛征求其他同学的意见,并及时反馈给教师。教师根据学生的反馈情况,确定主题内容,并对活动实施方案做进一步修改。

③ 学生依据所选择的研究主题,自由组成研究性学习小组。

④ 学校的综合实践活动评价小组对综合实践活动实施方案的可行性进行评价。

⑤ 动员学生、家长、教师积极参与活动,制作宣传海报。邀请热心学校教育的家长作为学生活动指导教师,为学校综合实践活动的开展提供支持。

2.第二阶段:活动实施阶段

成立活动学习小组,按照自愿原则组成三个小组,并选好各组的组长,明确各组任务分工,如表10-1-3所示。

表 10-1-3　各组任务分工示例表

组名	任务分工	组长
第一组	（1）了解非遗的相关信息，以及剪纸的前世今生。 （2）制作手抄报介绍剪纸的历史	
第二组	（1）了解剪纸的主要风格和样式。 （2）争做"小小解说员"，向其他同学介绍剪纸的种类	
第三组	（1）观摩剪纸教学视频，了解剪纸的制作过程。 （2）尝试自己动手制作剪纸	

课后，要求各小组成员向家长汇报本次主题活动的计划，听取家长的建议，争取家长的支持，以进一步完善小组活动方案。

指导要点包括：①对学生制作量表、收集与整理调查材料进行指导。②组织学生开展讨论，分享心得体会。③指导学生撰写调查心得体会，鼓励学生表达真实感受，形成新颖的观点。

3. 第三阶段：总结与交流阶段

（1）目标：各组在班内分享收获与体悟。教师应指导学生整理活动资料，撰写研究报告，并选择恰当的展示形式，如手抄报、心得体会、剪纸作品等。学生通过展示与交流，审视自身得失。

（2）指导要点。

① 指导学生整理活动资料的方法，如依据文字、图片、视频等形式，对活动资料进行分类整理。

② 确保学生掌握撰写研究报告的一般格式要求，要求学生根据本次活动情况，撰写简单的研究报告。

③ 指导学生根据活动内容的特点及本组成员的特长选择恰当的展示方式。

④ 为学生进行展示预留一定的准备时间，根据学生的展示方式进行有针对性的方法援助以使学生的展示更加出彩。

【活动评价】

重视评价学生对于非遗文化的理解能力与表达能力，鼓励学生将所学知识与技能应用于实际生活中，成为真正的非遗小传人。

【拓展延伸】

进一步探索非遗项目，组织一定的参观或实地考察活动，引导学生体悟非遗技艺的魅力，为传承与弘扬中华优秀传统文化贡献力量。

拓展案例
▼

小剪纸，大文化

任务二 社会服务活动

任务描述

本任务结合实例对社会服务活动的内涵、特点等进行了讲解。

任务目标

掌握社会服务活动的特点,能够系统、科学、有效地设计与实施社会服务活动。

任务重点

联系实际设计与实施社会服务活动。

任务难点

掌握社会服务活动的特点。

一、社会服务活动的内涵

社会是一个人与人之间互相关怀的结构体,鼓励学生主动融入社会,深刻理解社会的运作机制,并投身于为他人服务之中,这不仅是学生个人成长不可或缺的路径,也是作为社会成员应积极承担的义务与责任。步入社会、服务他人,意味着与他人建立沟通与联系,将个人的小爱升华为对社会、对他人乃至对自然界的大爱。这种行为,也会促进服务者自身素养的提升。

《中小学综合实践活动课程指导纲要》中明确指出,社会服务指学生在教师的指导下,走出教室,参与社会活动,以自己的劳动满足社会组织或他人的需要,如公益活动、志愿服务、勤工俭学等,它强调学生在满足被服务者需要的过程中,获得自身发展,促进相关知识技能的学习,提升实践能力,成为履职尽责、敢于担当的人。

社会服务强调活动本身的服务意义与学习价值的有机统一,不仅重视活动对学生道德品质与知识体系的正面影响,还突出服务社会、奉献他人的深远意义。社会服务绝非简单的劳动付出,而是侧重于在服务实践中运用所学知识解决实际问题,并在此过程中不断学习新知,实现知识与实践之间的良性循环。

二、社会服务活动的特点

（一）实践导向性

社会服务活动实现了学生从间接经验获取向直接经验体验的转变，它打破了传统学科界限，构建起理论知识、个人经验与社会实践之间的桥梁。这一教学模式鼓励学生走出传统教室，深入实际场景，亲身参与服务、考察、探究及创作等一系列实践活动。探究社会现象成为社会实践教学活动的核心标志，它基于探索性经验，旨在促进学生个性化经验的积累与深化，使他们在现实世界的体验中认识自我、关注自我成长，并以培养独立自主和内省能力为核心，协调个人与集体的关系，增强体能对自然现实的适应水平。

（二）自主参与性

社会服务活动的实施应充分尊重学生的参与兴趣与自主性，这意味着学生不再是被动执行学校、教师或他人意志的工具，社会服务活动通过赋予学生选择权和决策权，促使学生积极主动参与。只有当学生的意愿与自由得到充分尊重时，社会服务活动才能展现出丰富、生动且充实的过程与状态，从而获得良好的教育效果。

（三）深度反思性

反思是社会服务活动不可或缺的关键要素，深刻而有效的反思有助于学生从活动中体悟学习与成长的意义。反思不仅是社会服务活动的重要组成部分，还是贯穿整个服务与实践过程的基本要素与方法。随着社会服务活动的进行，参与者会不断进行自我提问：我参与此活动的意义何在？为开展活动或解决问题，我应采用哪些方法？哪种方法最为适宜？我需要运用哪些知识？应如何将所学知识与当前问题相结合？我的活动过程是否有效？活动中是否存在问题，应如何解决？我的服务对于他人而言是否有意义？我的服务是否真诚？……

三、社会服务活动主题

《社会服务活动推荐主题及其说明》中列出了21个社会服务活动的推荐主题。这些推荐主题并不是随意编排和设计的，其构成具有内在逻辑性。首先，这些推荐主题依据学生年龄、学段、知识积累及经验增长的轨迹，逐步拓展社会服务的形式，从自我服务层面起始，进而涵盖家庭服务层面、学校服务层面，最终延伸至广泛的社会服务层面。其次，在设计社会服务主题时，充分考虑了活动的多样性，不仅包含了在家庭、学校及社会中开展的服务活动，还融入了关爱他人、环境保护、文化传播、社区服务以及赛事与会议服务等多种形式的具体活动。

学校在设计和选择社会服务活动时，应紧扣实践育人的核心目标，积极探索并建立能够激励学生持续参与社会服务活动的长效机制,应将社会服务活动与其他方式有机结合,统筹设计、整合实施,以发挥全方位的育人功效。

四、社会服务活动实例

实例一:"清除社区小广告"

【主题分析】

城市之中,小广告的违规张贴一直是较难根治的问题。这些小广告不仅破坏了城市的整洁,也对城市形象造成了不小的损害。学生在日常生活中经常提及此问题,对此十分关注。为此,学校以"清除社区小广告"为主题组织开展面向四年级学生的综合实践活动,该主题活动贴近学生生活,易于操作,能广泛调动学生的参与热情。同时,小广告的违规张贴也是政府关注的社会问题,研究相关清除方法具有积极的社会意义。

【学情分析】

四年级的学生在认知上偏向具体和形象,对小广告虽有所感知但缺乏深入了解。他们已具备一定的资料收集和整理能力,有探究欲望和创造力,但缺乏实际的设计经验。

【活动目标】

(1)知识目标:全面了解小广告的危害。

(2)能力目标:提升收集、处理、运用信息的能力,增强社会实践能力。

(3)情感态度目标:通过实践活动,认识到管理市容市貌的重要性,培养社会责任感和环保意识。

【活动准备】

准备表格、清除工具和用品(如铲子、刷子、清洁剂、垃圾袋等)。

【活动过程】

1.活动准备阶段

(1)观察:教师展示拍摄的照片,引导学生观察并发现小广告的问题。

(2)讨论:学生以小组为单位,在组内交流、分享对照片的看法。

(3)提出问题:鼓励学生讨论社区内小广告的相关话题,如人们对小广告的看法、小广告泛滥的原因等。

(4)确定主题:学生根据个人兴趣选择研究主题,组成研究小组。

(5)制订计划:小组在讨论后统一意见,制订详细的研究计划。

2.活动实践阶段

将学生分为以下六组,明确各组任务内容。

(1)一组:研究人们对小广告的看法,通过采访和调查问卷收集意见。

(2)二组:探究小广告泛滥的原因,通过查阅资料和采访获取线索。

（3）三组：考察小广告的张贴位置，记录并统计数据。

（4）四组：分析小广告的内容和形式，并进行分类整理。

（5）五组：了解管理部门治理小广告的做法，对相关部门的工作人员进行采访并记录下访谈内容。

（6）六组：研究清除小广告的方法，通过观察和采访收集信息。

3. 活动成果展示阶段

各小组以不同的方式展示研究成果，如经验分享、情景剧表演、现场提问、讲故事、PPT 展示等。

设计意图：在准备阶段，教师通过创设情境和提供感性素材，激发学生的学习兴趣和探究欲望，引导学生筛选和整合问题，完善研究计划，厘清思路。在实践阶段，教师通过小组合作与个人探究相结合的方式，培养学生的自主学习能力和协作能力。在成果展示阶段，教师通过不同的汇报方式，提升学生的语言表达能力。

4. 拓展延伸阶段——走进社区

（1）清除方法研究：进一步探讨和试验清除小广告的有效方法。

（2）实践活动：在社区内开展清除小广告的行动，应用研究成果。

（3）收获与体会：分享实践活动的收获与体会，增强社会责任感。

（4）意见与建议：提出进一步活动的建议，如制作宣传材料、开展志愿者活动等。

设计意图：学生通过走进社区，将研究成果应用于实际，增强实践能力和服务意识。同时，学生通过分享收获和提出建议，激发参与热情和创新思维。

实例二："与道德模范同行"

【主题分析】

雷锋精神就像一盏指路明灯，带领师生走向辉煌的明天。以"与道德模范同行"为主题的综合实践活动，旨在引导学生深入探索雷锋精神的内涵，追寻"当代雷锋"（全国道德模范）的足迹，在日常生活中践行雷锋精神。

【活动目标】

（1）知识目标：深刻理解雷锋精神的实质。

（2）能力目标：通过日常小事，认识到在新时代雷锋精神依然重要，感受雷锋精神跨越时代的价值。

（3）情感态度目标：点燃成为"小雷锋"的热情，培养良好的学习习惯和生活习惯。

【活动过程】

1. 第一阶段：准备阶段

（1）深情回顾。

播放视频,展示自1963年毛泽东主席号召向雷锋同志学习以来,学校开展学雷锋活动的历程,包括与雷锋班的互动、学雷锋报告会等,体现雷锋精神在学校的传承与发展。

(2)确定主题。

① 引入话题:雷锋的事迹虽平凡,却处处可见伟大。学习雷锋精神,可以从身边小事做起,与道德模范并肩前行。

② 问卷调查:设计问卷(见表10-2-1),调查学生及其家庭成员用餐后的剩饭情况,引导学生思考节约的重要性。

表10-2-1　学生及其家庭成员用餐后剩饭情况调查问卷示例

用餐后,饭碗里有没有剩下米粒?	
爸爸的饭碗	剩＿＿＿粒米
妈妈的饭碗	剩＿＿＿粒米
自己的饭碗	剩＿＿＿粒米
＿＿＿＿的饭碗	剩＿＿＿粒米

2.第二阶段:实施阶段

(1)永恒的雷锋精神。

① 米粒的启示:引导学生从一粒米出发,讨论节约的意义,结合雷锋生活的时代背景,探讨在当今社会提倡节约的意义。

② 数学计算:引导学生通过计算全国每人节约一粒米的价值,直观感受节约的力量。

③ 讨论与反思:除了节约粮食,生活中还有哪些方面应该提倡节约? 应如何进行实践?

④ 雷锋精神永恒:讨论雷锋精神的其他方面,如助人为乐、勤奋学习等,强调其永恒价值。

(2)雷锋就是你我。

① 榜样力量:介绍全国道德模范徐伟的事迹,鼓励学生学习其优秀品质。

② 心得分享:学生分享阅读雷锋日记、了解徐伟事迹后的感想。

③ 采访分享:组织学生代表对徐伟进行采访,并在班内分享心得体会。

3.第三阶段:展示阶段

(1)字词解读:学生分享从雷锋故事中学到的关键字,如"朴""严""挤""众""傻",并阐述个人理解。

(2)"大写的人":总结雷锋精神的核心,鼓励学生成为像雷锋一样对社会有贡献的"大写的人"。

【拓展延伸】

活动虽告一段落,但学习雷锋的行动永不止步。教师可以鼓励学生将感悟转化为文字,以信件的形式寄给"雷锋班"的战士们,通过交流与分享,增进学生对当代雷锋精神的理解。

任务三　设计制作活动

任务描述

本任务结合实例对设计制作活动的内涵、特点等进行了讲解。

任务目标

掌握设计制作活动的特点,能够系统、科学、有效地设计与实施设计制作活动。

任务重点

联系实际设计与实施设计制作活动。

任务难点

掌握设计制作活动的特点。

一、设计制作活动的内涵

设计制作活动是《中小学综合实践活动课程指导纲要》中明确指出的四大主要活动方式之一,体现了教育与生产劳动、社会实践相结合的教育方针,是落实立德树人根本任务的重要途径,具有特定的内涵、价值和实施框架。

设计制作指学生运用各种工具、工艺(包括信息技术)进行设计,并动手操作,将自己的创意、方案付诸现实,转化为物品或作品的过程,如动漫制作、编程、陶艺创作等,它注重提高学生的技术意识、工程思维、动手操作能力等。相较于单纯的劳动技术活动,设计制作活动的核心在于培育学生的创新思维与技术性思考方式。

设计制作活动高度重视提升学生的技术意识、工程思维以及动手操作能力。在活动过程中,鼓励学生手脑并用,灵活掌握、融会贯通各类知识与技巧,进而提升技术操作水平、知识迁移水平,体验工匠精神等宝贵品质。

二、设计制作活动的实施价值

设计制作活动要求学生亲身体验,并积极思考。此类活动注重引导学生将理论知识与技能应用于实际情境中,旨在推动学生从单一、抽象的理论学习向多元化、具体化的实践操作转变。活动流程涵盖多个环节,包括活动规划、工具与材料的选择、制作执行、成果交流与展示,以及活动后的总结与反思等,每一环节都强调学生的直接参与体验。特别是在制作执行环节,学生需发挥个人能力,通过实践将所学知识和技能融入实际作品,实现理论与实践的完美结合,这一过程对学生深化知识理解和提升应用能力至关重要。

设计制作活动的素材均取自学生的日常生活,旨在增强学生的生活感知力。活动中,学生需手脑并用,实现手脑协调,并在教师的指导下,通过创意构思与动手实践,加深对知识的理解和掌握,进而提升创新与实践能力。学校可通过丰富活动的形式与主题,激发学生的兴趣,促使其自主参与,营造积极向上的活动氛围,让学生在实践中体验创新的乐趣,收获创新成果,提升创新能力。

从整个设计制作活动流程来看,无论是主题选定还是总结与反思,实质上都体现了学生学习角色的根本转变,即从被动参与者变为主动决策者。教师应努力激发学生的参与热情,鼓励学生独立完成设计方案,进而制作完成作品。学生通过总结与反思,发现并解决活动中存在的问题,这对提升学生自主学习能力大有裨益。在设计制作活动中,学生是主动决策者,不仅可以学习知识、习得技能,还可以在设计和制作的过程中自主思考和探索,这显著提升了学生的自主学习能力。

三、设计制作活动实例

"为小组设计徽标"

【主题分析】

班级文化建设中,班训、班徽、班规等元素是凝聚班级意志、塑造班级特色的重要载体。以小组为单位,引导学生参与设计代表小组精神的徽标,不仅能激发学生的创新思维,展现学生个人与团队的创造力,还能深化小组成员间的认同感与归属感,形成积极向上的小组氛围,为班级文化增添一抹亮色。

【活动目标】

(1)知识目标:理解徽标设计的要素,学会运用线条、色彩、图案等视觉元素表达小组精神与理念。

(2)能力目标:提升设计能力、团队协作能力及沟通表达能力,同时增进对小组成员的了解与信任。

(3)情感态度目标:增强小组成员间的情感联系,培养对小组的自豪感和荣誉感,形成团结互助的良好风气。

【活动过程】

1. 第一阶段:准备阶段

(1)推选组长。

① 方式:鼓励学生自荐或推荐,通过演讲、投票等方式民主选举组长。

② 活动:当选组长发表感言,明确小组目标与愿景。

(2)确定主题。

① 讨论:学生以小组会议的形式,探讨小组精神的核心词汇,如坚韧、创新、团结等。

② 启发:教师分享优秀徽标案例,引导学生思考如何将小组特色融入设计。

(3)时间安排:见表10-3-1。

表10-3-1　时间安排表

时间	工作安排
第一天至第三天	确定组名,讨论设计思路
第四天至第六天	讨论小组徽标设计方案,设计初稿
第七天	准备展示材料

2. 第二阶段:实施阶段

(1)组名创意。

① 要求:简短易记,寓意深刻,能体现小组精神。

② 示例:"智慧星辰组""梦想航行组""绿野探索组"等。

(2)徽标设计。

① 指导:明确设计原则,包括简洁性、识别度、色彩搭配等方面。

② 工具:手绘或利用电脑软件进行设计,鼓励学生大胆展示创意与个性。

③ 交流:小组内定期分享设计进展,集思广益,以不断优化设计方案。

(3)筹备展示。

① 内容:徽标设计理念、象征意义、创作过程。

② 形式:PPT、视频、实物展示等,确保全员参与,在表述方面应清晰且具有逻辑性。

3. 第三阶段:展示阶段

(1)展示日安排。

① 场合:班会课,邀请全班师生参与。

② 流程:每组轮流上台,展示徽标设计方案并阐述设计理念。

(2)互动与反馈。

①提问环节：观众可自由提问，通过交流增进对作品的理解。

②投票环节：通过投票选出最具创意、最能体现小组精神的徽标。

（3）奖励机制。

①积分系统：根据展示效果、投票结果给予小组相应的积分。

②奖励措施：积分可兑换班级"特权"，如免作业卡等。

③长期激励：积分可以累积，作为学期末评优、奖励的重要依据。

（4）教师小结。

①表彰：对优秀设计方案进行表彰，强调团队合作的重要性。

②展望：鼓励各小组将徽标作为精神象征，持续发扬小组精神。

③文化建设：将徽标融入班级日常，如小组作业封面、班级墙饰等，强化班级文化建设。

④精神激励：徽标可以成为小组成员的精神支柱，在他们遇到困难时为他们提供动力与慰藉。

⑤持续创新：鼓励学生定期更新徽标设计，反映小组成长与变化。

【教后反思】

通过设计小组徽标，学生不仅学会了运用视觉语言表达思想，还在与他人的合作中学会了倾听、尊重。这一过程不仅有助于建设班级文化，还可以成为学生的宝贵经历，有助于促进学生的自我成长，增强学生的团队精神。

任务四　职业体验活动

🔹 任务描述

本任务结合实例对职业体验活动的内涵、特点等进行了讲解。

🔹 任务目标

掌握职业体验活动的特点，能够系统、科学、有效地设计与实施职业体验活动。

🔹 任务重点

联系实际设计与实施职业体验活动。

🔹 任务难点

掌握职业体验活动的基本类型。

一、职业体验活动的内涵

职业体验指学生在实际工作岗位上或模拟情境中见习、实习,体认职业角色的过程,如军训、学工、学农等。职业体验活动旨在促使学生真实感受职业生活的各个方面,帮助他们发掘自身的专业特长,激发对职业的兴趣,并逐步树立正确的劳动价值观和人生目标。通过职业体验,学生能够有效提升生涯规划的能力,为未来的职业生涯做好充分准备。

二、职业体验活动的类型

（一）实践参与型

实践参与型职业体验活动是指学生在短期内亲身投入某一职业的岗位工作,通过直接参与获得有关该职业的全新感受,这种模式不仅能够产生实际效益,更重要的是能让学生深刻体会到工作的辛劳,认识到理想与现实之间的差距,以及审视自己是否真正适合某一职业。

（二）现场观察型

目前普通高中学生的社会实践和研究性学习调查报告大多是基于现场观察型职业体验活动方式完成的。它要求学生前往工作现场,进行有针对性的观察和记录,以便了解职业的性质、活动范围以及职业活动的独特之处。与实践参与型职业体验活动不同,现场观察型职业体验活动主要以旁观为主,学生不直接参与操作,而是聚焦于对专业技能的观察。尽管现场观察型职业体验活动的效果可能不如实践参与型职业体验活动那么显著,且周期相对较短,感受也不如后者强烈,但它仍然是一种重要的职业体验方式。

（三）深度访谈型

深度访谈型职业体验活动不受时间和空间的限制,学生可以到职业工作者的单位或家中进行采访,间接地了解职业的特点。虽然这种方式没有前两种职业体验活动那么直接,但通过多次、多人的采访,学生可以更深入地了解职业的发展历程和未来趋势。通过深度采访,学生可以形成调研报告,针对某一现象进行系统分析。有些学生还会结合问卷调查和面谈的方式,具体探究某一问题。

三、职业体验活动实例

实例一:"体验父母的工作岗位"

【主题分析】

在教育的广阔天地里,实践体验是推动学生成长的关键路径。以"体验父母的工作岗位"为主题开展综合实践活动,旨在为学生搭建一个连接家庭与社会的桥梁,让他们在亲身体验中感悟父母的辛勤与职业的魅力,从而在心灵深处播下敢于担当、感恩的种子。

【活动目标】

(1)知识目标:深入了解父母职业的特点、工作流程及背后的故事,拓宽视野,增长社会知识。

(2)能力目标:通过实际操作,锻炼观察能力、沟通能力和解决问题的能力,提升劳动技能和社会适应能力。

(3)情感态度目标:激发对父母的感恩之情,培养家庭责任感和社会责任感。

【活动过程】

1.第一阶段:探索启航(一周)

(1)家庭职业大揭秘。

① 活动形式:课堂分享会。

② 内容:邀请学生分享父母的职业信息,包括工作内容、工作环境、所需技能等,绘制"家庭职业地图"。

③ 目的:激发学生对不同职业的好奇心,初步感知职业的多样性。

(2)确定体验计划。

① 家庭作业:与父母沟通,确定一个双方都方便的时间进行岗位体验。

② 准备工具:体验日记本、相机或手机(用于记录)。

2.第二阶段:岗位沉浸(一周)

(1)个性化岗位体验。

① 实施方式:学生根据家庭实际情况,选择适合的时间和方式深入体验父母的工作岗位。

② 任务:观察并记录父母的工作流程、工作环境;尝试在指导下完成一些简单的工作任务;与父母交流工作心得,了解职业背后的挑战与乐趣。

(2)集体职业探索——以公交车队为例。

① 组织安排:与公交公司合作,组织一次集体参观体验活动。

② 活动亮点:实地考察车队运营,了解公交线路规划、车辆调度等方面的知识;与公交司机互动,学习安全驾驶知识,体验公交司机的工作日常;参观车队荣誉室,感受职业荣誉和社会责任。

3.第三阶段:展示阶段

(1)个人体验分享。

① 形式:照片、视频、口头报告等。

② 内容:分享岗位体验的过程、感受、学到的知识以及对未来职业发展的思考。

（2）小组专题汇报。

① 主题：如"我眼中的父母职业""职业背后的故事"等。

② 成果：以展板、PPT或视频的形式，在班级内或全校范围内进行成果展示。

（3）活动总结与表彰。

① 总结会：回顾活动亮点，分享成长故事，表彰优秀体验报告和团队。

② 反思：引导学生思考如何将体验活动中学到的知识、技能应用到日常学习和生活中。

【设计反思】

通过亲子职业探索活动，学生不仅能够获得宝贵的职业启蒙，更重要的是学生可以在亲身体验中学会感恩、担当责任。这一过程不仅加深了亲子间的理解与沟通，也为学生的社会化发展奠定了坚实的基础。

实例二："十八岁成人礼——生涯启航计划"

【主题分析】

十八岁，是人生的重要转折点。对于高三学生而言，18岁不仅是生理与心理成熟的标志，还是规划未来生涯的关键时刻。对于高考后的专业选择与未来的职业规划，许多学生仍感迷茫。以"十八岁成人礼——生涯启航计划"为主题开展综合实践活动，旨在帮助学生深入了解社会、职业与专业，明确个人定位，增强社会责任感，以更加成熟的心态和明确的目标迎接未来的挑战。

【活动目标】

（1）生涯认知提升：通过生涯研学、职业测试等活动，增进对社会、职业、专业的了解，减少认知盲区。

（2）家庭责任意识：通过"两代人的对话"主题活动，加深对家庭责任的认识，理解父母的期望，感恩父母的支持。

（3）成人角色认同：通过校级成人仪式及班级主题班会，强化成人意识，明确个人角色转换，激发学习动力。

（4）生涯规划能力：通过学长学姐的经验分享与模拟面试，更直观地了解大学生活与专业选择，提升生涯规划能力。

【活动过程】

1. 生涯研学之旅

（1）生涯测试：利用专业工具进行性格与职业倾向测试，为学生提供个性化职业推荐。

（2）研学实践：组织学生参观学校推荐的研学实践教育基地、高校、文创园区等，了解职业环境与产业发展情况。

（3）研学感悟：撰写研学报告，分享所见所闻与个人感悟，明确个人目标与努力方向。

2."两代人的对话"——与父母进行书信交流

鼓励学生与父母进行书信沟通,表达感激之情,同时探讨家庭责任与未来规划。

3.召开主题班会

组织学生围绕如何选择适合自己的生涯路径开展讨论,并适时给予学生指导,帮助学生走出迷茫,明确奋斗方向。

4.成人仪式后续

(1)"学姐学长说专业"。

① 活动形式:组织不同专业领域的优秀毕业生回校分享,帮助学生了解大学专业特点与就业前景。

② 意向调查:提前收集学生兴趣方向,定制专场分享会,确保信息精准对接。

(2)"模拟面试"。

① 活动目的:通过模拟大学入学面试场景,让学生提前感受面试氛围,提升应变能力与自信心。

② 经验分享:邀请学长学姐分享面试经验,提供实用建议,助力学生做好升学准备。

【活动反思】

以"十八岁成人礼——生涯启航计划"为主题的综合实践活动成功地将成人教育、生涯规划与感恩教育相结合,为学生提供了从理论到实践、从认知到行动的全方位指导。在生涯信息的收集与更新方面,学校仍需加强与社会、高校的合作,引入更多科技手段,如信息咨询软件等,以提供更及时、全面、准确的数据支持。

⛵ 项目小结

本项目详细阐述了中小学综合实践活动的四种活动方式及其典型案例,旨在通过具体案例帮助读者进行综合实践活动的设计与实施。

知识训练
▼

项目十

⛵ 能力训练

成都是一座历史悠久的文化名城,有着"天府之国"的美誉。为了增进学生对这座文化名城的了解,某学校开展了以"走近成都,爱我成都"为主题的综合实践活动。请根据要求完成以下活动任务。

(1)在"走近古蜀"主题文化节中,通过学生的投票,武侯祠在众多古遗迹中脱颖而出,被推举为"最具吸引力的文化遗迹"。某班将举办以"武侯祠文化节"为主题的晚会,请你为晚会写一段开场白。

（2）2005年,在中国旅游报社主办的"全国旅游景区徽标、门票、宣传口号展评大赛"中,四川九寨沟风景名胜区荣获徽标一等奖。九寨沟徽标(见图10-4-1)的图案由雪山和云朵组成,形似眼睛,简单的图形表达了深刻的意义。请你从赞美自然风光和保护自然环境两个角度,分别为这个徽标配上一句宣传口号。

图10-4-1　九寨沟风景名胜区徽标

课程阅读推荐

1.《立德树人：师德涵养之道》，从春侠、庄建华、王成龙等，中国人民大学出版社，2020年版

2.《核心素养下的德育新思路》，龚拥军，广西师范大学出版社，2022年版

3.《职业院校德育实践活动创新设计》，黄干才，电子工业出版社，2017年版

4.《综合实践活动课程论》，杨培禾，首都师范大学出版社，2019年版

5.《乡村学校综合实践活动课程实施范例》，王泽安、吕文韬、王天会，北京燕山出版社，2023年版

6.《研学旅行课程设计》，谢璐、王玲，华中科技大学出版社，2024年版

7.《小学综合实践活动课程的设计、实施与评价》，黑岚，清华大学出版社，2020年版

8.《创造一个分享的世界：综合实践活动课程案例集锦》，夏心君、成尚荣，河北教育出版社，2020年版

9.《中小学综合实践活动课程指导纲要》

10.《中小学德育工作指南实施手册》

参 考 文 献

[1] 孙旭景.初中综合实践活动课程教学资源开发与利用的调查研究——以石家庄地区为例[D].石家庄:河北师范大学,2020.

[2] 王燕,林镇超.科尔伯格道德发展阶段理论视角下对当代学校道德教育的反思[J].基础教育参考,2013(9).

[3] 顾萍.小学生道德情感的培育策略[J].中小学班主任,2023(7).

[4] 赵飞.论青少年道德情感发展评价核心内容[J].教育评论,2018(8).

[5] 王素云."道德表达"的意蕴、价值及路径选择[J].教育理论与实践,2023(28).

[6] 殷世东,余萍.中小学课程思政的内涵、逻辑依据和实践策略[J].课程·教材·教法,2022(8).

[7] 葛卫华.厘定与贯连:论学科德育与课程思政的关系[J].中国高等教育,2017(Z3).

[8] 肖娴,胡月.综合实践活动课程评价的"学生本位"取向[J].当代教育科学,2020(5).

[9] 吴笈.综合实践活动中教师选题指导与策略[J].福建基础教育研究,2014(5).

[10] 冯新瑞,郝志军.主题选择的依据与原则——《中小学综合实践活动课程指导纲要》活动主题解读[J].人民教育,2018(Z1).

[11] 方凌雁.大科学教育视野下的综合实践活动课程[J].中小学科学教育,2024(5).

[12] 陶轶敏.环境教育与综合实践活动课程的整合实施[J].基础教育课程,2024(10).

[13] 许丽美.综合实践活动跨学科实践学习的"行·知·创"[J].教学与管理,2024(29).

[14] 钱丽娟.小学综合实践活动课程资源的挖掘开发[J].中国教育学刊,2024(6).

[15] 韩广聚.如何在综合实践活动课程中实施深度学习[J].中国教育学刊,2024(2).

[16] 朱雪艳.中小学综合实践活动评价体系的构建与实施[J].教育科学论坛,2024(17).

[17] 毛齐明,周嘉腾.基于CIPP模型的中小学研学旅行评价指标体系建构研究[J].教学与管理,2023(36).

[18] 郭凌凡.基于核心素养构建小学综合实践活动课程评价体系的策略[J].天津教育,2024(12).

[19] 周凤林.学校德育顶层设计18问[M].上海:华东师范大学出版社,2015.

[20] 刘济良.德育原理[M].北京:高等教育出版社,2010.

[21] 游爱娇.融合与创新:德育·传统文化·综合实践活动[M].上海:上海科技教育出版社,2021.

[22] 刘勇武.小学媒介德育课程教学活动实录[M].北京:中国广播影视出版社,2017.

[23] 赖新元.学校德育工作指导手册[M].长春:吉林大学出版社,2011.

[24] 贾永春,徐晶星.中小学德育一体化视域下的德育活动设计原理与实践[M].上海:华东师范大学出版社,2022.

[25] 周凤林.学校德育一校一案精选集[M].上海:华东师范大学出版社,2023.

[26] 杨培禾.综合实践活动课程论[M].北京:首都师范大学出版社,2019.

[27] 杜建群.综合实践活动课程理论与实践[M].北京:北京师范大学出版社,2014.

[28] 中华人民共和国教育部.义务教育课程方案(2022年版)[M].北京:北京师范大学出版社,2022.

[29] 北京教育科学研究院基础教育教学研究中心.教学指南与案例评析:中小学综合实践活动[M].北京:北京师范大学出版社,2015.

[30] 李岑虎,辛宇杰.研学旅行课程设计[M].4版.北京:旅游教育出版社,2024.

[31] 黑岚.小学综合实践活动课程的设计、实施与评价[M].北京:清华大学出版社,2020.

[32] 赵书超.小学综合实践活动设计与实施[M].2版.北京:清华大学出版社,2023.

[33] 戎庭伟,张馨月.综合实践活动课程的评价与管理[M].石家庄:河北教育出版社,2021.

[34] 董秀华.综合素质评价政策、理论与实践[M].上海:华东师范大学出版社,2022.

[35] 李兆义,杨彦栋.中小学综合实践活动设计与指引[M].北京:北京理工大学出版社,2022.

[36] 柳夕浪.《中小学综合实践活动课程指导纲要》解读:44个问答[M].石家庄:河北教育出版社,2019.

[37] 吴积君.中小学综合实践活动课程实施策略[M].西安:西安电子科技大学出版社,2018.

[38] 刘良军,孙杰利,凌燕.职业院校德育实践活动创新设计[M].北京:电子工业出版社,2017.

[39] 黄向阳.德育原理[M].上海:华东师范大学出版社,2004.

教学支持说明

为了改善教学效果,提高教材的使用效率,满足高校授课教师的教学需求,本套教材备有与纸质教材配套的教学课件和拓展资源(案例库、习题库等)。

为保证本教学课件及相关教学资料仅为教材使用者所得,我们将向使用本套教材的高校授课教师赠送教学课件或者相关教学资料,烦请授课教师通过加入旅游专家俱乐部QQ群或公众号等方式与我们联系,获取"电子资源申请表"文档并认真准确填写后发给我们,我们的联系方式如下:

地址:湖北省武汉市东湖新技术开发区华工科技园华工园六路

邮编:430223

研学旅行专家俱乐部QQ群号:487307447

研学旅行专家俱乐部
群号:487307447

扫码关注
柚书公众号

华中科技大学出版社
http://press.hust.edu.cn

电子资源申请表

填表时间：＿＿＿＿＿年＿＿月＿＿日

1. 以下内容请教师按实际情况填写，★为必填项。
2. 根据个人情况如实填写，相关内容可以酌情调整提交。

| ★姓名 | | ★性别 | □男 □女 | 出生年月 | | ★职务 | | |
| | | | | | | ★职称 | □教授 □副教授
□讲师 □助教 | |

| ★学校 | | ★院/系 | | |

| ★教研室 | | ★专业 | | |

| ★办公电话 | | 家庭电话 | | ★移动电话 | |

| ★E-mail
（请填写清晰） | | ★QQ 号/微信号 | |

| ★联系地址 | | ★邮编 | |

★现在主授课程情况	学生人数	教材所属出版社	教材满意度
课程一			□满意 □一般 □不满意
课程二			□满意 □一般 □不满意
课程三			□满意 □一般 □不满意
其 他			□满意 □一般 □不满意

教 材 出 版 信 息	
方向一	□准备写 □写作中 □已成稿 □已出版待修订 □有讲义
方向二	□准备写 □写作中 □已成稿 □已出版待修订 □有讲义
方向三	□准备写 □写作中 □已成稿 □已出版待修订 □有讲义

请教师认真填写表格下列内容，提供索取课件配套教材的相关信息，我社将根据每位教师填表信息的完整性、授课情况与索取课件的相关性，以及教材使用的情况赠送教材的配套课件及相关教学资源。

ISBN（书号）	书名	作者	索取课件简要说明	学生人数 （如选作教材）
			□教学 □参考	
			□教学 □参考	

★您对与课件配套的纸质教材的意见和建议,希望提供哪些配套教学资源：